手島郁郎

ヨハネ伝講話

第四巻

手島郁郎文庫

手島郁郎（キリスト聖書塾 講堂にて）

キリスト聖書塾（熊本市辛島町）

天来の火に燃やされる宗教
――序に代えて――

イエス・キリストは、貧しい田舎《いなか》大工の子で、地位もなければ学問もない人でした。この人が、なぜ世界の歴史を覆《くつがえ》すようなことをしでかしたのか。当時の宗教界に大波紋《だいはもん》を起こし、やがてはユダヤ教の一派《いっぱ》であるキリスト教が、ユダヤ以外の諸国《しょこく》にも一大旋風《せんぷう》を巻《ま》き起《お》こしました。全ヨーロッパ、アジア、アフリカの三大陸に、燎原《りょうげん》の火のごとくに燃え広がっていったのです。

そして今や、東洋の果て・日本にまでキリスト教は広まり、私たちまでが礼拝《れいはい》するに至《いた》った。その秘密《ひみつ》は、いったい何でしょう。何が、そのような偉大《いだい》な感化力をもたらしたのか。それは、天より神霊が鳩《はと》のごとくに降臨《こうりん》した一人間――イエス――の発生の影響《えいきょう》なのであります。

人間が一生懸命《いっしょうけんめい》に悔《く》い改《あらた》めをして、水の洗礼《せんれい》を毎日のように浴びても、罪を繰《く》り返《かえ》すばかりで罪から脱出《だっしゅつ》できないものです。そのような人間が何をしても代《か》わり映《ば》えはしない。ところが、キリストの宗教は、天から聖霊が鳩《はと》のように降《くだ》る宗教です。すなわち、超越界《ちょうえつかい》から、天使たちの神界から、ウワーッと神の霊が注がれる。そして、神の霊を注がれた一個の人物が行動するや、どえらい影響《えいきょう》を全世界に与《あた》えてしまうのです。このことを聖書は至《いた》るところで物語っています。

イエス・キリストの先駆者《せんくしゃ》であった洗礼者ヨハネの宗教は、水で洗《あら》う宗教でした。しかし、キリストの宗教は、天来の霊火で外なる肉を焼《や》き尽《つ》くし、内なる心の焔《ほのお》を燃え上がらせ、新しい人格を生み出す宗教です。

鉄が溶鉱炉《ようこうろ》の中で白熱している時は、火が鉄を燃やしているのか、鉄が火を含《ふく》んでいるのかわからないような融合《ゆうごう》状態にあります。そのように、聖霊と火のバプテスマは、人間の魂が熱い火に浸《ひた》されて白熱化してくる経験です。今までは、冷たく、硬《かた》く、引《ひ》っ込《こ》み思《じ》案《あん》で何一つ信じられなかった心が、奥《おく》の奥まで燃やされて、霊的エネルギーが燃え上がってたまらないようになる経験です。

地球は、表面から見れば、硬《かた》い岩石や土や水です。しかし、阿蘇《あそ》火山を見ますと、噴煙《ふんえん》もうもうと火を吐《は》いています。地球の奥底《おくそこ》には熱いものが燃《も》え滾《たぎ》っていることがわかります。私たちの内側も同様です。

キリストは、「霊の生命を与《あた》えるために来た！」と言われました。

キリストの熱き御生命《おんいのち》、御霊《みたま》を受け、心内に燃やされずしては、いくら信仰したり神学研究したりしても、何ら神の栄光に触《ふ》れることはありません。

一九六二年十月

手 島 郁 郎

目次

凡例

＊難《むずか》しい概念《がいねん》や人名については、その語の横に「＊」印を付し、各講の最後に注をつけました。

＊講述者・手島郁郎は講話するに当たって、ヨハネ伝の原文であるギリシア語と日本語の対訳《たいやく》プリントを聴講者《ちょうこうしゃ》に配付して用いており、たびたび原文の意味を解説しています。本書では、その中で重要と思われる箇所《かしょ》にギリシア語を入れました。また、本文中に盛《も》り切《き》れなかった講述者の訳語は、太字で記されたヨハネ伝聖句の（　）内になるべく収《おさ》めるようにしました。ギリシア語の読み方は、エラスムス式を採用しています。

＊講話の元になった聖句を各講の前に付しました。ただし、講述者がその聖句すべてを初めに引用して語っている場合は、省きました。

＊聖書の言葉を引用する場合は、『口語訳聖書』(日本聖書協会)を用いました。

＊講述者が講話の中で引用している聖句は、文語訳聖書からが多いですが、本文中では口語訳に改めました。ただし、講述者が原文から私訳・直訳している場合は、それを採用しています。

＊らい病、足萎《あしな》え、支那《シナ》などの語は、当時の表現をそのまま使用しています。

＊一回の講話のテーマが二つ以上あり、分量も多い場合は、①②に分けて編集してあります。各講の文末にある日付をご参照ください。

ヨハネ伝講話　第四巻

手島郁郎

〔第四五講　聖句　ヨハネ伝八章三〇～四四節〕

30これらのことを語られたところ、多くの人々がイエスを信じた。
31イエスは自分を信じたユダヤ人たちに言われた、「もしわたしの言葉のうちに
とどまっておるなら、あなたがたは、ほんとうにわたしの弟子《でし》なのである。32また
真理を知るであろう。そして真理は、あなたがたに自由を得させるであろう」。
33そこで、彼らはイエスに言った、「わたしたちはアブラハムの子孫であって、
人の奴隷《どれい》になったことなどは、一度もない。どうして、あなたがたに自由を得させ
るであろうと、言われるのか」。
34イエスは彼らに答えられた、「よくよくあなたがたに言っておく。すべて罪を
犯《おか》す者は罪の奴隷である。35そして、奴隷はいつまでも家にいる者ではない。しか
し、子はいつまでもいる。36だから、もし子があなたがたに自由を得させるならば、
あなたがたは、ほんとうに自由な者となるのである。
37わたしは、あなたがたがアブラハムの子孫であることを知っている。それだの

に、あなたがたはわたしを殺そうとしている。わたしの言葉が、あなたがたのうち
に根をおろしていないからである。38わたしはわたしの父のもとで見たことを語っ
ているが、あなたがたは自分の父から聞いたことを行っている」。
39彼らはイエスに答えて言った、「わたしたちの父はアブラハムである」。
イエスは彼らに言われた、「もしアブラハムの子であるなら、アブラハムのわざ
をするがよい。40ところが今、神から聞いた真理をあなたがたに語ってきたこのわ
たしを、殺そうとしている。そんなことをアブラハムはしなかった。41あなたがた
は、あなたがたの父のわざを行っているのである」。彼らは言った、「わたしたちは、
不品行の結果うまれた者ではない。わたしたちにはひとりの父がある。それは神で
ある」。
42イエスは彼らに言われた、「神があなたがたの父であるならば、あなたがたは
わたしを愛するはずである。わたしは神から出た者、また神からきている者である
からだ。わたしは自分からきたのではなく、神からつかわされたのである。43どう
してあなたがたは、わたしの話すことがわからないのか。あなたがたが、わたしの

言葉を悟《さと》ることができないからである。

44あなたがたは自分の父、すなわち、悪魔《あくま》から出てきた者であって、その父の欲望《よくぼう》どおりを行おうと思っている。彼は初めから、人殺しであって、真理に立つ者ではない。彼のうちには真理がないからである。彼が偽《いつわ》りを言うとき、いつも自分の本音をはいているのである。彼は偽り者であり、偽りの父であるからだ」。

第四五講

二つの霊統

ヨハネ伝八章三〇〜四四節

ヨハネ伝八章を読んでみますと、イエス・キリストがエルサレムの宮で神の御旨《みむね》を教えておられると、「多くの人々が信じた」（八章三〇節）とあります。キリストは、ご自分を信じたユダヤ人*たちに対して、なお次のように言われて真《まこと》の弟子《でし》の姿《すがた》を示されました。

「もしわたしの言葉のうちにとどまっておるなら、あなたがたは、ほんとうに（真に）わたしの弟子なのである。また真理（真、真実）を知るであろう。そして真理は、あなたがたに自由を得させるであろう」（八章三一、三二節）と。

信じたらそれでよい、というのではなく、上には上があるということですね。信仰には幾段階《いくだんかい》があり、偽《いつわ》りを剝《は》がされながら本物になってゆきますが、ここでは自由を得るとは何かということから始まって、人類の二つの霊統についての問答が記されています。

そこで、彼らはイエスに言った、「わたしたちはアブラハムの子孫であって、人の奴隷《どれい》になったことなどは、一度もない。どうして、あなたがたに自由を得させるであろうと、言われるのか」。

イエスは彼らに答えられた、「よくよく(アーメン、アーメン)あなたがたに言っておく。すべて罪を犯《おか》す者は罪の奴隷である。そして、奴隷はいつまでも家にいる者ではない(家の中に留《とど》まらない)。しかし、子はいつまでもいる(永遠に留まる)。だから、もし子があなたがたに自由を得させるならば、あなたがたは、ほんとうに自由な者となるのである」。

(八章三三〜三六節)

三二節においてキリストは、「真理を知るであろう。そして真理は、あなたがたに自由を得させるであろう」と言われますが、その真理とは科学的真理という意味ではありません。神の御旨《みむね》のことです。神に聴《き》いて神の御心を啓示《けいじ》される、それが真理です。すなわち、霊的な実相を知ることによって、私たちは自由になることができる、と言われる。

ここでキリストは、宗教的・霊的な真理を述べておられますが、ユダヤ人たちにはわからない。彼らは、「わたしたちはアブラハムの子孫であって、人の奴隷《どれい》になったことなどは、一度もない」(八章三三節)と答えました。

聖書の宗教は、信仰の父アブラハムによって始まっております。自分たちユダヤ人は、そのアブラハムの子孫であって、神の選民である。だから神の奴隷ではあっても人の奴隷ではない、という誇《ほこ》りをもっていた。

それで、キリストがなぜ「あなたがたに自由を得させる」と言われるのか、その意味が彼らにはわかりませんでした。けれどもキリストは、肉における「選民」ということに重きを置いておられなかった。そのことは尊《とうと》いかもしれないが、大事なのは心の自由である。キリストは、罪の奴隷となっている者を自由な者とするのだ、と言われます。

神から出る者と悪魔《あくま》から出る者

「わたしは、あなたがたがアブラハムの子孫であることを知っている。それだのに、あなたがたはわたしを殺そうとしている。わたしの言葉が、あなたがたのうちに根をおろしていないからである。わたしはわたしの父のもとで見たことを語っているが、あなたがたは自分の父から聞いたことを行っている」。

彼らはイエスに答えて言った、「わたしたちの父はアブラハムである」。

イエスは彼らに言われた、「もしアブラハムの子であるなら、アブラハムのわざをするがよい。ところが今、神から聞いた真理をあなたがたに語ってきたこのわたしを、殺そうとしている。そんなことをアブラハムはしなかった。あなたがたは、あなたがたの父のわざを行っているのである」。彼らは言った、「わたしたちは、不品行の結果うまれた者ではない。わたしたちにはひとりの父がある。それは神である」。

イエスは彼らに言われた、「神があなたがたの父であるならば、あなたがたはわたしを愛するはずである。わたしは神から出た者、また神からきている者であるからだ。わたしは自分からきたのではなく、神からつかわされたのである。どうしてあなたがたは、わたしの話すことがわからないのか。あなたがたが、わたしの言葉を悟《さと》ることができないからである。あなたがたは自分の父、すなわち、悪魔《あくま》から出てきた者であって、その父の欲望《よくぼう》どおりを行おうと思っている。彼は初めから、人殺しであって、真理に立つ者ではない。彼のうちには真理がないからである」。（八章三七～四四節）

ここでキリストは、ご自分が父なる神から聞いたことをそのまま語っているのに、それを受け入れようとせず、殺そうとまでする者たちに対して、「あなたがたの父と、わたしの父とは違《ちが》う」と言おうとされる。

すなわち、人類には二つのタイプがあるということです。神から出る者と悪魔《あくま》から出る者がある。「悪魔から出る者は人殺しであって、真理に立つ者ではない」とありますが、これは聖書を理解するうえで大事なことです。このことは、創世記《そうせいき》の初めに記された、人類最初の兄弟の物語を読むとよくわかります。

カインとアベル

人（アダム）はその妻エバを知った。彼女はみごもり、カインを産んで言った、「わたしは主によって、ひとりの人を得た」。彼女はまた、その弟アベルを産んだ。アベルは羊を飼う者となり、カインは土を耕す者となった。

日がたって、カインは地の産物を持ってきて、主に供《そな》え物《もの》とした。アベルもまた、その群れのういごと肥《こ》えたものとを持ってきた。主はアベルとその供え物とを顧《かえり》みられた。しかしカインとその供え物とは顧みられなかったので、カインは大いに憤《いきどお》って、顔を伏《ふ》せた。そこで主はカインに言われた、「なぜあなたは憤るのですか、なぜ顔を伏せるのですか。正しい事をしているのでしたら、顔をあげたらよいでしょう。もし正しい事をしていないのでしたら、罪が門口に待ち伏せています。それはあなたを慕《した》い求《もと》めますが、あなたはそれを治めなければなりません」。

　カインは弟アベルに言った、「さあ、野原へ行こう」。彼らが野にいたとき、カインは弟アベルに立ちかかって、これを殺した。主はカインに言われた、「弟アベルは、どこにいますか」。カインは答えた、「知りません。わたしが弟の番人でしょうか」。主は言われた、「あなたは何をしたのです。あなたの弟の血の声が土の中からわたしに叫《さけ》んでいます。今あなたはのろわれてこの土地を離《はな》れなければなりません。この土地が口をあけて、あなたの手から弟の血を受けたからです。あなたが土地を耕しても、土地は、も

はやあなたのために実を結びません。あなたは地上の放浪者《ほうろうしゃ》となるでしょう」。（創世記《そうせいき》四章一～一二節）

このカインとアベルの物語は、人類の二つの原型を示しています。

この物語を読んで、なぜ神様はカインのような存在《そんざい》を許されたのだろうか、と疑問《ぎもん》を抱《いだ》くところです。けれども、エバがカインを産んだ時、「わたしは主によって、ひとりの人を得た」（四章一節）と言っておりますように、神様はカインの存在を許しておられる。そして、神様は人間に選択《せんたく》の自由を許しておられる、ということがわかります。

人間は、機械的な奴隷《どれい》のようには造られていない。神につくか、それとも人殺しとなって神に背《そむ》くか、そのどちらを選ぶかは人間の自由です。そこに人間の尊《とうと》さがあり、また危《あぶ》なさもあります。

神の喜びたもう供《そな》え物《もの》とは

アベルは羊の群れの中から初子《ういご》と肥《こ》えたものを、カインは地の産物を、それぞれ神に献《ささ》げましたが、なぜアベルの供《そな》え物《もの》は神に顧《かえり》みられ、カインの供え物はそうでなかったのか。*セム民族の宗教では、野菜など植物性の供え物は貧しい供え物で、牛とか羊を供えることが神の喜びたもう供え物であるというのが伝統的な考え方です。カインはそれを知っていながら、地の産物を供えました。そこに彼の心が見えます。

神に供え物を献げるアベル（左）とカイン

アベルは遊牧の民《たみ》でしたが、カインは「土を耕す者となり、地の産物を献《ささ》げた」というのですから、地に定着して農業を営んでいたことがわかります。

当時は、遊牧時代から農耕時代に入った頃《ころ》のことで、カインは後に「町を建てた」といわれるように、いわば文明人です。しかも、「カイン」とは「鍛冶屋《かじや》」という意味ですから、今なら重工業の会社社長のようなもので、富豪《ふごう》です。カインが肥《こ》えた家畜《かちく》の犠牲《ぎせい》を献《ささ》げようと思ったら、たやすくできたはずです。ですからここで問題なのは、何を献げたかよりも、どんな心で献げたのかということです。

キリストは、貧しい寡婦《やもめ》がわずか二つのレプタ*を献げるのを見られた時、その献げ物が神に受け入れられた、と言われました(ルカ伝二一章)。

自分の供《そな》え物《もの》が天に顧《かえり》みられないのを知って、カインが大いに憤《いきどお》って顔を伏《ふ》せているのをご覧《らん》になった神様は、カインに「なぜあなたは憤るのですか、なぜ顔を伏せるのですか。正しい事をしているのでしたら、顔をあげたらよいでしょう」と言われました。善《よ》い心がけで神に献げ、天地に恥《は》じることがないなら、顔を上げたらよいわけです。

ここでカインが顔を伏せたというのは、その心に偽《いつわ》りがあることを示しています。すなわち、神第一に生きていないから顔を伏せるんです。神第一に生きておりましたら、献げ物がたとえ貧しい二つのレプタであっても、顔を伏せることはないはずです。

カインは、神様の喜びたもうことが何であるかを知っていながら、それを第一にせずに、神様に献げておかないと恐《おそ》ろしいことになるというので、少しばかりお供えをしました。ここに、カインの自分中心の利己的《りこてき》な心が暴露《ばくろ》されています。だからカインは、顔を伏せたんですね。

顔を上げられないというのは、自分が神様の御心《みこころ》に添《そ》わないことをしている、という気持ちの表れです。そのことが重大な問題です。神は、人の外面を見ずに心の内を見られる。ですから、カインとアベルの供《そな》え物《もの》に対して、神はアベルの供え物を喜びたもうたけれども、カインの供え物を喜びたまわなかった。そして、神はカインに言われました、「もし正しい事をしていないのでしたら、罪が門口に待《ま》ち伏《ぶ》せています」と。

カインのように、神の喜びたもうことが何であるかわかっているのに、それをしないときに、そのような態度が「罪が門口に待ち伏せる」という結果を招く。これが恐《おそ》ろしいんです。ここでは、罪を擬人化《ぎじんか》して書いてありますが、それは悪魔《あくま》のことです。

すなわち、「悪魔が心の門口に待ち伏せしていて、あなたを慕《した》い求《もと》めている」ということが恐ろしいんです。けれども、神を喜ばせまつることを第一として生きている者には、悪魔も忍《しの》び寄《よ》りません。カインは神に聴《き》くよりも、自分の考えで善悪《ぜんあく》を判断して、「まあ、このくらいのお供え物でもよかろう」と、自分の了見《りょうけん》でやりました。そのことが、悪魔を心の中に誘《さそ》い込《こ》む結果になりました。

優柔不断《ゆうじゅうふだん》は悪を助長する

昔、私は「悪魔論《あくまろん》」という一文を書きました。終戦直後で参考書も何もない時に、ただ神に示されるままに書きました。それを今度、『聖霊の愛』の中に入れて出版しました。それは「悪魔論」といったものを論ずる人がほとんどいないからです。

私たちは、悪魔という敵の正体を知らずに戦いはできません。

結局、悪魔は自己《じこ》中心的な、自我《じが》の強い人を狙《ねら》ってきます。しかし、悪魔といえども、自我のない無私の人を狙うことはできません。この「悪魔論」は、十三年前（一九五〇年）に書いたものですが、このたび読み返してみて、今も私の信仰は同じであります。

これまで、私の信仰を人がどう批評《ひひょう》しようが、私は関《かか》わりなく歩いてきました。

ところが最近になって、ユダヤ人宗教哲学者《てつがくしゃ》*マルティン・ブーバーの本を読んで、いかに私の思想とブーバーの思想が同じであるかに驚《おどろ》きました。

ブーバーは、カインとアベルの問題を論じて、「自己を中心にものを考える者に、罪というか、悪魔が侵入《しんにゅう》してくる。また、神の指図だけに従《したが》うというのではなく、『まあまあ、

マルティン・ブーバー

そんなことはどうでもいいでしょう』と言って不決定であると、結局は悪を決定してしまう」ということを言っております。

不決定というのは、優柔不断《ゆうじゅうふだん》のことです。善良《ぜんりょう》な人は、「まあまあ」と言って、事を荒立《あらだ》てません。クリスチャンには、そのような人が多いです。けれども時として、まあまあ主義は悪を助長して恐《おそ》ろしいことを引《ひ》き込《こ》んでしまいます。

第二次世界大戦の時、ドイツのヒットラーに対して、西洋のキリスト教会が声を合わせて「ノー（否《いな》）！」と反対したならば、ユダヤ人を六百万人も虐殺《ぎゃくさつ》したり、全ヨーロッパを廃墟《はいきょ》に化することはできなかったはずです。しかし、皆《みな》は「ノー」と言わなかった。「ノー！」と言い切ったならば、悪魔《あくま》を誘引《ゆういん》しませんでした。はっきりせずに、悪魔をだんだんのさばらせている間に、とうとうヒットラーをどうすることもできないまでにしてしまいました。不決定が悪を決定する、これは恐ろしいことです。

神だけを見上げて生きていないと、まあまあと言っている間に、すっかり悪魔を太らせてしまう。「あなたはそれを治めなければならない」(創世記《そうせいき》四章七節)と言うけれども、追《お》い払《はら》っても追い払っても悪魔《あくま》はやって来て、どうにも手がつけられなくなります。

その根本的な原因は、自己《じこ》中心にあります。

また、人間が自分で善悪《ぜんあく》を決定できるように思っていることにあります。けれども、神だけが善であり、真理なのであります。ですから神にだけ聴《き》いて生きようとする態度を欠くときに、恐《おそ》ろしい結果になってしまうんです。

このヨハネ伝でキリストが語っておられる、「神から出る者と悪魔から出る者」といったような論法《ろんぽう》が私たちによくわからないのは、今お話ししたような霊的世界の消息がよくわからないからです。

心の空虚《くうきょ》さにサタンが付け入る

カインは、弟のアベルを野原に連れ出して殺しました。正当な理由もなく、何か魔に憑《つ》かれたようにして殺してしまった。

ヨハネ第一書に、「カインのようになってはいけない。彼は悪《あ》しき者から出て、その兄弟を殺したのである」（三章一二節）とありますが、これは理由なき殺人でした。最近は、こういうたぐいの犯罪が多くなりました。泥棒《どろぼう》をした者に「なぜ泥棒をしたのか」と聞くと、「私はするつもりがなかったのに、つい手が出た」と言う。

どうしてこういうことをするのかというと、それは心が空虚《くうきょ》だからです。そこに悪魔《あくま》が付け入るんです。これは恐《おそ》ろしいことです。神だけに従《したが》うという態度でいるなら、そんなことにはなりません。

創世記《そうせいき》四章九節に、「主はカインに言われた、『弟アベルは、どこにいますか』。カインは答えた、『知りません。わたしが弟の番人でしょうか』」とあります。カインの言うとおり、カインはアベルの番人ではありません。アベルの番人ともいうべきは、神です。神がアベルの守護者です。その神様が見つめておられる前でアベルが殺された時、いちばん痛《いた》み悲しんだのは神様です。

神を喜ばせまつる人生

このように、人類には二つのタイプがある。

一つは、アベルのように、主なる神を喜ばせまつることだけに生きる人間。
もう一つは、カインのように、自分中心で生きる人間です。

カインは、神の前にお供《そな》えはしました。宗教もありました。しかしながら、ほんとうに神様を喜ばせまつるために自分の人生を生きていません。神様は第二でした。

それで、「カインのようになってはいけない」というのは、アベルのような霊的系統《けいとう》に属する者であれ、ということを意味しています。

カインのように、神様だけに従《したが》って生きようとしないでいると、その心に悪魔《あくま》が乗り移って殺人すらも起こさせてしまう。これが恐《おそ》ろしい。私たち信仰者にとって大事なのは、ただ神のみに、真理のみに従うという毅然《きぜん》とした態度を取るということです。曖昧《あいまい》であると、とんでもないことになります。

神に聴《き》く人間であれ

イエス・キリストは「真理は、あなたがたに自由を得させるであろう」(ヨハネ伝八章三二節)と言われて、本当の弟子《でし》を作ろうとされました。それで、信者になった人々の信仰をもっと高めるために、はっきりされる。イエスは彼らに対してなお、「わたしの言葉があなたがたのうちに根をおろしてさえいるならば、わたしの言うことがわかるはずだ。わたしは、ただわたしの父のもとで見たことを語っているだけだ。しかし、あなたがたは聞いていながらも、わたしの父の御思《みおも》いを知ろうとしない。あなたがたは、自分の父、すなわち悪魔《あくま》から出てきた者であって、その父の欲望《よくぼう》どおりを行なおうと思っている」と言われました。

けれども、多くのユダヤ人たちは、神に聴《き》いて生きることが真理である、ということはわかりませんでした。頭では理解できるけれども、心がついてゆけませんでした。そして、自分の心がついてゆけないと、イエスを殺そうとまでしてしまいました。

このように、人間には全然違《ちが》う二つの霊的系統《けいとう》があるということです。

イエス・キリストは、「わたしの羊でない者は、わたしに従《したが》わない」とか、「わたしは失《う》せたる羊を尋《たず》ねるために来たのである」と言われて、「キリスト族でない者を贖《あがな》うために来たのではない」と言っておられます。

こういうことは、「人間は皆《みな》、同じでしょう」と考える人にはわかりません。

それで私も、誰《だれ》に対してでも「集会にいらっしゃい」とは言いません。キリストが愛したもうキリスト族なる性質、生命をもっている人だけを集め、その人たちにだけ、神の真理を教え、導きたいと思っています。同じように「クリスチャン」といっても、霊的な系《けい》統《とう》が違《ちが》う人を導こうとは思いません。

私たちにとって大事なことは、神に聴《き》く人間になることです。

（一九六三年一月三十日　熊本　①）

＊ユダヤ人…新約聖書で「ユダヤ人」という場合、民族名であると同時に「ユダヤ教徒」という意味でもある。ヨハネ伝では、この「ユダヤ人」が特に多用されている。

＊神から出る者と悪魔《あくま》から出る者…ヨハネに特徴的《とくちょうてき》な思想で、ヨハネ第一書三章にこのことがより詳《くわ》しく記されている。

＊セム民族…ノアの長子セムにちなんで命名。セム語系の言語を話す諸民族《しょみんぞく》の総称《そうしょう》。ユダヤ人、アラビア人、エチオピア人が含《ふく》まれ、セム民族はユダヤ教、キリスト教、イスラム教を生んだ。

＊レプタ（レプトンの複数形）…新約聖書に出てくる貨幣《かへい》のうち、最小単位の銅貨。一レプトンは、

現在の価値《かち》にすると百円前後か。貧しい寡婦《やもめ》は、自分の持っていた二レプタすべてを神に献《ささ》げた。イエス・キリストはそれを見て、「貧しいやもめはだれよりもたくさん（賽銭箱《さいせんばこ》に）入れたのだ」（ルカ伝二一章三節）と言われた。

＊マルティン・ブーバー…一八七八～一九六五年。オーストリアに生まれる。二十世紀を代表するユダヤ人宗教哲学者《てつがくしゃ》、社会学者。ナチスによってドイツから追放され、一九三八年にエルサレムに移住。ヘブライ大学教授。「対話の哲学」を提唱。ユダヤ教の神秘《しんぴ》主義的宗教運動であるハシディズムを世界に紹介《しょうかい》。（ハシディズムについては五三頁《ページ》を参照）

▼本講話では、マルティン・ブーバーのことが大きく取り上げられています。この二週間後の二月十五日、手島郁郎は次のような手紙を、ブーバーに送りました。（英文より翻訳《ほんやく》）

＊

神の平安が、あなたの上にありますように！

私は、あなたが出版されたすべての著作《ちょさく》を熱愛する読者の一人です。あなたの著作は、私にとって霊感と啓発《けいはつ》の尽《つ》きることのない泉《いずみ》です。特に、私が大いに興味をもっていますのは、「正義と不義」ならびに「善《ぜん》と悪の諸像《しょぞう》」から成る『Good and Evil（善と悪）』という著作です。

私は、この書をわが国の人々に、とりわけ、「神の幕屋《まくや》」と呼《よ》ぶ私たちのグループに紹介《しょうかい》するために、日本語に翻訳《ほんやく》したいと心から願っています。……

私たちはキリスト者ですが、西洋のクリスチャンとは大いに違《ちが》っています。私たちは、神学的な西洋キリスト教の水準を超《こ》えて、『ヨハネによる福音書』の純粋《じゅんすい》な霊性に到達《とうたつ》しようと努力しています。極《きわ》めて霊的で、神秘的《しんぴてき》な宗教性をもつハシディズムを発見できたことは、私たちの喜びです（以下略）。（この手紙はドイツ語に訳され、マルティン・ブーバーの『七十年にわたる往復書簡《おうふくしょかん》・第三巻《かん》 1938-1965』に収録《しゅうろく》されている）

＊

そして、一か月半後の一九六三年四月四日、手島郁郎はブーバーとエルサレムで対談。

第四六講

灼熱の宗教経験

前講では、善《ぜん》と悪について、また神に聴《き》いて生きることがいかに大事であるかを学びました。神に聴かず、自分中心に善悪を判断して生きると、ついには悪魔《あくま》が心の中に侵入《しんにゅう》して恐《おそ》ろしい結果になる、と。では、どのような魂に神の声が聞こえてくるのか。そのことをもう少し知っていただくために、ヨハネ伝からは離《はな》れますが詩篇《しへん》三二篇を読みます。

ダビデのマスキールの歌

1 そのとががゆるされ、
その罪がおおい消される者はさいわいである。

2主によって不義を負わされず、
その霊に偽《いつわ》りのない人はさいわいである。
3わたしが自分の罪を言いあらわさなかった時は、
ひねもす苦しみうめいたので、わたしの骨《ほね》はふるび衰《おとろ》えた。
4あなたのみ手が昼も夜も、
わたしの上に重かったからである。
わたしの力は、夏のひでりによって
かれるように、かれ果てた。
5わたしは自分の罪をあなたに知らせ、
自分の不義を隠《かく》さなかった。
わたしは言った、「わたしのとがを主に告白しよう」と。
その時あなたはわたしの犯《おか》した罪をゆるされた。
6このゆえに、すべて神を敬《うやま》う者はあなたに祈る。
大水の押《お》し寄《よ》せる悩《なや》みの時にも

その身に及《およ》ぶことはない。
7あなたはわたしの隠《かく》れ場《ば》であって、
わたしを守って悩《なや》みを免《まぬか》れさせ、
救いをもってわたしを囲まれる。
8わたしはあなたを教え、あなたの行くべき道を示し、
わたしの目をあなたにとめて、さとすであろう。
9あなたはさとりのない馬のようであってはならない。
また騾馬《らば》のようであってはならない。
彼らはくつわ、たづなをもっておさえられなければ、
あなたに従《したが》わないであろう。
10悪《あ》しき者は悲しみが多い。
しかし主に信頼《しんらい》する者はいつくしみで囲まれる。
11正しき者よ、主によって喜び楽しめ、
すべて心の直き者よ、喜びの声を高くあげよ。

アシュレイの人とは

幸いだ！　そのとがを赦《ゆる》され、その罪をおおわれた者は。
幸いだ！　主によって不義を負わされず、
その霊に偽りのない人は。（詩篇三二篇《しへん》一、二節　私訳《しやく》）

冒頭《ぼうとう》の第一句「אשרי《アシュレイ》」というヘブライ語は、「幸いだ！」と訳すべき感嘆《かんたん》の叫《さけ》びです。何が幸いなのかというなら、「そのとがを赦され、罪をおおわれ、不義を負わされず、その霊に偽《いつわ》りのない者は、幸いだ！」というんです。

ここに「罪」という意味の類語が四つ、「とが、罪、不義、偽り」と出てきますが、原文のヘブライ語の意味するものと、日本語から受ける印象とは違《ちが》うものがあります。

「פשע《ペシャア》　とが」というのは、「神に背《そむ》き、人生のさまざまな苦しみにペシャンコに打《う》ち砕《くだ》かれていること」をいいます。「חטאה《ハタアー》　罪」とは、「正しい道から外れ、目標を失って迷っている状況《じょうきょう》」です。ギリシア語で「罪」を指す「*αμαρτια*《ハマルティア》」も同じ意味です。ここでいう「罪」というのは、宗教的な意味で、日本語でいういわゆる道徳的な罪とは違《ちが》います。「עון《アヴォン》　不義」というのは、「心がひねくれている、ねじけている」という意味で、文語《ぶんご》訳《やく》聖書ではあちこちで「邪曲《よこしま》」とも訳されていました。ですから「不義」というより、「邪悪《じゃあく》」と訳したほうがよいですね。

「とがをゆるされ、その罪をおおわれた者は」とは、罪やとがの重荷を取《と》り除《のぞ》かれ、醜《みにく》いものを包《つつ》み隠《かく》すように、罪をおおい包まれた者のことです。そして「主によって不義を負わされない」とありますが、これは「主によって不義を帳消しにされる、主が不義を考えない」という意味です。

詩人はさらに言葉を替《か》えて、「その霊に偽《いつわ》り(רמיה《レミヤー》　虚偽《きょぎ》、欺瞞《ぎまん》)のない人は幸いである」と言っています。偽りをおおい隠さない、すなわち弁解しない、あるがままの人。無邪気に純真《じゅんしん》に生きている人。こういう人がアシュレイ(幸い)なんですね。

ですから、この詩篇《しへん》の意味は「幸いだなあ、私は！　以前は罪の重荷にひしがれそうだった。消しがたいとがを負わされ、ひねくれた根性をもってどうにもならなかったのに、今は霊に偽りのない、裏表《うらおもて》のない人間になって生きられる。なんとありがたいことだろう！」と、自分の現在のありがたさを「アシュレイ！」と言っているということです。

罪によって枯《か》れ果《は》てる魂

わたしが自分の罪を言いあらわさなかった時は、
ひねもす苦しみうめいたので、わたしの骨《ほね》はふるび衰《おとろ》えた。
あなたのみ手が昼も夜も、
わたしの上に重かったからである。
わたしの力は、夏のひでりによって
かれるように、かれ果てた。

（三、四節）

この詩篇《しへん》の作者であるダビデは、「幸いだなあ！」と感謝して生きられるようになったものの、初めからそうだったわけではありませんでした。ダビデは、部下の妻を奪《うば》うというバテセバ事件を引き起こして、一年余りを沈黙《ちんもく》のうちに罪をごまかし、口をぬぐって生きていました。しかし、彼の敏感《びんかん》な魂は、どんなに表面意識でごまかしてみても、心の底まで偽《いつわ》りきれるものではありませんでした。

そのような罪の状況《じょうきょう》、ひねくれて、ペシャンコになっているときは、神様の御手《みて》が重く感じられて苦しくてならなかった。それで、「わたしが自分の罪を言いあらわさなかった時は、ひねもす苦しみうめいたので、わたしの骨《ほね》はふるび衰《おとろ》えた」(三節)とあります。

ここで「骨」とあるのは、人格の中心である魂のことです。骨が枯《か》れてしまったら、人間は生きることができないように、魂がすっかり枯れてしまってどうにも生きることができなくなった、と罪の状況を述べている。そして、夏の日照りによって枯れるように、彼はついに枯れ果ててしまいました。

しかし、そのように苦しんだ者がどうして救われたのか。

ありのままの自分を言いあらわすときに

わたしは自分の罪をあなたに知らせ、
自分の不義を隠《かく》さなかった。
わたしは言った、「わたしのとがを主に告白しよう」と。

その時あなたはわたしの犯《おか》した罪をゆるされた。（五節）

ここにありますように、ダビデが自分の罪を神に隠《かく》さず、あるがままの自分になったときに、神様はその罪やとがが、不義を赦《ゆる》され、救われたというんです。そして、ほんとうに幸いになったということです。

昨日、大阪で集会がありましたが、私はそれこそ涙《なみだ》をしぼるように泣きました。それは、ある婦人がご自分の過去を赤裸々《せきらら》に語られたからです。

「若《わか》い時、私はある男性を愛し、その人のためならば自分の人生を棒《ぼう》に振《ふ》ってもいいとまで思いました。そして、子供《こども》まで身籠《みごも》りましたが、その男に捨《す》てられた。それで呻《うめ》いて、何度、川に身投げしようとしたかしれません。そんな時に原始《げんし》福音《ふくいん》に触《ふ》れ、キリストに救われました。今は、信仰に生きる主人と共に幸福な結婚《けっこん》生活を送っています。こんな私を贖《あがな》ってくださった神様のご愛を思ったら、もう生《い》き狂《ぐる》い死に狂いしてでも、このキリストの生命を伝えたいです」と話されるのを聞きながら、私は泣きました。

贖われるということは、こんなに強いことだろうか。こんなに尊《とうと》いことだろうか！

贖《あがな》われた人間とは、こんなに包《つつ》み隠《かく》さずに自分の過去を人前で言うものだろうか、と思いました。

「その霊に偽《いつわ》りなき人は、幸いである」というけれど、女としていちばん恥《は》ずかしいことをすべて包み隠さず言えるのは、よほどの幸福が裏打《うらう》ちしていなければできませんね。なかなか過去の失敗や罪を人前で赤裸々《せきらら》に言えるものではないです。私は、贖われるということの尊《とうと》さ、「アシュレイ（幸いだ）！」と言って生きる人の幸い、喜びというものを見ました。ほんとうに尊いと思いました。

誰《だれ》でも、そのように真実でありたいし、そのように罪を赦《ゆる》されたいと思うでしょう。どうしたら、そのように霊に偽りのない人になれるでしょうか。

ここで大事なことは、霊的な信仰は誠実型《せいじつがた》の人にはわからないということです。誠実型の人は、自分の考えで善悪《ぜんあく》を判断して、誠実にやることが良いと思って精いっぱいいなさる。だが、それでは自分中心です。誠実であることが信仰じゃないんです。信仰は、神の前に純情《じゅんじょう》に、赤裸々であることをいうんです。

霊的な信仰者は、赤裸々に「私の暗さも明るさも、神様、あなたはすべてをご存《ぞん》じです」と言って、自分を明《あ》け渡《わた》して生きています。神様の前には隠《かく》しても隠しきれるものではありません。

人は、小さい恥《はじ》は言うことができます。けれども、大きな恥《は》ずかしいことを誰《だれ》が言えるか。これは、キリストの愛にほんとうに贖《あがな》われた者だけが言えることです。

神と出会う時に救われる

このゆえに、すべて神を敬《うやま》う者は(あなたに出会うその時に)あなたに祈る。　(六節)

「このゆえに」とありますが、ここは「このゆえは」と訳《やく》したほうがよい。なぜなら、ここは、前の節にある罪が「赦《ゆる》された理由」を述べている箇所《かしょ》だからです。

それについて、六節の最後のところですが、「あなたに出会うその時に(לעת מצא《レエット メツォー》)」という語が口語訳聖書では訳されておりません。重大な言葉が抜《ぬ》けている。この言葉がなければ、赦された理由がわかりません。文語訳聖書では、「されば神をうやまう者は汝《なんじ》に遇《あ》うことをうべき間《ま》に汝に祈らん」となっておりましたが、その訳のほうが正しいです。

それで、なぜ罪が赦《ゆる》されたかというと、罪の重荷に苦しんでいた者が、神と出会った瞬《しゅん》間《かん》に、ハッと罪が消されたということです。

このようなことは、聖書にたびたび出てきます。

使徒パウロは、信仰によって救われたのではありませんでした。彼は、クリスチャンを迫害《はくがい》するために、エルサレムから遠くシリアのダマスコまで行きました。彼は、荒野《あらの》を越《こ》えてまで、執念深《しゅうねんぶか》く迫害したほどの罪人《つみびと》の頭《かしら》だった。そのような者が何で救われたかというと、ダマスコの近くに来た時に、キリストの霊に激《はげ》しく出会ったからです。それで、魂がひっくり返ったんです（使徒行伝九、二二、二六章）。

また、モーセがそうでした。彼は、柴《しば》が燃ゆる火の中に「モーセよ、モーセよ」と呼《よ》びたもう神に出会ったんです（出エジプト記三章）。そこから彼は、出エジプトの大業を担《にな》う人となりました。イザヤもそうでした。彼は、神が高く上げられたみくらに座《ざ》し、その衣《ころも》の裾《すそ》がエルサレム神殿《しんでん》に満ちているのを見ました。その時、「わたしは誰《だれ》を遣《つか》わそうか」という御声《みこえ》を聞いて、「ここにわたしがおります。わたしをお遣わしください」と答えてから、預言者としての活動が始まりました（イザヤ書六章）。

このように、神に出会い、神の臨在《りんざい》を感じるようになった途端《とたん》に、もうガタッと問題が解決し、全然違《ちが》う世界に入れられるんです。

神と出会うことが大事です。神の臨在にぶつからなければ、神と出会えません。

この神の臨在を、ヘブライ語で「シェキナー」といいます。シェキナーは「神の栄光」とも訳《やく》されますが、神の臨在にぶつからなければ救われないんです。

神のハシッド（寵者《ちょうじゃ》）とは

「すべて神を敬《うやま》う者はあなたに祈る」とありますが、「敬う者」とは「חסיד《ハシッド》」というヘブライ語です。これは、「חסד《ヘセッド》（神の）慈愛《じあい》、憐《あわ》れみ、恵《めぐ》み」から派生《はせい》した語です。ですから、ハシッドは「神を敬う者」と訳すより、「神に愛される者、神の恩寵《おんちょう》に生きる者（寵者）」と訳したほうがよいですね。この語は、旧約聖書の詩篇《しへん》に何度も出てきます。

その「ハシッド」と呼《よ》ばれる信仰者はどんな人かというと、神と出会った人です。

神に出会って、自分が神に愛せられる者であることを知った人です。

そのような人は、すべての罪、とがを赦《ゆる》され、すっかり解放される経験に入るんです。

そして、自分の恥《はじ》も赤裸々《せきらら》にぶちまけて生きるような人生が始まるんです。そのような人は、たとえ過去にどのような罪を犯《おか》したとしても、もう罪の重荷を感じないで生きることができます。

それで大事なことは、神との出会いの経験をもつことです。

多くの人が、「原始福音の集会に来ると、急に信仰がわかった」とか、「急に嬉《うれ》しくてたまらなくなった」とか言われるのは、神の霊に出会うからです。そのように、人が神の霊に出会うと、俄然《がぜん》、大きな変化が起きます。こういう変化が罪を贖《あがな》うんです。

神に出会うということと、罪が贖われるということは、同時に起きる出来事です。

救いの喜びの中で神の声を聞く

大水の押《お》し寄《よ》せる悩《なや》みの時にも
その身に及《およ》ぶことはない。
あなたはわたしの隠《かく》れ場《ば》であって、
わたしを守って悩みを免《まぬか》れさせ、

救い（の歌）をもってわたしを囲まれる。（六、七節）

大洪水《だいこうずい》のように、内憂外患《ないゆうがいかん》、さまざまな悩《なや》みや問題がやってきても、神のハシッド（寵《ちょう》者《じゃ》）たちに及《およ》ぶことはない。それは、その人が永遠の岩なる神にくっついているからです。そして、ただ艱難《かんなん》から守られるだけでない、「救いの歌をもってわたしを囲まれる」とあるような、喜ばしい状況《じょうきょう》に立《た》ち至《いた》る。これが大事です。ここでも口語訳《こうごやく》聖書は、「רֹן《ロン》歌、喜びの歌声」という語を訳していません。この救いの歌、喜びの歌声に囲まれると、何が起きるか。次の八節にあるように、神の声が聞こえてくるんです。

「私は長いこと祈って考えるけれども、神の声が聞こえない」と言う人がおります。

どうして神の声が聞こえないのかというなら、その人は頭で考える冷たい信仰だからです。神の声は、人間の理性では聞くことができません。ハートが熱して救いの歌声をもって囲まれるような、大きな喜びに入るときに、「神様、そうでした！」と言って、神の御《み》心《こころ》がわかるんです。私たちは、罪を赦《ゆる》されたアシュレイ（幸い）の経験に入るときに、神の声が聞こえてきます。

ダイナミックな神秘《しんぴ》主義

この八節からは、詩人が聞いた神の声ですね。

わたしはあなたを教え、あなたの行くべき道を示し、
わたしの目をあなたにとめて、さとすであろう。
あなたはさとりのない馬のようであってはならない。
また騾馬《らば》のようであってはならない。
彼らはくつわ、たづなをもっておさえられなければ、
あなたに従《したが》わないであろう。
（八、九節）

人生には、いろいろな躓《つまず》きや問題が起こってくるものです。そんなときに、私は人間に問うよりも神に聴《き》きます。神が行くべき道を教え示してくだされば、どんなことがあっても私は従います。従いたいと思います。人の声は人を救いませんが、神の導きは人々を天

にまで引き上げます。

このように導きたもう神の声は、先ほども言いましたように、歌声も高く喜んでいるときに聞こえてきます。冷えきった信仰者に神の声は聞こえてこない。聖書の信仰は、この詩篇《しへん》にあるように非常にダイナミックで、キリスト教の*静寂主義《キエティズム》とは違《ちが》うものです。

ここに、『ハシディームの物語』というマルティン・ブーバーが書いた本があります。これは、読んで実に面白《おもしろ》い本です。ハシディームというのは、先ほどお話ししたハシッド（神の寵者《ちょうじゃ》）の複数形で、ここでは*ハシディズムの信仰に生きる人々という意味です。ハシディズムは、十八世紀に東欧《とうおう》のユダヤ教徒の間で起きた信仰復興運動ですが、彼らは旧約聖書の詩篇の信仰を再現したような、神秘《しんぴ》で霊的な信仰に生きていることを、この本で知りました。

昔、ある絵描《えか》きさんがエルサレムに行きまして、帰ってから私に「幕屋《まくや》の信仰はユダヤ教のハシディズムの人たちとそっくりだ」と話してくれたことがありました。だが私は、「そうかな、外側が少し似ているだけじゃないかな」と思っておりました。けれども、この本を読むにつれて、なんと私たちの信仰と似ているものかと思いました。

ヒトラハブート（灼熱《しゃくねつ》の歓喜《かんき》）の信仰

ユダヤ教の神秘《しんぴ》主義であるハシディズムの特徴《とくちょう》は、ヒトラハブートにあるといわれます。「התלהבות《ヒトラハブート》」というヘブライ語は、「灼熱の歓喜」という意味です。魂が贖《あがな》われて、嬉《うれ》しくて嬉しくて、たまらなくなることをいいます。このヒトラハブートの経験に入らなければ何も良いことは起きてこないし、神秘な世界にも入りません。この灼熱の歓喜に入ったときに、神の声が聞こえてくるんですね。

それで、ハシディズムの人々は「赤々と燃《も》え滾《たぎ》るような魂の喜び、この喜びがない者は、次の世界に行っても天国に入ることはできない」と言います。そのように、魂が燃やされた中で地上の信仰生活を生きること、これを彼らは目標にしている。

神の霊は目には見えません。しかし、時に激《はげ》しくペンテコステ*的状況《じょうきょう》になって、大風のごとく、雲のごとくに私たちを取《と》り巻《ま》くことがある。そのように熱く濃厚《のうこう》な霊的雰囲気《ふんいき》に入るときに、それを聖所、聖なる場といいます。神は、栄光の雲が立《た》ち込《こ》める聖なる場で出会われる。こういう霊的状況に入らなければ、ガタッと救われないんです。

私たちを贖《あがな》うのは魂の火花です。どれだけ教理を頭で考えたって、救われるものじゃない。キリストが、「火を投ずるために、わたしは来た！　火がすでに燃え上がっていたら、何を欲《ほっ》しよう」（ルカ伝一二章四九節　直訳《ちょくやく》）となぜ言われたか。それは、ここに信仰の中心があるからです。ですから、私たちの信仰が静かに沈《しず》みがちになる時は良くありません。そんな時は、悪魔《あくま》の足音が近づいてきている。これは恐《おそ》ろしいことです。

*ベルクソンは、「宗教には二つのタイプがある。静的宗教に対して、神秘《しんぴ》主義というか、ダイナミックな動的宗教がある」と言っている。ベルクソンはユダヤ人ですから、このあたりの消息を知っているのでしょう。ダイナミックな生命は灼熱《しゃくねつ》せるものです。魂が霊的に燃え上がると、俄然《がぜん》、わかるんです。神の声が聞こえてくるんです。

ですから、ダイナミックな神の生命が燃える幕屋、これが私たちの目指すものです。聖霊の火を、どうかお互《たが》いの内に灼熱するように燃やしてゆきたい。

私たちの幕屋は、最初に阿蘇《あそ》で聖霊のリバイバルが起きた時に、灼熱する喜びに囲まれる経験から始まりました。渡邉《わたなべ》春子さんが先ほど証《あか》しされましたが、渡邉さんは十三年前（一九五〇年）、初めて阿蘇の聖会に来られて、どんなに変わりなさったか。

長い間、キリスト教会に通っておられたが、どうにもならなかった。しかし、たった一回の集会で、人生の分水嶺《ぶんすいれい》ともいうべき変化を魂に経験されました。それからというもの、河野《かわの》薫《かおる》さんたち数人の人と共に、飯塚《いいづか》の幕屋をもり立てて愛の濃《こ》い幕屋を作られました。熊本でも飯塚でも、同じような幕屋ができたのは、霊が同じだからです。

神の与《あた》えたもう燃え上がるような喜びが来なければ、神に仕え、人に奉仕《ほうし》できるものではありません。私たちは、神に贖《あがな》われた大きな喜びのゆえに、神に仕え、人に仕えるんです。このような贖いは、理屈《りくつ》ではありません。教理ではありません。人生の体験としてあるんです。

すべてを神に聴《き》いて歩む

悪《あ》しき者は悲しみ（苦痛《くつう》）が多い。
しかし主に信頼《しんらい》する者はいつくしみで囲まれる。
正しき者よ、主によって喜び楽しめ、
すべて心の直き者よ、喜びの声を高くあげよ。　（一〇、一一節）

「悪《あ》しき者」とは、神の声を心の内に聴《き》かない者のことです。そのような者には悲しみや苦しみが多い。しかし、主に信頼《しんらい》する者はいつくしみ(ヘセッド)で囲まれる。「正しき者(ツァディキーム)」とは、神に従《したが》う者、信仰によって義とされる者のことです。

すべて心の直き者は、喜びの声を高くあげよ！　ヒトラハブート(灼熱《しゃくねつ》の歓喜《かんき》)に入れよ！　心が熱してくると、自然に神様の御旨《みむね》がわかってくる。これがハシディズムの特徴《とくちょう》です。なんと幕屋の信仰と似ているではありませんか。こうして、マルティン・ブーバーといった世界的な宗教哲学者《てつがくしゃ》までが、私たちの信仰を裏《うら》づけてくれるのを知って安心しました。日本のキリスト教徒がいろいろ批判《ひはん》しようとも、これからは、もっと灼熱する集会を連続的に開いてゆこうと思います。

天上の火をもって満たされるように

私たちは前講で、人間に二つの霊の系統《けいとう》があることを学びました。これは重大な真理です。では、どうしたら私たちはキリストのものとなりきれるか。

それには第一に、私たちは自分で物事を判断するのではなく、すべてにおいて主のお指図(direction)《ディレクション》を聴《き》いて歩むことです。

第二に、善悪《ぜんあく》に対してどうでもよいといった態度は取らないことです。私は、主のお示しがあるならば、たといそれが危《あぶ》ないことでも、実行しようと思います。主の示しがないのに、人の義理やなんかで動いたら失敗します。神の声に聴いて歩むことは冒険《ぼうけん》です。薄氷《はくひょう》を踏《ふ》んで歩んで、いつ池に落ちるかわからない、そういう思いがしますよ。しかし、私はいよいよ神の声に聴いて、残る生涯《しょうがい》を生きてゆこう。そこにはスリルもありますが、嬉《うれ》しいですね。

創世記《そうせいき》四章で、どうしてカインが理由なしにアベルを殺したのかというなら、それは彼が神の声を聴いていなかったからです。神の声を聴く人間と、自分の考えで歩いている人間の違《ちが》いがここに表れてきます。自分だけで生きているから、そこに悪魔《あくま》が躍《おど》りかかって乗《の》り込《こ》んでくるんです。これを治めることは、ほんとうに難《むずか》しいです。

私たちは、神に聴きながら、神の大きな喜びに囲まれる信仰に進みたいと思います。

願わくは、キリストが皆《みな》さん方の魂を激《はげ》しく揺《ゆ》さぶって、熱い天上の火をもって満たしたもうよう祈ります。

祈ります。胸《むね》の前で両手を合わせて、深い呼吸《こきゅう》をなさって、呼吸をなさって……。

息を深く腹《はら》に吸《す》い込《こ》んで、フーッと激《はげ》しく吐《は》いて、体じゅうの毒気を吐いてください。

そして、天上の霊気を吸ってください……。

キリストは、「わたしの言葉が、あなたがたのうちに根をおろしていない」(ヨハネ伝八章三七節)と言われましたが、それは自我《じが》の塊《かたまり》で、キリストの御声《みこえ》を入れる余地が心にないからです。

悪うございました、もう心を空っぽにしますので、天の火花よ、神の霊よ、どうか乗り移ってください！　私たちは、自分が中心になるときに、ついに罪に魅入《みい》られます。とんでもないものが突《つ》き上《あ》げてきます。しかしこれは、自分が中心であるためです。どうかここで、私たちは自分の入《い》れ替《か》えをいたしとうございます！

天上の火花が胸を照らしださなければ、私たちに真理が啓示《けいじ》されることはないんです。どうか、体じゅうが熱くなるまでに、心が熱くなるまでに、燃えとうございます！

私たちの魂が灼熱《しゃくねつ》するごとくヒトラハブートするときに、新しい歴史を創《つく》るほどの霊の力、神秘《しんぴ》な神の力となるんです。どうぞ、もっと燃え上がりとうございます！

キリストは、私たちにこの天上の驚《おどろ》くべき生命を、霊を注ぐために、十字架《じゅうじか》にかかって血汐《ちしお》を流され、「この霊を受けよ！」と言われました。どうぞ、私たちの自我《じが》がすっかりつぶれて、神なる我《われ》が、キリストの呼び声《よごえ》だけが、体じゅうに満ちてください！

（一九六三年一月三十日　熊本　②）

＊静寂《せいじゃく》主義（キエティズム）…十七世紀にスペインのモリノスが唱えたキリスト教の神秘《しんぴ》主義。

＊ハシディズム…ウクライナに生まれたイスラエル・ベン・エリエゼル（バアル・シェム・トヴ）によって始まり、東欧《とうおう》を中心に広がったユダヤ教の神秘主義的宗教運動。その共同体に属する人々をハシッド（複数形はハシディーム）と呼ぶ。語源《ごげん》となったヘブライ語の「ヘセッド」は、「（神の）慈愛《じあい》、憐《あわ》れみ、恵《めぐ》み」の意。現在も、ハシディズム派《は》はユダヤ教における重要な一派を形成している。

＊ペンテコステ…ギリシア語で「第五十（日）」の意。イエス・キリストの復活から五十日目、弟《で》子《し》たちに聖霊が激《はげ》しく降《くだ》った。この日、弱かった弟子たちは一変し、福音を伝える者となった。

＊アンリ・ベルクソン…一八五九～一九四一年。フランスの哲学者《てつがくしゃ》。ノーベル文学賞を受賞。

第四七講

困難と躓きを乗り越えて

ヨハネ伝九章一〜七節

ヨハネ伝九章からは、新しい話が始まります。

ここでは、生まれながらの盲人《もうじん》の目が、イエス・キリストによって見えるようになった、と記されています。そのことについて、九章三二節に「生れつき盲人であった者の目をあけた人があるということは、世界が始まって以来、聞いたことがありません」とありますように、全く盲人であった者が、眼科手術を受けたわけでもないのに見えるようになったということは、驚《おどろ》くべきことですし、信じがたいことです。

それで、この箇所《かしょ》を解釈《かいしゃく》するのに、今のキリスト教会では「これは、人間の心の盲目、霊的盲目が癒《い》やされたことを、譬《たと》え話《ばなし》として書いてあるのだ」などと説きます。

しかしキリストは、「わたしは、この世にいる間は、世の光である」(九章五節)と言われて、ご自分がこのような病に悩《なや》む人々にとって、実際に救いの業《わざ》をなす生命の光であることをお示しになりました。

私たちは、聖書を曲げて解釈《かいしゃく》しようとは思わない。この盲人《もうじん》の身に起きたことを、「然《しか》り、アーメン！」と言って読みとうございます。

それでは九章一節から読んでゆきます。

癒《い》やし主《ぬし》キリスト

イエスが道をとおっておられるとき、生れつきの盲人を見られた。弟子《でし》たちはイエスに尋《たず》ねて言った、「先生《ラビ》、この人が生れつき盲人なのは、だれが罪を犯《おか》したためですか。本人ですか、それともその両親ですか」。イエスは答えられた、「本人が罪を犯したのでもなく、また、その両親が犯したのでもない。ただ神のみわざが、彼の上に現れるためである。わたしたちは、わたしをつかわされたかたのわざを、昼の間にしなければならない。夜が来る。すると、だれも働けなくなる。わたしは、この世にいる間は、世の光である」。

イエスはそう言って、地につばきをし、そのつばきで、どろをつくり、そのどろを盲人《もうじん》の目に塗《ぬ》って言われた、「シロアム(つかわされた者、の意)の池に行って洗《あら》いなさい」。そこで彼は行って洗った。そして見えるようになって、帰って行った。

(九章一～七節)

先日、私は大阪の集会でもこの箇所《かしょ》を講義しました。その時、橋本潤子《じゅんこ》さんが立って次のような証《あか》しをなさいました。

「私はお寺の家に生まれましたが、母親は産後の肥立《ひだ》ちが悪くて亡《な》くなり、その後、父親も亡くなりました。祖母に育てられましたが、戦時中のことで食糧《しょくりょう》事情が悪く、栄養失調のためか、目がほとんど見えなくなってしまいました。手術をしても、度の強い眼鏡《めがね》をかけてやっと少し見える程度で、暗い時には全く見えない。それで歩くこともできず、どんなに辛《つら》かったかしれません。

やがて教会に行って、心の慰《なぐさ》めを少し得ました。しかし、目が見えないということに変わりはありませんでした。ところが、幕屋《まくや》の聖会に出て聖霊を注がれたら、眼鏡《めがね》なしで歩けるようになったし、針《はり》の穴《あな》にも糸を通せるようになったんです。病気の体も癒《い》やされました」と。

このように、彼女が感激《かんげき》いっぱいに証《あか》しされました時に、皆《みな》が驚《おどろ》きました。現代においてもこういうことが起きるというのは、神が今も生きて働いておられるということの何よりの証しでした。

つきぬ喜び　　いやしの恵《めぐ》み
奇《くす》しきいのち　たゆとう幕屋
いやしの水脈《ながれ》　幕屋にあふれ
温泉《いでゆ》のごとく　民《たみ》をうるおす

という賛美歌を私が作ったのは、今もキリストの臨在《りんざい》したもうところ、聖書と同様な出来事が起きるのだ、ということを言いたいからです。これを、あなたは信じることができるか？　できないならば、あなたは聖書を読むことはできないでしょう。

多くの人は、「手島はなぜ神癒《しんゆ》を強調するのか」と言います。私は別に強調するわけではない。キリストはすべての癒《い》やし主《ぬし》である。身体《からだ》が癒やされるだけではない、心が癒やされ、生活が改善《かいぜん》され、事業が祝され、魂が癒やされる。それを語り伝えるのが、私の伝道です。

中には、「あんまり神癒を強調しないほうがよい。そうしたら躓《つまず》きが少ない」と言う人がおります。そういう人には、神癒は必要ないかもしれない。けれども、病《や》み、苦しみ、悩《なや》み嘆《なげ》いている者にとっては、それがどれくらい慰《なぐさ》めであり福音《ふくいん》であるか。

今のクリスチャンは、こういう記事を素直《すなお》に読もうとしません。それは、彼らに体験がないからです。もし、癒やしの信仰ということを否定《ひてい》するならば、福音書や使徒行伝の多くの部分を切り取ってしまわなければなりません。そのくらい、聖書はこれが真理であることを明らかに訴《うった》えております。私たちは、これを真理として読まなければなりません。

ただ神の御業《みわざ》が現れるために

九章一節に、「イエスが道をとおっておられるとき、生れつきの盲人《もうじん》を見られた」とあります。これはおそらく、前章の終わりに、「彼らは石をとって、イエスに投げつけようとした。しかし、イエスは身を隠《かく》して、宮から出て行かれた」(八章五九節)とありますように、イエス・キリストがユダヤ人たちから石打ちされそうになったのを、かろうじて逃《のが》れ、「美《うつく》しの門」と呼《よ》ばれたエルサレム神殿《しんでん》の東側の門を出られた時のことでしょう。

そこでイエスは、一人の乞食《こじき》の盲人《もうじん》を見られた。すると弟子《でし》たちはイエスに、「誰《だれ》が罪を犯《おか》したから、この人は盲目なのですか?」と問いました。

当時、病気は人の罪の結果であるとされ、本人にせよ、その親にせよ、罪の報《むく》いが病気という刑罰《けいばつ》として与《あた》えられると考えられていました。福音書の他の箇所《かしょ》を読んでみましても、キリストが病気を癒《い》やされるときに、「あなたの罪は赦《ゆる》された」と言われたことがありますから、罪の結果として病気になるという場合もあることは否定《ひてい》できません。

しかし、この乞食だった人は、生まれながらの盲人ですから、本人が生まれながらに罪を犯すことはないわけです。そうすると、先祖の罪か親の罪なのか。親が悪いから、子が遺伝的《いでんてき》に悪いというのだったら、ほんとうに気の毒なことです。世の人々は、それを「宿命」といいます。また、原因が悪いから結果が悪い、現在が悪いのは過去の行ないが悪いからだ、という考えを「因果応報《いんがおうほう》」といいます。

けれども、イエス・キリストはそれに対して、誰《だれ》の罪であるとも答えられなかった。「ただ神のみわざが、彼の上に(中に)現れるためである」(九章三節)と言われた。

過去の行ないが悪いから現在が悪いという因果律《いんがりつ》に私たちがつながれているならば、どうしてもその因果律から脱《だっ》することができません。仏教ではこれを「カルマ、業《ごう》」といいます。その業とか因果というのは、一種の宿命論《しゅくめいろん》です。

けれども、ここでこの盲人《もうじん》の目が開かれたように、宿命の鉄鎖《てっさ》を断《た》つことができる者、これキリストであります。

私たちは、因果応報的な考え方に強く支配されており、それから抜《ぬ》け出《で》るということは非常に難《むずか》しいです。しかし、もし私たちにキリストの御業《みわざ》が現れることを願うというならば、弟子《でし》たちが「誰の罪ですか?」と聞いたような問いをもたないことです。かりに自分が罪を犯《おか》したためであったとしても、それ以上にキリストの贖《あがな》いがある、と知ることが大切です。

宿命を覆《くつがえ》す力を知る者

今から八年ほど前のことです。徳島で集会をしました時に、足腰《あしこし》が動かぬ篠原《しのはら》峯一君が療養所《りょうようじょ》から担架《たんか》で運ばれてやって来ました。だが、この人の聴講《ちょうこう》態度が非常に悪く、裁《さば》くような調子で妙《みょう》な質問をします。

「先生、お話は結構ですが、宿命ということをどう考えますか。私も妹もカリエスで足腰が立たない、これは宿命と考えざるをえません」と言うんです。彼は一生、宿命につながれて死んでゆくと覚悟《かくご》していたのでしょう。神が愛であることを信じられず、ただ病気にじっと耐《た》えることが十字架《じゅうじか》の信仰である、と思っていました。それで私は彼に、

「ぼくは宿命を信じない。宿命を信じる人には宿命が存在《そんざい》するだろうが、宿命を覆すことのできる力を知っている者には宿命はない。真っ暗な君の人生にキリストの光が射《さ》し込《こ》んだら、君の生涯《しょうがい》は全く変わる。神は愛だ。神が愛であるなら、君が宿命に縛《しば》られたまま病にのたうっているはずがないではないか」と語ったことでした。

たとえ宿命というものがあったにしても、私はそんなものに縛られることは嫌《いや》です。

私が、宿命から逃《のが》れることができると知ったのは、キリストのおかげです。ロマ書八章に記されているように、キリスト・イエスの生命によって私は罪の縄目《なわめ》から解放され、魂の自由を与《あた》えられた。実にキリストは、私を獄屋《ごくや》から救い出す贖《あがな》い主《ぬし》であられます。

一年後に篠原君に会ったら、すっかり癒《い》やされて喜んでおられる。それは、宿命を信じなくなったからでした。その後、彼は熊本の私の許《もと》に信仰を学びに来ましたが、私は普通《ふつう》の健康な人と同じように働くことを勧《すす》めました。彼はそうして、ついに宿命から救われました。ですから、まず大事なことは、私たちは宿命を信じないということです。

悪い思想と戦え

結局、その人の信仰がその人を支配します。宿命を信じて、自分は一生浮《う》かばれない人間だと思う者は、そうなります。歌謡曲《かようきょく》に、次のような歌があります。

おれは河原の枯《か》れすすき　おなじお前も枯れすすき
どうせ二人はこの世では　花の咲《さ》かない枯れすすき

（野口雨情『船頭小唄《せんどうこうた》』より）

自己憐憫《じこれんびん》にかられて、自分がかわいそうだと思うと、こういう歌を好みます。けれども、これは聖書の思想とは違《ちが》います。私たちはこのような、この世的な考え方に対して「ノー（否《いな》）！」と言わなければ、絶対に聖書はわからない。

私たちにとって、生きることは戦いです。悪い思想との戦いです。

自分の心の隙《すき》に乗じて入ってくるものに対して戦い、過去がどうであれ、現在がどうであれ、贖《あがな》われて向上の一路をたどるのが私たちの生涯《しょうがい》である。どこまでも、そうでありたいと思います。

この信仰が奇跡《きせき》を引き起こすんです。どうせ花の咲《さ》かない枯《か》れすすきだといって、宿命にあきらめるならば、そこから奇跡的な飛躍《ひやく》、救いというものは始まらない。どうぞお互《たが》い、もし悪い現状がそのまま続くと思うような考えがあるならば、「ノー！」と言って戦わなければなりません。そのような精神力が沸《わ》き起《お》こることを信仰というんです。

キリストは、生まれながらに目の見えない人の悲惨《ひさん》さをよくご存《ぞん》じでした。けれどもキリストは、「そのような苦しみの中にある人を通して、神の御業《みわざ》が現れるのだ」と言われる。これは実に驚《おどろ》くべき言葉です。

普通《ふつう》ならば、素晴《すば》らしい人に神の御業《みわざ》が現れると思うでしょう。しかしキリストの世界では、人生のどん底に嘆《なげ》いている者に神の御業が現れる。苦しみの中にある者を通して神の業が始まるというなら、信仰は私たちにとって大きな希望です。これは、何という驚《おどろ》くべき逆説的な真理であろうか！　私たちは、この真理を知らなければなりません。

「シロアムの池に行って洗《あら》え」

ここで、「ただ神のみわざが、彼の上に現れるためである」と言われたキリストは、生まれながらの盲人《もうじん》に対して何をされたか。次のように記されています。

「わたしは、この世にいる間は、世の光である」。イエスはそう言って、地につばきをし、そのつばきで、どろをつくり、そのどろを盲人の目に塗《ぬ》って言われた、「シロアム（つかわされた者、の意）の池に行って洗いなさい」。そこで彼は行って洗った。そして見えるようになって、帰って行った。

（九章五～七節）

キリストはつばきで泥《どろ》を作り、その泥を盲人《もうじん》の目に塗《ぬ》ったとあります。

私も病の人のために祈るとき、よくプッとつばをつけてやります。なんでそんな汚《きたな》いことをするのだろうと思うかもしれないが、私はイエス様の真似《まね》をするんです。

どういうわけで泥を塗るのか？　ある人は、「その泥の中に目薬の原料となる成分があるのではないか」などと言います。だが、それは信仰のない人の言い分で、泥を塗ったら普通《ふつう》はもっと悪くなります。誰《だれ》でも、つばをつけられただけで躓《つまず》くでしょう。泥を塗られたらもっと躓きますよ。

しかし、信仰とは不思議なものです。そのような躓きを越《こ》えて行動するときに、不思議な力が働く。これが信仰です。試《ため》されて、揺《ゆ》すられて、信じる心も失いかけるような目に遭《あ》わされても、なお信《しん》じ抜《ぬ》いたときに、ハッと救われるんです。

私に対して、「こうしたほうが人は躓きませんよ」と忠告《ちゅうこく》してくれる人がいますが、私は人によってはわざと躓くようなことを言うんです。躓きを越えることができないならば、本当の信仰にならないからです。私だって人を躓かせるのは嫌《いや》です。私のほうが辛《つら》い。しかし、相手のために本当のことを言わなければいけないときがある。そのときに、躓くからといって真理を曲げたりはしません。

ここで、「シロアムの池に行って洗《あら》え」(九章七節)とありますが、シロアムの池はエルサレム神殿《しんでん》から南側に八百メートルほど急な斜面《しゃめん》を下った所にあります。

イエス時代のエルサレムの模型
神殿とシロアムの池

　この池はケデロンの谷と呼《よ》ばれる所にあり、近くのギホンの泉《いずみ》から水が流れてきて、この池に注いでおります。泉から水が送られてくるところから、シロアム(ヘブライ語の「שלח《シャラフ》　送る、遣《つか》わす」からの派生語《はせいご》)と呼ばれていたのでしょう。

　キリストは、その「シロアムの池に行って洗え」と言われる。つばきで泥《どろ》をこねて目に塗《ぬ》るだけでもどうかと思うのに、なんで盲人《もうじん》に対して、谷間《たにあい》にある池にわざわざ下りてゆけなどと、キリストは躓《つまず》きに躓きを加えるようなことを言われるのか。エルサレムにだって、他《ほか》に水がある所はあるでしょう。

しかし、彼はそれに従《したが》ったから癒《い》やされたんです。多くの人は躓きの石を置かれると従いませんよ。「可愛《かわい》い子には旅をさせよ」「獅子《しし》はわが子を千尋《せんじん》の谷に落とす」というけれども、はい上がる力があれば救われます。

現地に行ってみますと、盲人《もうじん》がこんな坂をどうやって下りてゆくだろうかと思います。一歩間違《まちが》えたら転げ落ちるような所です。しかし、彼がイエスの言葉に従って困難《こんなん》を越《こ》えて行ったから、目が癒やされた。奇跡《きせき》はいつでもそうやって起きるんです。

神の声と人間の常識

同様に、列王紀下五章を読むと、スリヤ王の軍勢の長ナアマンのらい病が癒やされた記事があります。ナアマンは大勇士でしたが、らい病を患《わずら》っていた。その病を癒やされたいために、遠くスリヤのダマスコからイスラエルの預言者エリシャの許《もと》にやって来ました。

ところがエリシャは、彼に会いに出てもこないで、下男のゲハジを遣《つか》わし、

「ヨルダン川に行って七度身を洗《あら》いなさい。そうすれば、あなたの肉は元にかえって清くなるであろう」と言いました。それを聞いたナアマンは怒《いか》って、

「ダマスコの川は、イスラエルのすべての川水にまさるではないか。ヨルダン川なんかで洗ったって、らい病が治るものか」と言って去ろうとした。しかし家来たちから、

「もし預言者があなたに何か大きな事をせよと命じても、あなたはそれをなさったでしょう。まして彼はただ『ヨルダン川で身を洗え』と言うだけではないですか」となだめられ、しぶしぶヨルダン川に行った。そして、神の人の言葉に従《したが》って身を洗ったら、らい病が癒《い》やされたとあります。

このように、神の声と人間の常識との間には、軋轢《あつれき》があるものです。その軋轢に打ち勝ったときに、奇跡《きせき》が起きるんです。これが信仰です。

信仰とは、神に従い行なうこと

イエス・キリストから「シロアムの池に行って洗え」と言われたら、乞食《こじき》の盲人《もうじん》はそこへ行って目を洗った。普通《ふつう》ならば、こういう非常識なことはできません。キリストはひど

い試みを与《あた》えられましたけれども、このように素直《すなお》に従《したが》うところに、驚《おどろ》くべき祝福があるというから大変なことです。ですから信仰とは、従順《じゅうじゅん》に従って歩くことなんですね。「イエス・キリストがおっしゃるのだから、常識ではわからないけれども、お従いします」といって歩いたら、この盲人《もうじん》は大きな幸福を刈《か》り取《と》りました。

私たちは自分の判断や考えで動きます。その間は、キリストの救いは始まりません。しかし、「私の考えと違《ちが》いますが、神様、あなたの導きがそうであるならば従います」と言い切って神に従いはじめるときに、主の御業《みわざ》が成ります。これが、なかなかできない。この盲人の偉大《いだい》さはここにあります。

普通《ふつう》、逆境が続いた人ほどひがみ根性があり、素直に従うことができないものです。しかしこの盲人は、イエス・キリストの権威《けんい》に圧倒《あっとう》されたのか、とにかく従いました。困難《こんなん》と躓《つまず》きを乗《の》り越《こ》えて従った。それで救われた。これが信仰にとっていちばん大切な点です。私たちに対しても、神様は時にひどいことをなさる場合があります。だが御声に従って、そこを最後まで通ってしまうと、驚くべき状況《じょうきょう》が展開《てんかい》することになります。

信じはするが、従わない。信じても行なわない。それは、行ないのない信仰です。

ヤコブ書に「行ないのない信仰は、死んだ信仰である」(二章二六節)とあるとおりです。信仰とは行なうこと、行なって救われることです。それは、道徳的な行ないをすることではありません。神に信じて実際に行なってみることです。信仰は自分の生活の中で生きてみてわかることで、教理でわかることとは違《ちが》うんです。理屈《りくつ》を言っている間は、奇跡《きせき》は起きません。

ところがこの後を読むと、ユダヤ人の宗教家たちがこの救われた盲人《もうじん》に向かって、「どうして治ったのか?」「その人のことをどう思うか?」などと質問を連発しています。今でも、多くの人が私に「どうしたら奇跡が起こるんですか?」と聞いてきます。しかし、これは方法論《ほうほうろん》の問題ではありません。霊の問題、信仰の本質の問題です。それを解決せずに「どうして?」と言っても、教理を信じる信仰からは奇跡が起きるような力は出てきません。キリストの生命が込《こ》み上《あ》げてくるかどうか、聖霊が働くかどうか、の問題です。

(一九六三年二月二十日　熊本　①)

第四八講

圧迫が生む力

ヨハネ伝九章三～五節

「ただ神のみわざが、彼の上に（中に）現れるためである。わたしたちは、わたしをつかわされたかたのわざ（働き）を、昼の間にしなければならない。夜が来る。すると、だれも働けなくなる。わたしは、この世にいる間は、世の光である」。

（九章三～五節）

前講で学びましたように、イエス・キリストは宿命的ともいえる真っ暗な運命に苦しんでいた盲人《もうじん》に対して、「ただ神のみわざが、彼の上に現れるためである」と言われました。そして、生まれながらに盲目だった彼の目が開かれて、見えるようになった。

こうしてキリストは、神の全能の力が働きさえするならば、どんな問題も一挙に解決してしまうことをお示しになりました。

昼の間に神の業《わざ》をなせ！

けれども、このような神の御業《みわざ》は、暗闇《くらやみ》の力が支配しているときには現れない。私たちは、この闇の力と戦わなければなりません。ここでキリストが、「わたしたちは、わたしをつかわされたかたのわざを、昼の間にしなければならない」と言われるときに、私たちをも含《ふく》めて弟子《でし》である者は、キリストと同じように、遣《つか》わされた方の業をしなければならない。また、「夜が来る。すると、だれも働けなくなる。わたしは、この世にいる間は、世の光である」とありますように、ご自分が去っていったら、また悪魔《あくま》の勢力がのしてきて、このような御業がなされなくなる。だから今、しなければならない、と言われる。その言葉どおり、キリストは真っ暗な中にいた人に光を与《あた》えたまいました。同様に、私たちも奇跡的《きせきてき》な解決を体験する人間になるんです。そう思い、それを実行することを信仰というんです。

私のところには、さまざまな病で苦しんでいる人々が祈りを求めてやって来られます。ある時、片方《かたほう》の腕《うで》が真っ黒で猿《さる》のように毛が生えている女児が連れてこられたことがありました。私はギョッとして、「これは大変だ、治らないに決まっている」と思いました。だが、その時に私の心を射《い》るように打った聖句は、この一句でした。「わたしを遣《つか》わされた方の御業《みわざ》を、昼の間にしなければならない！　やがて夜が来る」と。すると、急に私の心に勇気が湧《わ》いた。

自分にできそうなことをするのならば、当たり前です。しかし、私が神から遣わされているのならば、その使命のために、どうにもならない宿命をひっくり返すような業をしなければならない。私はそのために選ばれてイエスの弟子《でし》となったのである。そうする義務と責任がある。それなのに、「できない」と思うとは、なんと卑怯《ひきょう》だったか。

それで、心を込《こ》めて皆《みな》さんと一緒《いっしょ》に祈ると、翌日《よくじつ》にはその子の腕が普通《ふつう》の人と同じように白くなり、共々にキリストの御名をほめ賛《たた》えたことでした。

私たちが神から遣わされているならば、私たちも神の業をしなければならない！　そうやって自分をいつも励《はげ》まさなければ、奇跡《きせき》を体験するということはできません。

気落ちせずに祈れ

マルコ伝八章にも、キリストが盲人《もうじん》のために祈られた記事があります。

そのうちに、彼らはベッサイダに着いた。すると人々が、ひとりの盲人を連れてきて、さわってやっていただきたいとお願いした。イエスはこの盲人の手をとって、村の外に連れ出し、その両方の目につばきをつけ、両手を彼に当てて、「何か見えるか」と尋《たず》ねられた。すると彼は顔を上げて言った、「人が見えます。木のように見えます。歩いているようです」。それから、イエスが再び目の上に両手を当てられると、盲人は見つめているうちに、なおってきて、すべてのものがはっきりと見えだした。（二二〜二五節）

このように、イエス様といえども、一回の祈りでは盲人の目は癒《い》えなかった。二回目に祈ってやっと見えだした、と書いてあります。ここに、私たちも気落ちせずに祈らねばならないことがわかります。

またマルコ伝七章には、次のように記してあります。

それから、イエスはまたツロの地方を去り、シドンを経てデカポリス地方を通りぬけ、ガリラヤの海べにこられた。すると人々は、耳が聞えず口のきけない人を、みもとに連れてきて、手を置いてやっていただきたいとお願いした。

そこで、イエスは彼ひとりを群衆《ぐんしゅう》の中から連れ出し、その両耳に指をさし入れ、それから、つばきでその舌を潤《うるお》し、天を仰《あお》いでため息をつき、その人に「エパタ」と言われた。これは「開けよ」という意味である。　（三一〜三四節）

ここに、「天を仰いでため息をつき」とありますが、「ため息をつく」と訳《やく》された原文は「στεναζω《ステナゾー》　呻《うめ》く、嘆息《たんそく》する」というギリシア語です。キリストがなぜ呻かれたかというなら、この人は聾唖者《ろうあしゃ》です。彼に信仰を説き聞かせようにも聞こえないんです。その時に、キリストは呻くように、異言《いげん》を語るようにもため息をつかれた。そして力《ちから》尽《つ》きたかのように天を仰がれました。どうしてかというと、祈られたけれども思うに任せなかったからです。それで、イエス様でも天を仰いでため息をつかれた。

こういうところを読むと、イエス様の苦しみが見えるようじゃないですか。キリストの愛は、高い所から見下ろして「憐《あわ》れんでやる」といったようなものじゃない。わが身が悶《もだ》えるようにも同情し、自ら痛《いた》んで憐れまれました。

このように呻《うめ》くような、ため息をつくような祈りが、本当の祈りです。美辞麗句《びじれいく》の祈りではなかった、ということがおわかりだろうと思います。

「すると彼の耳が開け、その舌のもつれもすぐ解けて、はっきりと話すようになった。イエスは、この事をだれにも言ってはならぬと、人々に口止めをされた」(三五、三六節)。

キリストはどうして口止めされたかというと、このような奇跡《きせきてき》的な癒《い》やしが行なわれると、批判的《ひはんてき》な＊パリサイ人《びと》が寄ってたかってその癒やされた人をいじめるからです。

このヨハネ伝九章の物語もそうです。癒やされた後、盲人《もうじん》だった人は皆《みな》から迫害《はくがい》されました。そうしたらキリストは、ご自分が石打ちにされそうなひどい目に遭《あ》いながら、再び宮に行って癒やされた盲人を捜《さが》し出《だ》し、「大変な目に遭っているね」といって慰《なぐさ》められました。

これを見ると、キリストはきれいごとの伝道ではなく、ほんとうに血みどろの伝道をしておられますね。

圧迫《あっぱく》や摩擦《まさつ》が自分を高める

世界的な水泳選手で、オリンピックを目指していた那須《なす》純哉《じゅんや》君に話したことがあります。「君は純情ないい男だ。しかし気が弱い。何か困難《こんなん》や苦しいことがあると、その困難にひるんで緊張《きんちょう》する。緊張の末、手足がよく動かなかったために、オリンピックの選考会でもいい記録が出なかった。それはどうしてか？　自分の力で何かをやろうと思うからだ。君は、『私はこうありたい』と思うだけでよい。自分でそれを願い信じるのはもちろんだけれど、それを全うするのは神である。

見てごらん、大きなゴムのボールを水に浮《う》かべてみると、何もしなければそのままだ。しかし、そのボールを持って深い所に沈《しず》めると、ボールは手で押《お》さえきれなくなる。これは水圧というものがかかってくるからだ。水圧がかかればかかるほど、それに抵抗《ていこう》して浮かぶのがボールの性質であって、押《お》さえ込《こ》むほど『こんな所におりたくない』といって上がろうとするじゃないか。これは、ボール自体の力ではない。周りからの圧力が大きいがゆえに起こる現象だ。

それと同様に、君は水泳部員として周囲からの妬《ねた》みやリンチなど、いろいろな圧迫《あっぱく》があっただろう。その圧迫に対して、『よーし、おれを圧迫するのか。負けないぞ！』となぜ思わんか。圧迫が君を完成するんだ。迫害《はくがい》が君を完成するんだ」と。

これは、私たちの信仰についても言えることです。圧迫がひどければひどいほど、圧迫の力を利用して跳《は》ね上《あ》がることができるんです。

私も、いろいろ困難《こんなん》なことや苦しいことがありますと、人間ですから気が滅入《めい》りそうになることがあります。そんなときに、重圧に耐《た》えがたいから「もう逃《に》げよう」と言ってこっそり逃げ出したら、その困難な問題はそのまま残るだけです。

けれども、圧迫がひどければひどいほど、私の心に「これじゃ自分はたまらない。何くそ、やがて浮《う》かび上《あ》がるんだ、やがてここを出るんだ。神よ、助けたまえ！」という心がムラムラと湧《わ》きだすならば、その圧迫や摩擦《まさつ》の力が自分を高めます。

最も偉大《いだい》なる発見

偉大なる発見には、必ず困難がつきものです。

　コロンブスは、アメリカ大陸を発見しました。彼には、ずいぶん多くの人の反対や中傷《ちゅうしょう》がありました。また、あまりに航海が苦しかったために、コロンブスは一度ならず海に投《な》げ込《こ》まれそうになりました。しかし耐《た》えに耐えて、ついに新大陸を発見した。彼が困難《こんなん》の中でひるんだなら、新大陸を発見するという偉大《いだい》なこともなかったでしょう。同様に、私たちが大いなる発見をするためには、必ず困難が伴《ともな》います。

　では、最も偉大なる発見とは何か。それはキリストの発見です。

　ですから、私たちに困難が加われば加わるほど、それに抗《こう》して内側に湧《わ》く力も大きくなり、発見するものも偉大であるから、「ここから救われたら、えらい所に飛び出すぞ」と思うべきです。聖書は、こういう精神でないと、読んでもわかりません。

　人々が、私たちを人生の暗い水底《みなぞこ》に踏《ふ》みつけようとするとき、私たちはその圧迫《あっぱく》に抗して立ち上がらなければなりません。

　イエス・キリストは、「幸いなるかな、霊において貧しい者たちよ。天国は彼らのものである」(マタイ伝五章三節　私訳《しやく》)と言われました。貧しいということは辛《つら》いことです。しかし、貧しさや苦しさを通して霊的になるならば、天国を所有するまでになります。

暗闇《くらやみ》の中で泣く者を救う神

人間は、困難《こんなん》が生じ、周囲から圧力が加われば加わるほど、その力が己《おのれ》を高く引き上げてゆきます。それは、ただ困難や圧迫《あっぱく》がいい、という意味ではありません。それらに負けない精神力が大事だ、という意味です。困難、欠乏《けつぼう》、不運、これらは嫌《いや》なことです。しかし、そこから何か生み出されてくるものがあるなら、これは尊《とうと》いものですね。私たちも人生の深い淵《ふち》に、暗い闇に陥《おとしい》れられれば陥れられるほど、高く上ろうではないか！　それが私たちの祈りでなかったら何になるか。祈りとは、そういうところに神の栄光が現れることなんです。

主よ、わたしは深い淵からあなたに呼《よ》ばわる。
主よ、どうか、わが声を聞き、
あなたの耳をわが願いの声に傾《かたむ》けてください。……
わが魂は夜回りが暁《あかつき》を待つにまさり、

夜回りが暁《あかつき》を待つにまさって主を待ち望みます。
（詩篇《しへん》一三〇篇一～六節）

この詩篇の言葉にあるように、乞食《こじき》の盲人《もうじん》は真っ暗な深い淵《ふち》でどんなに嘆《なげ》いたでしょう。しかし、ついに祈りが聴《き》かれる日が来ました。それは、キリストとの出会いの日でした。キリストは、ほんとうに真《ま》っ暗闇《くらやみ》の中で泣いている者を不思議に救う神です。だがキリストは、難《むずか》しいことを言われるお方でした。つばで泥《どろ》を作って目に塗《ぬ》ったり、急坂を下りて「シロアムの池に行って洗《あら》え」などと、躓《つまず》いて当たり前のようなことを言われます。しかし、躓きと困難《こんなん》を越《こ》えて信《しん》じ抜《ぬ》くことが信仰なんです。

エリアス・ハウとミシンの開発

私が子供《こども》の頃《ころ》、母が非常に欲《ほ》しがったのは、アメリカのシンガーミシンでした。この裁縫用《さいほうよう》ミシンの技術は、十九世紀半ばにエリアス・ハウという人が発明しました。彼は、生まれつき足が不自由でした。機械工場や紡績《ぼうせき》工場で働くけれども、家は貧しく、妻は夜なべして針《はり》仕事をしなければなりませんでした。彼は、少しでも妻の負担《ふたん》を軽くしたい、一晩《ひとばん》に一枚《いちまい》しか縫《ぬ》えないものを、三枚、五枚縫えるようにできないものかと思いました。そうして思い立ったのが、ミシンの開発でした。

だがそれを試作するのには、どんなに金がかかるかわからない。アメリカには、それを企《き》業化《ぎょうか》しようなどという人がいなかったため、彼はイギリスに渡《わた》りました。けれども、なかなか認《みと》められなかった。やっとある人が企業化してみようということで、十数台のミシンが初めてできた。これで何とかやってゆけると思いましたが、次々と故障《こしょう》などのトラブルが起こる。それでまた、そのために苦しんだ。

ところがもっと悪いことには、アメリカに残してきた妻が病気になって、「早く帰ってきてほしい」と言う。大西洋を越《こ》えてニューヨークに着いたものの、遠方にある家まで帰る旅費のために、また働かねばならない。

やっと家にたどり着いたら、妻は今しがた死んだという。妻を助けようとしたばっかりに妻が死ぬ羽目になったと思うと、泣くに泣けませんでした。

しかし人間は、そのような残酷《ざんこく》な試みの中で魂が成長するんです。

普通《ふつう》だったら、もうやめようと思うでしょう。けれども、彼はあきらめませんでした。妻は、ミシンが製品化される日を夢みながら死んでいった。このまま自分が何もしなかったら、妻の死は無駄《むだ》になる。「どうか妻の霊よ、私を助けよ！」と言って祈りながら、彼はついにミシンを作ることができました。それが後のシンガーミシンとなりました。困難《こんなん》がひどければひどいほど、「妻の心を成《な》し遂《と》げねば」という強い思いがハウの心に生じた。それがついに偉大《いだい》な発明をなさしめ、全世界の女性を助けることになりました。

このことを思うと、私は苦しみに遭《あ》うことは良いことだと思う。苦しみに負けず、この苦しみを乗《の》り越《こ》えたらえらいことが始まる、という希望さえ胸《むね》の中に湧《わ》いたら、多くの人が救われるということです。

このような真理は、逆説的な真理です。

もし現在が苦しいというならば、キリストは不思議な神の御業《みわざ》を現すために、私たちを現在の状況《じょうきょう》に置かれたのである。周囲から圧迫《あっぱく》や迫害《はくがい》があればあるほど、「主よ、どうか私を地上に遣《つか》わしたもうた御心を、成し遂げさせてください！」という祈りが湧いてなりません。

私たちが知った、この驚《おどろ》くべき福音《ふくいん》の力と真理と愛と喜びとを、多くの人に伝えるためならば、私は生《い》き狂《ぐる》い死に狂いしたい。この身がどのようになっても悔《く》いはありません。いよいよ私たちは、キリストの御業《みわざ》を現すために立ち上がりたいと思います。

（一九六三年二月二十日　熊本　②）

＊パリサイ人…イエス・キリストの時代に勢力があった、ユダヤ教パリサイ派《は》の人々のこと。律《りっ》法《ぽう》の遵守《じゅんしゅ》と、その厳格《げんかく》な実践《じっせん》を強調した。イエスから、その形式主義的・偽善的傾向《ぎぜんてきけいこう》を激《はげ》しく批判《ひはん》された。

第四九講

神の世界が開かれるまで

ヨハネ伝九章一五節

ある有名な宣教師《せんきょうし》が、「私は無力です」と言う人に対して、「あなたは、できないのではない、しなかったのである」と言っています。そのとおりで、多くの人は困難《こんなん》を感じると、ひるんでやろうとしません。しかし、思い切ってやってみると解決がつく。このように、困難に挑《いど》んでみようとする精神力が沸《わ》き起《お》こることを、信仰といいます。

パリサイ人《びと》たちもまた、「どうして見えるようになったのか」、と彼に尋《たず》ねた。彼は答えた、「あのかた(イエス・キリスト)がわたしの目にどろを塗《ぬ》り、わたしがそれを洗《あら》い、そして見えるようになりました」。(九章一五節)

このヨハネ伝九章一五節の聖句には、キリストによって生まれながらの盲人《もうじん》の目が癒《い》やされ、見えるようになった、と書いてあります。このようなことは、考えられるでしょうか。考えられません。

けれども、聖書には考えられないことが起きたということが、いっぱい書いてある。そうであるならば、私たちはもっとこの秘密《ひみつ》を知って、ただ「奇跡《きせき》はある」といったようなことを信ずるのではなく、自分自身も奇跡的な解決をする人間になることが大事です。そう思い、それを実行することを信仰というのであります。

実行しない者はキリストの弟子《でし》ではない

私は、ヨハネ伝のこのような奇跡の記事を読みます時に、こうやってイエス様がなさったならば、私もしようと思うんです。できるか、できないかは別です。聖書にはこう書いてある。それならば私はやろう、やらねばならない！　それが私の信仰です。「わたしの言葉を聞いて実行しない者は、わたしの弟子ではない」とキリストは言われました。それならば、私はやろうと思う。また誰《だれ》にでも、それを言うんです。

S君！　君は、君の病が宿命だと言うけれども、宿命を覆《くつがえ》す奇跡《きせき》というものが起きるのだ！　因果律《いんがりつ》では、原因があれば結果がある、という。しかし、物事には何でも例外というものがあるものだ。九分どおり、原因があれば結果があるけれども、一分の例外というものは必ずある。この一分の例外、すなわち因果律を破ることを奇跡という。

私は、福音《ふくいん》を信ずる。「福音とは、すべて信ずる者に、救いを得させる神の力である」。これは、パウロがロマ書一章に記した福音の定義です。この神の力が発動すれば、宿命といったようなものでも打ち破ってしまうんです。

伝道上の戦い

私には、いくつもの伝道上の戦いがあります。

私自身は、聖書に書いてあるとおりの経験をもっています。けれども、どうしたらこの経験を、多くの人に得させることができるだろうか。神の奇跡を体験するといったようなことは、秘密《ひみつ》の世界です。しかしながら、聖書には公《おおやけ》に書いてある以上、これは公然の秘密でありまして、秘密といえば秘密、しかしそのコツを握《にぎ》った者にとっては秘密でも何でもないですね。

信仰も同様です。戦後間もなく、私は伝道を始めた最初に大変苦しみました。一生懸《いっしょうけん》命《めい》に伝道しますけれども、成功しないんですね。どうしても成功しない。

熊本で私が伝道を始めた最初の頃《ころ》、女の人で信者さんになった方があります。その方が集会に来られるようになってしばらくした時に、お寿司屋《すしや》に行って話したことがありました。その時に私が、

「ほんとうに幸福だねえ、こんな不思議な信仰の世界に入れられて」と言いましたら、

「先生、幸福でしょうか？　私は一生懸命に道を求めているんです」とその方が言うんです。私自身は嬉《うれ》しくて嬉しくて信仰し、伝道もしているけれども、この方は、それを経験していない。そして、「いまだに道を求めている」と言う。

その時に、ガッカリして気合が抜《ぬ》けました。私は、さぞ喜んでおられるんだろうと思った。しかし、「喜んでいない」と言われる。

私の胸《むね》には、驚《おどろ》くべき喜び、もう天にも昇《のぼ》るような喜びがあるのに、この喜びをどうしてこの人に分《わ》け与《あた》えることができないのだろうか。この方が、いまだに苦しく嘆《なげ》かわしい

求道生活を続けておられると思いましたら、脳天《のうてん》を叩《たた》き割《わ》られたような気持ちになりました。自分は伝道していたつもりだけれど、伝道は成功していないということを、それで知りました。

これはどうすべきか。私の胸《むね》にあるこの喜びの泉《いずみ》を、どうしたら彼女にも与《あた》えることができるか。これが与えられないならば、誰《だれ》しも苦しい求道生活が続きます。天にも舞《ま》い上《あ》がるような喜び、光に満ちた死後の世界にでも、生きながら昇《のぼ》ってゆくような不思議な経験。これを私はたびたびしているけれども、どうしたら同様の経験がお一人おひとりにも開けるか。

せめて、そのきっかけでもよい、信仰にある喜びの経験をもってほしいと思いました。これは、この婦人だけのことではありません。当時、他《ほか》の諸君《しょくん》にも、そのような経験はありませんでした。

一人ひとりへの霊の執《と》り成《な》し

けれども、待てよ、私にこのような経験がある以上、同様に誰にでも与えられるはずだ。

そう思いましたが、人は「いや、手島先生は特別な器《うつわ》だから」と言います。しかし、特別な器ということはないはずだ。同じ人間だ。そして聖書にも書いてあるならば、誰《だれ》でも経験できるはずだ、と思いました。

それで私は、「よーし、一人ひとりに、私のもっている喜びを分《わ》け与《あた》えよう」と思いました。聖霊に浸《ひた》ると、舌が躍《おど》り、白熱した喜びが沸《わ》いて法悦状況《ほうえつじょうきょう》になる。異言《いげん》状態になる。私はそれを知っておりますから、一生懸命《いっしょうけんめい》に執《と》り成《な》したものです。

その祈りを徹夜《てつや》の覚悟《かくご》でやりますと、たいがい夜中の三時、朝の五時ぐらいになると、一人ひとりが不思議な喜びに入られるようになった。

そのきっかけをまず作ったのは、福岡県の行橋《ゆくはし》で牧師をしておられた首藤左門先生でした。首藤先生が、「私も手島先生のような霊的状態になってみたい」と言われるから、一緒《いっしょ》に祈りました。あれは忘《わす》れもしません、一九五〇年八月二十八日、別府でのことでした。遠路、別府で開かれた集会に首藤先生が来られましたので、集会の後、明け方まで祈りましたら、ほんとうに不思議な喜びというか、異言状態になられた。それから、次々と同様な経験に入る方々が出てこられるようになりました。

聖霊の世界は誰《だれ》にも開ける

しかし、一人ひとりを個別に導いてゆくのは大変だと思い、どうしたら使徒行伝二章に記されたペンテコステの日のように、いっぺんに人々が変わる状況《じょうきょう》になるだろうかと思うようになりました。一つ成功したら、次のことを考えたのです。

ペンテコステの霊が降った阿蘇・垂玉の滝見荘

そして間もなくです。六十人ほどの人が十一月の阿蘇《あそ》に集まったことがあります。端《はし》なくも、その一夜にリバイバル(信仰復興)が起きました。集《つど》う皆《みな》が異言《いげん》状態になったんです。その時の不思議な光景を、私は今でも忘《わす》れません。

聖書には、二千年前、三千年前からの、信仰で生きた人々の記録が次々と記されています。そこに記されていることを、実際にやってみようと思えば、今も同様のことが行なわれるのだということを、私は知ったんです！　私一人ではない、同様に聖霊の世界が人々にも開けるのだ、ということを知った。

それからです。聖書は真理の書であり、信ずる者には救いを得させる神の力があるのだということがわかりだしましたら、さあ、それからというものは盲人《もうじん》の目は開くし、ちょっと触《さわ》るだけで足萎《あしな》えは立つし、らい病の人は「病がぬぐわれました！」と言いだされる。「まあ、これはいったい何だろう」と思って、私は目をみはるようになった。人々も驚《おどろ》きだしました。

思い切ってやってみようじゃないか！

そのような奇跡《きせきてき》的な力が働くようになりましたら、今度は、私はキリスト教界から異端《いたん》と言われるようになりました。異端かどうかはどうでもいいにしても、ついに大発見をしました。しかしそのためには、ずいぶん自分で苦しんだ。

ただお説教だけの伝道ならば、誰《だれ》も救われません。ほんとうに人が救われる、神の力をもって、神の生命をもって救われる伝道、どうしてもこれを経験しなければならない。皆《みな》で、これをわがものにしなければいけない、と思いましたが、そのとおりになりました。そして次から次に、まあ奇跡《きせき》は奇跡を呼《よ》ぶようになった。

ですから、聖書で不思議なことが起きたという記事を読みます時に、大事なことは読み過ごさないことです。よーし、わが身をかけて、これを実験してみよう！　と思いだしましたら、全然違《ちが》う人生観をもつようになります。

皆《みな》さんも、聖書をそのまま生きてみようと思うことです。

そうしたら、聖書にあるとおりの驚《おどろ》くべきことが起きてきます。

どんな発明も、実験に成功するまでは疑《うたが》いがあります。しかし、ついに成功した時には、大歓声《だいかんせい》を上げて祝し合うことができる。

私たちは、聖書を文字面《もじづら》だけで読みたくない。自分の体でこれを読んでみよう。

そうしますと、私たちは目が開けたように、全く新しい世界が開けてきます。

思い切って、のるかそるか、やってみる。奇跡なんて起きないのが当たり前です。起きたら大変なんです。だから、お互《たが》いやろう！　このことにかけて、思い切ってやってみようじゃないか！

宿命を打ち破る思想をもて

宿命とは、自分の運命を変えられないことをいいます。地上で最も宿命的なのは鉱物です。石は物を言うことがありませんし、自分では動くこともできない。しかしながら、その鉱物でも、ゆっくりとではあっても変化しつつあります。

植物は、春が来たら花が咲《さ》き、そして冬になったら枯《か》れる。この繰《く》り返《かえ》しを何千年、何万年、何億年も植物はやっている。しかし、徐々《じょじょ》に植物も変わります。

さらに動物はというと、これは種類も増えて進化しつつあります。その動物の中でも、人間は最も進化した生物です。これは何かといいますと、人間は他の生物と違《ちが》って、心というものがあります。思想というものがあります。これが、人間を今日まで引き上げてきました。

それで、良き変化を願うならば、まず大事なことは福音的な思想、宿命をも打ち破るような思想というものをもつ、ということです。信仰をもつことです。その福音的な思想が、ついに私たちを救いだします。

あなたは何を願うか

キリストはいつも、「あなたは何を願うか。何を信ずるか。信ずるごとく、あなたに成れ！」と言われた。人間は、願いに従《したが》って、希望するように変化するということです。これが、他の生物と人間との違《ちが》いです。

人間は、思想する生物です。思想が私たちを救うということです。まず、救いの初《しょ》っぱなは、思想です。考えられないようなことを考える。その考えが、ついに私たちを救いはじめるんです。それをしない間は、救いはまだ始まりません。

聖書を学ぶゆえんは、考えられないことを考えてみるためです。

わかりきったこと、人がもうやってきたことをするのならば、それはつまらないことです。右へ倣《なら》え、と言って皆《みな》が人真似《ひとまね》をする、猿真似《さるまね》をする。しかし、天地のありとしあらゆるもの、同じものはありません。皆、違います。

バアル・シェム・トヴ*が、「神は同じものを二度と造られない。同じことを二度とされない」と言っているように、人間はたくさんいても同じ人間はいません。皆、違います。

それぞれ存在《そんざい》する意味があります。自分の一生でなければできないことが、誰《だれ》にもあります。それをやるところに、神が一人ひとりを造られた意味があります。けれども、多くの人は周りを見て、自分はつまらない人間だと考えます。

ですけれども、私たちにとって信仰とは、自分の力で歩むことであるよりも、自分以上の力、神の力にすがって生きる、神の力を自分に噴出《ふんしゅつ》させて栄光を現すことにあります。それを信仰というんです。そうして、神の力が花咲《はなさ》きはじめますと、全然違《ちが》ったようすが現れてきます。

（一九六三年二月十五日　熊本）

＊バアル・シェム・トヴ…一七〇〇〜一七六〇年。「バアル・シェム・トヴ」とは、「善《よ》き名の師」の意。本名はイスラエル・ベン・エリエゼル。ユダヤ教ハシディズム派《は》の開祖。（ハシディズムについては五三頁《ページ》を参照）

〔第五〇講　聖句　ヨハネ伝九章一三～三四節〕

13人々は、もと盲人《もうじん》であったこの人を、パリサイ人《びと》たちのところにつれて行った。
14イエスがどろをつくって彼の目をあけたのは、安息日であった。15パリサイ人た
ちもまた、「どうして見えるようになったのか」、と彼に尋《たず》ねた。彼は答えた、「あ
のかたがわたしの目にどろを塗《ぬ》り、わたしがそれを洗《あら》い、そして見えるようになり
ました」。16そこで、あるパリサイ人たちが言った、「その人は神からきた人ではな
い。安息日を守っていないのだから」。しかし、ほかの人々は言った、「罪のある人
が、どうしてそのようなしるしを行うことができようか」。そして彼らの間に分争
が生じた。……
24そこで彼らは、盲人であった人をもう一度呼《よ》んで言った、「神に栄光を帰する
がよい。あの人が罪人《つみびと》であることは、わたしたちにはわかっている」。25すると彼
は言った、「あのかたが罪人であるかどうか、わたしは知りません。ただ一つのこ
とだけ知っています。わたしは盲人であったが、今は見えるということです」。

26そこで彼らは言った、「その人はおまえに何をしたのか。どんなにしておまえの
目をあけたのか」。27彼は答えた、「そのことはもう話してあげたのに、聞いてくれ
ませんでした。なぜまた聞こうとするのですか。あなたがたも、あの人の弟子《でし》にな
りたいのですか」。28そこで彼らは彼をののしって言った、「おまえはあれの弟子だ
が、わたしたちはモーセの弟子だ。29モーセに神が語られたということは知ってい
る。だが、あの人がどこからきた者か、わたしたちは知らぬ」。
30そこで彼が答えて言った、「わたしの目をあけて下さったのに、そのかたがど
こからきたか、ご存《ぞん》じないとは、不思議千万《せんばん》です。31わたしたちはこのことを知っ
ています。神は罪人《つみびと》の言うことはお聞きいれになりませんが、神を敬《うやま》い、そのみこ
ころを行う人の言うことは、聞きいれて下さいます。32生れつき盲人《もうじん》であった者の
目をあけた人があるということは、世界が始まって以来、聞いたことがありません。
33もしあのかたが神からきた人でなかったら、何一つできなかったはずです」。34こ
れを聞いて彼らは言った、「おまえは全く罪の中に生れていながら、わたしたちを
教えようとするのか」。そして彼を外へ追い出した。

第五〇講

パスカルの回心――火の経験

ヨハネ伝九章一三～三四節

イエス・キリストによって、生まれながらの盲人《もうじん》の目が癒《い》やされるという奇跡《きせき》が起こった時、ユダヤ人の宗教家たちは「その人は安息日を守っていないから、神から来た者ではない」と言って、イエスを非難《ひなん》しました(九章一六節)。そして、盲人であった人を呼《よ》んで、「あの人が罪人《つみびと》であることは、わたしたちにはわかっている」(二四節)と言いました。その時の、宗教家たちと盲人だった人との問答が、ここに書いてあります。

すると彼は言った、「あのかたが罪人であるかどうか、わたしは知りません。ただ一つのことだけ知っています。わたしは盲人であったが、今は見えるということです」。そこで彼らは言った、「その人はおまえに何をしたのか。どんなにしておまえの目をあけたのか」。彼は答えた、「そのことはもう話してあげたのに、聞いてくれませんでした。なぜまた聞こうとするのですか。あなたがたも、あの人の弟子《でし》になりたいのですか」。そこで彼らは彼をののしって言った、「おまえはあれの弟子だが、わたしたちはモーセの弟子だ。モーセに神が語られたということは知っている。だが、あの人がどこからきた者か、わたしたちは知らぬ」。

そこで彼が答えて言った、「わたしの目をあけて下さったのに、そのかたがどこからきたか、ご存《ぞん》じないとは、不思議千万《せんばん》です（驚《おどろ》き怪《あや》しみます）。……もしあのかたが神からきた人（神からの人）でなかったら、何一つできなかったはずです」。これを聞いて彼らは言った、「おまえは全く罪の中に生れていながら、わたしたちを教えようとするのか」。そして彼を外へ追い出した。

（九章二五～三四節）

ここで宗教家たちは、相手が盲目《もうもく》の乞食《こじき》であった卑《いや》しい人間であると思うと、居丈高《いたけだか》になって「自分たちは神を知っている。しかし、おまえは知らない」と言わんばかりです。

しかし私たち人間は、神を知ることなどできないのが本当です。もし神を知ることができるというならば、それは神自らがご自分を現し、目に見えるように私たちの世界にやって来たもうからです。

神が語りかけ、神がご自分を現されるという経験をした者にはわかりますが、そうでない者には神はわからない。けれども、このユダヤ人たちは、自分たちはモーセの弟子《でし》で熱心な宗教信者だから神を知っているが、盲人《もうじん》だったおまえなんかは罪の中に生まれた者であって知るはずがない、とばかりに言っている。

ここに、「神を知る」ということについての問題があります。

「火」の一夜の覚え書き《メモリアル》

私が聖書にいつも挟《はさ》んでいる言葉があります。それは、フランスの偉大《いだい》な数学者であり、深い宗教思想家でもありましたパスカル*の言葉です。パスカルがコンバージョン(回心)を経験した日の覚え書きで、自分の胴衣《どうい》の裏《うら》に縫《ぬ》い込《こ》んでずっと肌身《はだみ》離《はな》さず持ち歩いていたものです。これは、彼が死んだ後に発見されました。

＊

恩恵《おんけい》の年一六五四年

十一月二十三日、月曜日……夜十時半頃《ごろ》より零時《れいじ》半頃まで

火

アブラハムの神、イサクの神、ヤコブの神。
哲学者《てつがくしゃ》および識者の神ならず。
確実、確実、感情、歓喜《かんき》、平和。
イエス・キリストの神。
〈わが神、すなわち汝《なんじ》らの神〉
汝の神はわが神とならん。
神以外の、この世および一切《いっさい》のものの忘却《ぼうきゃく》。
神は福音《ふくいん》に示されたる道によりてのみ見いださる。
人の魂の偉大《いだい》さ。
正しき父よ、げに世は汝を知らず、されどわれは汝を知れり。

歓喜《かんき》、歓喜、歓喜、歓喜の涙《なみだ》。
われ神より離《はな》れおりぬ。
〈生ける水の源《みなもと》なるわれを捨《す》てたり〉
わが神、われを見捨てたもうや。
願わくは、われ永久に神より離れざらんことを。
永遠の生命は、唯一《ゆいいつ》の真《まこと》の神にいます汝《なんじ》と、
汝の遣《つか》わしたまえるイエス・キリストとを知るにあり。
イエス・キリスト。
イエス・キリスト。
われ彼より離れおりぬ、われ彼を避《さ》け、捨て、十字架《じゅうじか》につけぬ。
願わくはわれ決して彼より離れざらんことを。
彼は福音に示されたる道によりてのみ保持せらる。
全くこころよき自己放棄《じこほうき》。
イエス・キリストおよびわが指導者への全き服従《ふくじゅう》。

地上の試練の一日に対して歓喜《かんき》は永久に。
〈われは汝《なんじ》の御言葉《みことば》を忘《わす》るることなからん〉アーメン。

＊

パスカルはまず「火」と書いております。その夜の経験は「火」という以外にない経験であった。この「火」の経験は、アブラハムの神、イサクの神、ヤコブの神の経験であった。それは、決して哲学者《てつがくしゃ》や科学者などという教養ある人たちの知らない神である、と言っています。アブラハム、イサク、ヤコブは、哲学者でも神学研究家でもありませんでした。彼らは、突如《とつじょ》として現れた神に出会う体験をした人々でした。

「神を知る」とは

パスカルは、ほんとうに神を求めていました。しかし、哲学者のように頭で求めている間はわからなかった。ところがある夜、燃える火のような経験、ユダヤ教でいうヒトラハブート（灼熱《しゃくねつ》の歓喜）の経験に入った。その時に、あれほどの哲人であったパスカルが、「確実、確実、感情、歓喜、平和。イエス・キリストの神……歓喜、歓喜、歓喜、歓喜の涙《なみだ》」と言って、言葉がつながっていない覚え書きを残している。いかに彼が感動していたかがわかります。

彼をそのように感動せしめたのは、後にイスラエルの民《たみ》をエジプトから導き出すことになるモーセに対して、燃ゆる火の中から「モーセよ、モーセよ」と呼《よ》びたまい、「わたしはアブラハムの神、イサクの神、ヤコブの神である」（出エジプト記三章六節）と語られたのと同じ神が自分にも現れた、というものでした。それからというもの、彼は驚《おどろ》くべき深い宗教経験に分け入ってゆきました。

聖書において「神を知る」というのは、こういう知り方なんです。

ブレーズ・パスカル

西洋の学者は本を読んで研究し、いろいろと定義づけしたものを「神は唯一《ゆいいつ》で絶対者だ」などと言って、ただ頭で神を理解しようとします。しかし、そのように頭で考えた神は本当の神ではない。人間の頭が造った神です。パスカルが発見した神は、突如《とつじょ》としてやって来て、火のように己《おのれ》を燃やしめる神でした。

神の知り方の違《ちが》い

私は先ほど茶の間で、統一教会と称《しょう》する教会から来たという若者《わかもの》と話していました。彼は、「もうすぐご再臨《さいりん》が近い。新約時代は終わろうとしています。キリストが再臨されるので心備えしなければいけない。私たちの意見をどうか聞いてほしい。また私たちの『原理』を書いた本を読んでほしい」と言う。彼らは、宗教の原理を理解することが信仰だと思っているんですね。

ところがパスカルが見出《みいだ》した神は、あるとき突如《とつじょ》として火が燃えるようにぶつかった神、実際に触《ふ》れて知った神でした。その時の覚え書きを、彼は死ぬまで肌身《はだみ》離《はな》さずに持っていた。ここに、神に対する知り方に大きな違いがあります。

今朝早く、私はユダヤ人の宗教哲学者《てつがくしゃ》*マルティン・ブーバーの本を読んでいました。ブーバーは、「西洋キリスト教は聖書の宗教を誤解《ごかい》している。それは、神に対する知り*方が間違っているからだ」ということを言って、その根本的欠陥《けっかん》を指摘《してき》しています。

彼が言うように、聖書の神は、愛する者が悩《なや》み、苦しみ、悲しんでいるのを見て、ご自身を現してでも、今も生きておられることを示される神、啓示《レヴェレーション》の神なんです。西洋人はそれを理屈《りくつ》や知識の神にしている。

私は、自分のようなかわいそうな人間をも導きつつある御霊《みたま》を、実在を知って信じているのであって、理屈を信じているのではありません。神という絶対的な存在《そんざい》は、相対的な人間が小さな頭で知ろうとして知るものではありません。神がわかった、と思うところが傲慢《ごうまん》です。

私は日々、目をつぶって祈れば、彷彿《ほうふつ》として目交《まなか》いに現れ、慈《いつく》しむ瞳《ひとみ》をもって私を見つめ、抱《だ》きしめてくださるキリストを知っています。そして昼に夜に、不思議な愛の神に守られて生きております。キリストは、死んではおられない。今も聖霊として生き、呼《よ》べばいつでも来たりたもう。そのことをありありと知る経験、それが私の信仰です。また、私たち幕屋《まくや》の信仰でなければなりません。

聖書の神は、生ける神です。死んだ理屈や原理なら頭で考えてもわかるでしょう。だが、生ける神は、出会って触《ふ》れた者にのみわかるんです。生ける神は聖なる霊です。それ以外はみんな偶像《ぐうぞう》です。これがわからない人は、宗教を理屈にするんです。

私たちに必要なことは、理屈《りくつ》や思想を信じることではなく、イエス・キリストとして二千年前に地上に現れた霊、苦しむ者を奇跡的《きせきてき》に救いたもうたキリストの御霊《みたま》が、今も生きて私たちに働きかけ、私たちを導いておられることを知ることです。その生けるキリストに出会い、導かれることだけです。

こういうところ、同じようにキリスト教といっても、根本的に違《ちが》うんですね。

パスカルは、火のように燃える神と出会った時に、自分がキリストから離《はな》れていた者であり、十字架《じゅうじか》につけていた者であったことを知りました。そして、「願わくは、われ決して彼より離れざらんことを」と祈りました。そのために、彼は自己放棄《じこほうき》を願った。どうして自分を捨《す》てることを願うかというと、キリストのご指導に全く従《したが》いたいためである、と言っている。彼はこのような神経験をしました。

西洋のクリスチャンすべてが、信仰がわからないのではありません。ブーバーは、「パスカルは、哲学者《てつがくしゃ》の神ではなく、アブラハムの神、イサクの神、ヤコブの神に出会った偉大《いだい》な信仰の人だ」と言って重んじています。私はブーバーの本を読むにつけ、私たちがいつの間にか身につけた信仰が、いかに聖書にかなうものであるかを知りました。

奇跡《きせき》は方法論《ほうほうろん》ではない

ですから、ヨハネ伝に出てくるこの盲人《もうじん》のような者が、かえって神がわかるんですね。それは、この盲人がキリストにぶつかったからです。九章二五節に、「彼は言った、『あのかたが罪人《つみびと》であるかどうか、わたしは知りません。ただ一つのことだけ知っています。わたしは盲人であったが、今は見えるということです』」とあります。この盲人には、イエス・キリストと出会い、見えなかった目が癒《い》やされるという不思議な経験があった。この経験がキリストを慕《した》わしめ、キリストを愛するゆえんとなりました。愛は、生けるものとの出会いから生まれるんです。

しかし魂の目が開けない者には、イエス・キリストという偉大《いだい》な存在《そんざい》が目の前にありましても、わからない。盲人に詰《つ》め寄《よ》ったユダヤ人の宗教家たちは、神がわかっているつもりです。しかし、神の求め方が全く違《ちが》います。彼らは、「イエスはおまえに何をしたのか。どんなにしておまえの目をあけたのか」（九章二六節）と言って、「何を、どうやって？」と方法論を問題にしている。

だが、奇跡《きせき》を引き起こす力は、方法論《ほうほうろん》ではなく霊の働きによるんです。本質的なことを忘《わす》れ、奇跡を方法論として論じるときに、大きな間違《まちが》いを犯《おか》します。

宗教家たちは、自分では目が開いていて神がわかっているつもりでも、キリストという偉大《いだい》な存在《そんざい》が全くわかりませんから、方法論ばかりを尋《たず》ねる。

しかし、イエスがされたように彼らが方法を真似《まね》たからといって、盲人《もうじん》の目が開くかというと、たぶん開かないでしょう。なぜなら、この盲人の目を開けたのは神の力の発動であって、外側の方法の問題ではなかったからです。

私たちは皆《みな》、霊的な目が開けていない盲人です。それならば、救う力のある者に従《したが》うという謙虚《けんきょ》さが必要です。この盲人は、イエスに従って、急な坂道を下って谷底まで行ったから救われたんです。

キリストには、人を従わしめてやまない力があった。そして、その権威《けんい》に従ったときに驚《おどろ》くべき奇跡が起きました。けれども従わない人には、キリストといえども何もすることができませんでした。多くの人たちがなぜ救われなかったか。それは頭では信じても、従わなかったからです。

私たちは、イエス・キリスト、二千年前にこの地上を歩きたもうたお方が、霊となって今も生きておられるのを感じます。そしてキリストは、私たちに語りかけておられる。私たちは、その御言葉《みことば》の中に浸《ひた》って、「主よ、語りたまえ。私は聴《き》きます」といって耳を澄《す》まして聴こうと願います。これは大事なことですが、今の人たちはそのように神の言葉を聴こうとしません。

霊的な権威《けんい》に従《したが》う信仰

では、どうしたらこの盲人《もうじん》に起きたような不思議な救いが行なわれるのか。それにはまず、私たちが全能の神、キリストの権威に従うことです。従わずに自分の頭で考えている間は、どんなにやっても駄目《だめ》です。

マタイ伝八章を見ると、ローマ軍の百卒長がイエス・キリストの許《もと》に来て、自分の僕《しもべ》の病が癒《い》やされることを頼《たの》む箇所《かしょ》があります。イエスは彼に、「わたしが行ってなおしてあげよう」と言われますが、この百卒長は、「主よ、わたしの屋根の下にあなたをお入れする資格は、わたしにはございません。ただ、お言葉を下さい。そうすれば僕《しもべ》はなおります。わたしも権威《けんい》の下にある者ですが、わたしの下にも兵卒がいまして、ひとりの者に『行け』と言えば行き、ほかの者に『こい』と言えばきます」(八、九節)と答えました。

それを聞いたイエスは非常に感心されて、ついてきた人々に言われました、「イスラエル人《びと》の中にも、これほどの信仰を見たことがない」と。そして、「行け！　あなたの信じたとおりに成れ！」と言われた。すると、ちょうどその時に僕は癒《い》やされた、と書いてあります。これが信仰です。キリストがお褒《ほ》めになった信仰は、目には見えない霊的権威を信じる信仰だったということです。

私は最近、伝道を志している那須《なす》純哉《じゅんや》君を見て驚《おどろ》いています。

彼は、水泳の選手としては世界的な選手でしたが、伝道者としてはどうだろうかと思っていました。しかし、彼が大阪の家庭集会や京都や堺《さかい》に出かけますと、皆《みな》が一様に驚きます。彼が祈れば、そこに奇跡《きせき》が起きるからです。「那須さんが祈れば、たちまちに盲人《もうじん》の目が開いたり、歩けなかった人が歩きだしたりする奇跡が起きる。なんと不思議な人でしょう」といって年上の人たちまでが尊《とうと》ばれる。私は、そのような不思議な御業《みわざ》は、那須君

那須純哉さん

の背後《はいご》にある霊的権威《けんい》によるものであり、彼がそれに従《したが》っているからだと知ります。

優《すぐ》れた信仰の人は、自分が偉《えら》いのではない。自分は偉大《いだい》なる者に立てられ、偉大なる者に服従《ふくじゅう》しているという自覚をもっております。そのような人の周囲には、いつも不思議なことが起きるんです。

自分の力で伝道したり、信仰している間は弱いです。けれども、偉大なる神の御霊《みたま》に立てられ、神の導きのもとに生きている人は強いですね。それは、人間の傲慢《ごうまん》さからくる強さではありません。背後にある霊的な権威による強さです。

ただキリストにすがる魂と共に

皆《みな》さんが、この集会で何か信仰の理屈《りくつ》や教理、知識を学ぼうとされるならば失望します。この幕屋で学ぶべきものは、驚《おどろ》くべき神秘《しんぴ》な霊的実在にぶつかる経験だからです。私はいつもそのために、「あなたはこうしなければ、神に出会うことはないですよ」と言って、その道筋《みちすじ》をお教えするだけです。

神に出会い、神という偉大《いだい》なる者に立てられていることを知った人間は強い。それがないと、他人《ひと》の偉《えら》さや、顔色ばかりを気にします。そして自分のなすべきことを知りません。けれども、私たちが神だけを畏《おそ》れ、神の権威《けんい》に従《したが》って生きるときに、人の顔を恐《おそ》れずに何事でもやれます。

私はよく「手島先生は強い」と言われます。私が強いのではありません。私はキリストという驚《おどろ》くべき権威を知り、キリストに用いられている光栄に感激《かんげき》して生きているだけです。そして、もうこの世的なおつきあいはしたくない、ただキリストをほんとうに必要としている人の友でありたいと願っております。

私はもう短い人生だから、少数でもよい、キリストの霊にすがらなければ救われないような魂とのみ歩きたい。そのような人にキリストを伝えると、驚くべき救いに入るんです。ところが、キリスト一筋に生きようというのではなく、まあ宗教を信じるのは良いことだから、という程度の人ばかりが集まっても霊的に燃え上がりません。

なぜ幕屋の信仰は燃えているのかというなら、皆《みな》がキリストに必死にすがりつきたいという思いだけで集まるからです。キリストがなければ自分は生きられない、生きたくない、キリストがおられればそれで十分です！　という人ばっかりですから強いんです。余裕《よゆう》のある者は来ない。また、来てほしくない。議論《ぎろん》するための人も必要でない。ですから、私たちの集まりの中ではキリストが崇《あが》められます。そして、ほんとうにキリストに生きている者たちがいちばん尊《とうと》ばれます。

私たちはまことに乏《とぼ》しく、無知な存在《そんざい》です。しかし神に出会い、神に導かれだしたら、不思議に力強く歩ける。これは聖書を一貫《いっかん》する信仰です。

（一九六三年二月二十二日　熊本　①）

＊ブレーズ・パスカル…一六二三〜一六六二年。フランスの哲学者《てつがくしゃ》、数学者、物理学者。

＊マルティン・ブーバー…第四五講の注（二九頁《ページ》）を参照。

＊知り方…ブーバーは、「聖書ヘブライ語の『ידע《ヤダア》　知る』の原意は、『対象を観察して知る』というのではなく、『触《ふ》れて知る』ということを意味する」と言っている。

〔第五一講　聖句　ヨハネ伝九章三五～四一節〕

35イエスは、その人が外へ追い出されたことを聞かれた。そして彼に会って言わ
れた、「あなたは人の子を信じるか」。36彼は答えて言った、「主よ、それはどなた
ですか。そのかたを信じたいのですが」。37イエスは彼に言われた、「あなたは、も
うその人に会っている。今あなたと話しているのが、その人である」。38すると彼
は、「主よ、信じます」と言って、イエスを拝《はい》した。
39そこでイエスは言われた、「わたしがこの世にきたのは、さばくためである。
すなわち、見えない人たちが見えるようになり、見える人たちが見えないようにな
るためである」。40そこにイエスと一緒《いっしょ》にいたあるパリサイ人《びと》たちが、それを聞い
てイエスに言った、「それでは、わたしたちも盲人《もうじん》なのでしょうか」。41イエスは彼
らに言われた、「もしあなたがたが盲人であったなら、罪はなかったであろう。し
かし、今あなたがたが『見える』と言い張るところに、あなたがたの罪がある」。

第五一講

実在の神と知識の神

ヨハネ伝九章三五〜四一節

聖書の宗教は、信仰の父アブラハムに発したものです。アブラハムは、今から四千年ほど昔、カルデアのウル（現在のイラク南部）にいた人でした。彼が神の声を聴《き》き、その声に導かれてはるばるカナンの地（現在のイスラエル）までやって来ました時に、この宗教が成立しました。

「わたしは全能の神である。あなたはわたしの前に歩み、全き者であれ」（創世記《そうせいき》一七章一節）と言ってアブラハムに現れた神は、なんと偉大《いだい》なのか！　と私は驚《おどろ》きます。この神が歩かれるところ、ユダヤ教、キリスト教、またイスラム教が生まれました。これらの宗教は、偉大なる霊的実在との出会いから始まったということです。

神との出会いを基《もとい》とする宗教

先日のことでした。私は、*弘法《こうぼう》大師が真言宗の根本道場を開いた高野山に行きました。それは、「大秦《だいしん》景教流行中国碑《ひ》」を見たいと思ったからです。

紀元七、八世紀頃《ごろ》、支那《シナ》(中国)に景教(ネストリウス派《は》キリスト教)が国教と定められるほど流行していた時代がありました。その景教がいかに伸《の》びたかということが、この「大秦景教流行中国碑」に漢文とシリア語で書かれています。弘法大師が唐《とう》に行ったのは、ちょうどこの碑が建った頃のことです。この碑が、三百年ほど前に支那の西安《シーアン》という古都の近くで発掘《はっくつ》されまして、皆《みな》が驚《おどろ》きました。

高野山は深い雪のために歩くのも困難《こんなん》で、大変な目に遭《あ》いながら、やっとその碑を探し当てました。そして、そこのお坊《ぼう》さんに、

「どういうわけで、このような記念碑がここにあるんですか?」と尋《たず》ねますと、

「それは、お大師さんが唐に渡《わた》られた時に、少なからず景教に学ばれた痕跡《こんせき》があるからです。それでこの記念碑(レプリカ)が建っております」と言います。

「それは本当ですか？」と聞きますと、
「本当です。真言密教《みっきょう》は景教の影響《えいきょう》を受けております」と言いますので、私は驚《おどろ》きました。支那《シナ》に流行しましたこの景教は、カトリックとは違《ちが》う東方キリスト教です。

私は、宗教の世界はなんと不思議な世界だろうかと思いました。

日本の仏教で勢力が強いのは、真言宗、日蓮宗《にちれんしゅう》、浄土《じょうど》宗《しゅう》などの系統《けいとう》ですが、これらは大乗仏教が日本に土着して生まれたものです。

大乗仏教は、釈迦《しゃか》が入滅《にゅうめつ》してから七百年後くらいに成立しました。これはペルシアの宗教や、西方の宗教の影響を受けた仏教であって、原始仏教とは違います。

こういうことを見ますと、昔のペルシアやバビロン、アッシリア、カルデアという方面に発生した宗教は、非常に強い影響力をもっていたことがわかります。

それは、神学や哲学《てつがく》によって知ろうとする、今の西洋の宗教とは違うものでした。優《すぐ》れた宗教の起源《きげん》は、そん

大秦景教流行中国碑（高野山）

な神学や哲学《てつがく》のことではないんです。

特に弘法大師の伝えた真言密教《みっきょう》は、知的理解に重きを置くよりも、どうしたら秘密真言*が聞けるか、という霊的なことのためにいろいろな心備えが説かれています。

弘法大師は唐《とう》から帰る時に嵐《あらし》に遭《あ》い、船が沈《しず》みそうになりました。もう助からないと思った時、大師が真言を唱えて祈ると不動明王が船の帆先《ほさき》に現れ、手に持っていた剣《つるぎ》で荒《あ》れ狂《くる》う海を切り開いたので、無事帰国できた、と言い伝えられています。その不動明王は、「浪切不動《なみきりふどう》」と呼《よ》ばれて、今も高野山に祀《まつ》られています。

弘法大師は唐に学んで、こういう霊的なものと出会う経験をしました。

ですから弘法大師の真言宗は、霊なる実在との出会いが基調になっています。これが真言宗の強みです。お大師さんがなぜ霊験《れいげん》あらたかで強いかというと、信仰を求める基礎《きそ》が違《ちが》うんですね。

私は、宗教がこうやっていかに影響《えいきょう》し合い高め合っているかを、高野山に行って改めて知り、驚《おどろ》きました。それで、私は仏教を排斥《はいせき》しません。むしろ、おかしなキリスト教に対して非常な反発を覚えます。それは、宗教の求め方が全く違うからです。

今の日本のキリスト教に力がないのは、実在の神に出会って、それに信じ、それに助けられるという信仰ではないからです。神学書に書いてあることを、ただ鵜呑《うの》みに信じているだけではちっとも力が出ません。教える者が、まず霊なる実在である神と出会い、そのぶつかったものを伝えるのでなかったら駄目《だめ》です。

今は実存的《じつぞんてき》な時代です。現実の人生の苦しみや虚《むな》しさを解決しない、ただ夢みたいな説明など、誰《だれ》も聞こうとはしません。皆《みな》が欲《ほっ》しているのは、神の御手《みて》に触《ふ》れて救われる経験なんです。

神に信ずるということ

イエスは、その人が外へ追い出されたことを聞かれた。そして彼に会って（彼を見《み》出《いだ》して、尋《たず》ね出《だ》して）言われた、「あなたは人の子を信じるか」。彼は答えて言った、「主よ、それはどなたですか。そのかたを信じたいのですが」。イエスは彼に言われた、「あなたは、もうその人に会っている。今あなたと話しているのが、その人である」。

（九章三五〜三七節）

イエス・キリストに出会って目が開かれた乞食《こじき》は、そのためにユダヤ教の会堂から追い出されてしまいました。当時は宗教社会の時代ですから、会堂から追い出されるということは、村八分になって生きてゆけなくなるということです。いつの世にも、ほんとうに神に出会った人は、神を知らない人たちからいじめられます。

イエスはその彼を捜《さが》し出《だ》して、「あなたは人の子を信じるか」と言われました。「人の子」とは、キリストのことですね。この「人の子を信じるか」と訳《やく》されたギリシア語の原文を読むと、「εἰς《エイス》 ～の中に」という前置詞《ぜんちし》を使っていて、強い表現です。直訳すれば「人の子の中に信じるか」です。英語ならば、「believe in《ビリーヴ イン》」と訳されます。

これは単なる「believe《ビリーヴ》 ～を信じる」というのではありません。「believe in《ビリーヴ イン》 ～に信じる」というのは、キリストの胸《むね》の中に信じることです。キリストの人格に、愛に、御《み》心《こころ》に自分を委《ゆだ》ねることです。これは頭で理解することではありません。愛の出来事です。原理や理屈《りくつ》を信じるのなら、「……を信じる」でもいいでしょう。けれども、人格的に「神様に信じている」というのは、信仰といっても大違《おおちが》いなんです。

聖書を原文で読んでみると、ほとんど「神に信じる」とか「わたしに信ぜよ」と書いてあります。ここに、人格関係において生ける神に信じているのか、原理・教理としての神を信じているのか、質的な違《ちが》いがあるわけです。

たとえば、私はこうやって黒板に寄りかかって話しています。この黒板がなかったら、私は倒《たお》れます。そのように私は神に寄りすがり、神に信じています。神様がいなければ私は生きてゆけません。ですから、「私はキリストを信じましょう」などと言う人は傲慢《ごうまん》ですね。自分に主体性があるからです。自分の都合で信じたり、信じなかったりする。

だが、キリストに寄りすがるように生きている人の信仰は、無学であっても強いです。美しいです。そして本当です。理屈《りくつ》はどうであれ、神様に信じています。

神を見る者

すると彼は、「主よ、信じます」と言って、イエスを拝《はい》した。　（九章三八節）

イエス・キリストは、ナザレのみすぼらしい田舎《いなか》大工でした。しかし、この盲人《もうじん》だった人は、イエスを救い主・メシアとして、ひざまずいて拝しました。

彼は、肉の目が癒《い》やされて見えるようになっただけでない。そのこと以上に、霊の眼《め》が開けて、イエスの中に神を見る者となりました。

肉眼が見えるようになったことは小さいことです。眼科の医者に行けば治ることもあるでしょう。しかしキリストは、目薬一滴《いってき》差すこともなく、盲人《もうじん》の目を開かれた。そのような業《わざ》をなすイエスを通して、彼は神を見た。神の愛を見る者となりました。何という不思議でしょう。当時の宗教家たちには本当の神がわからず、乞食《こじき》の盲人に神が見えた。このように、肉体の癒やしを通して、神を見る眼を開かれる人は幸いです。

この乞食のような信じ方は、頭の理解からは生じません。不思議な神の実在、神の霊に触《ふ》れる経験を通して生まれることですね。このキリストの生命に出会った者は救われ、ほんとうに恵《めぐ》まれた生涯《しょうがい》が始まります。

どうか私たちはここで、キリストに信じたく願います。

キリストによる裁《さば》きとは

そこでイエスは言われた、「わたしがこの世にきたのは、さばくためである。すなわち、見えない人たちが見えるようになり、見える人たちが見えないように(盲目《もうもく》に、盲人に)なるためである」。

(九章三九節)

「わたしがこの世にきたのは、さばくためである」とありますが、「さばく」と訳《やく》された「*κριμα*《クリマ》」というギリシア語は、「結果としての裁《さば》き」を意味する語です。キリストの光にさらされると、人の内なるものがあらわにされる。キリストご自身は裁かれないけれども、結果として本物の信仰か偽物《にせもの》かがわかってしまう。そのような裁きをいいます。

私が小学生の時、理科の授業で酸性とアルカリ性はどうやって区別するかを習いました。調べようとする液にリトマス試験紙を浸《ひた》してやると、アルカリ性なら青になるし、酸性なら赤になります。このように、今まではっきりしなかったものが、リトマス紙によってはっきりする。これは逆に言えば、リトマス紙自身もはっきりさせられたというか、裁かれたといえます。すなわち、紙自身が赤にされたり青にされたりするわけですから。

生まれながらの盲人が、キリストに触《ふ》れたら救われた。そうして喜んでいる者を、パリサイ人らが会堂から追い出したということは、彼らがキリストを裁いたということです。

けれども、裁《さば》いたことを通して、逆にパリサイ人たちが裁かれることになった。すなわち、彼らの霊眼が開かれていないことが暴露《ばくろ》されたわけです。

キリストは、「わたしにつまずかない者は、さいわいである」(マタイ伝一一章六節)と言われました。キリストに躓《つまず》くこと、それ自身が裁きです。キリストに触《ふ》れると本能的に反発を示す人もいれば、この盲人《もうじん》のように救われる人もいます。

これは結局、信仰といいましても、生ける神に信じているのか、神の存在《そんざい》を知識のこととしているかの違《ちが》いからくるものです。

見性《けんしょう》する力をもつ者に

そこにイエスと一緒《いっしょ》にいたあるパリサイ人たちが、それを聞いてイエスに言った、「それでは(まさか)、わたしたちも盲人なのでしょうか」。イエスは彼らに言われた、「もしあなたがたが盲人であったなら、罪はなかった(もたなかった)であろう。しかし、今あなたがたが『見える』と言い張るところに、あなたがたの罪がある(留《とど》まる)」。

(九章四〇、四一節)

この箇所《かしょ》は、次の一〇章一九節以降《いこう》に続く言葉です。

「これらの言葉を語られたため、ユダヤ人の間にまたも分争が生じた。そのうちの多くの者が言った、『彼は悪霊に取りつかれて、気が狂《くる》っている。どうして、あなたがたはその言うことを聞くのか』。他の人々は言った、『それは悪霊に取りつかれた者の言葉ではない。悪霊は盲人《もうじん》の目をあけることができようか』」（一九〜二一節）。

これは、キリストによって盲人の目が開くような不思議なことが起きたことに対して、人々は聖霊の働きを認《みと》めるということができないために、「彼は悪霊に取りつかれて、気が狂っている」などと言うような躓《つまず》きが起きたんですね。

神がわかるとか、わからないとか言いますが、禅宗《ぜんしゅう》では悟《さと》ることを「見性《けんしょう》する」といいます。見えると言い張る者が見えていないのであって、見えないと思っている者が本当は見えているとキリストが言われるが、これは見性の問題です。

人間が肉眼で「見える」とか「見えない」ということと、心の内で真実を見抜《みぬ》いて悟ることとは、内容が全く違《ちが》います。見えるというのは、それが存在《そんざい》するから見えるのですが、霊的に見る眼《め》がない者には、存在していてもその内面まではわかりません。

ですから、イエス・キリストという、後代すべての人が崇《あが》めるような偉大《いだい》な人がそこに立っておられましても、見性《けんしょう》する力のない人にはキリストすら悪魔《あくま》に見えるし、その御業《みわざ》も悪霊の業に見えるということです。

「今あなたがたが『見える』と言い張るところに、あなたがたの罪がある」（九章四一節）。私たち人間は、大海を前にした一滴《いってき》の水のような存在《そんざい》です。「自分は見えている」と思うこと自体が、何も見えていない証拠《しょうこ》です。本当の信仰者だったら、「神様、私は何も知りません」と心貧しく謙虚《けんきょ》になって、神の前にひざまずくものです。その時に天国が始まります。

私たちは、自分の頭で神を知ろうとするのではない。「神様、私たちは無明の闇《やみ》に嘆《なげ》いている哀《あわ》れな人間です。どうか現れてください！」と神に叫《さけ》びたい。現れてくださらないなら、いつまでも叫びたい。

人間は神の子ですから、眼《め》が開かれることを激《はげ》しく願い求めつつある間に、ある時、忽《こつ》然《ぜん》として神に出会うでしょう。自分がすっかり叩《たた》き割《わ》られて、というか崩《くず》れて、驚《おどろ》くべき光が内に射《さ》しそめてきます。神の不思議な霊の圧力で、人間の心に示されます。

祈ります。手を合わせて、深い呼吸《こきゅう》をなさって、心を静めてください。

不思議に生きていましたもう霊界のキリストの神様！

この現象界に切《き》り込《こ》むように、どうか一人ひとりの魂を捉《とら》えて、不思議を教えたもうようお願いいたします。どれだけ考えても、どれだけ本を読んでも……（一同の祈りが激《はげ》しく高まり、言葉がかき消される）。

あなたに出会いとうございます！　盲人《もうじん》に出会いたもうたキリストよ、どうか私たちに出会うために来たってください！　あなたに触《ふ》れさえすれば、私たちの運命は変わります。

皆《みな》で、心からの願いを祈って終わります。


（一九六三年二月二十二日　熊本　②）

＊弘法大師…七七四～八三五年。空海の諡号《しごう》。真言宗の開祖。最澄《さいちょう》と共に、平安仏教の確立者。
＊秘密《ひみつ》真言…霊の世界が開ける時に、人の内奥《ないおう》から噴《ふ》き出《だ》してくる霊の言葉。

〔第五二講 聖句 ヨハネ伝一〇章一～二一節〕

1「よくよくあなたがたに言っておく。羊の囲いにはいるのに、門からでなく、
ほかの所からのりこえて来る者は、盗人《ぬすびと》であり、強盗《ごうとう》である。2門からはいる者は、
羊の羊飼である。3門番は彼のために門を開き、羊は彼の声を聞く。そして彼は自
分の羊の名をよんで連れ出す。4自分の羊をみな出してしまうと、彼は羊の先頭に
立って行く。羊はその声を知っているので、彼について行くのである。5ほかの人
には、ついて行かないで逃《に》げ去《さ》る。その人の声を知らないからである」。
6イエスは彼らにこの比喩《ひゆ》を話されたが、彼らは自分たちにお話しになっている
のが何のことだか、わからなかった。
7そこで、イエスはまた言われた、「よくよくあなたがたに言っておく。わたし
は羊の門である。8わたしよりも前にきた人は、みな盗人であり、強盗である。羊
は彼らに聞《き》き従《したが》わなかった。9わたしは門である。わたしをとおってはいる者は救
われ、また出入りし、牧草にありつくであろう。10盗人が来るのは、盗んだり、殺

したり、滅《ほろ》ぼしたりするためにほかならない。わたしがきたのは、羊に命を得させ、
豊かに得させるためである。
11わたしはよい羊飼である。よい羊飼は、羊のために命を捨《す》てる。12羊飼ではな
く、羊が自分のものでもない雇人《やといにん》は、おおかみが来るのを見ると、羊をすてて逃《に》
げ去《さ》る。そして、おおかみは羊を奪《うば》い、また追い散らす。13彼は雇人であって、羊
のことを心にかけていないからである。
14わたしはよい羊飼であって、わたしの羊を知り、わたしの羊はまた、わたしを
知っている。15それはちょうど、父がわたしを知っておられ、わたしが父を知って
いるのと同じである。そして、わたしは羊のために命を捨てるのである。
16わたしにはまた、この囲いにいない他の羊がある。わたしは彼らをも導かねば
ならない。彼らも、わたしの声に聞《き》き従《したが》うであろう。そして、ついに一つの群れ、
ひとりの羊飼となるであろう。
17父は、わたしが自分の命を捨てるから、わたしを愛して下さるのである。命を
捨てるのは、それを再び得るためである。18だれかが、わたしからそれを取り去る

のではない。わたしが、自分からそれを捨《す》てるのである。わたしには、それを捨て
る力があり、またそれを受ける力もある。これはわたしの父から授《さず》かった定めであ
る」。
19これらの言葉を語られたため、ユダヤ人の間にまたも分争が生じた。20そのう
ちの多くの者が言った、「彼は悪霊に取りつかれて、気が狂《くる》っている。どうして、
あなたがたはその言うことを聞くのか」。21他の人々は言った、「それは悪霊に取り
つかれた者の言葉ではない。悪霊は盲人《もうじん》の目をあけることができようか」。

第五二講

祝福の人生に導く声

ヨハネ伝一〇章一〜二一節

イエス・キリストが地上を歩まれたパレスチナ方面では、昔から羊や山羊《やぎ》などの遊牧が行なわれています。今もパレスチナの至《いた》るところで、その姿《すがた》を見ることができます。これからお読みするヨハネ伝一〇章では、その羊飼いと羊の譬《たと》えを通して、キリストは信仰を説いておられます。

「よくよく(アーメン、アーメン)あなたがたに言っておく。羊の囲いにはいるのに、門からでなく、ほかの所からのりこえて来る者は、盗人《ぬすびと》であり、強盗《ごうとう》である。門からはいる者は、羊の羊飼である。門番は彼のために門を開き、羊は彼の声を聞く。そし

羊の群れを導く羊飼い(19世紀・ベツレヘム)

て彼は自分の羊の名をよんで連れ出す。自分の羊をみな出してしまうと、彼は羊の先頭に立って行く。羊はその声を知っているので、彼について行くのである。ほかの人には、ついて行かないで逃《に》げ去《さ》る。その人(他《ほか》の人)の声を知らないからである」。

イエスは彼らにこの比喩《ひゆ》を話されたが、彼らは自分たちにお話しになっているのが何のことだか、わからなかった。(一〇章一～六節)

羊のことを譬《たと》えにして話されると、私たち日本人にはピンとこない点がありますが、現地に住む人々にはよく見慣れた世界のことでした。

ここで「門」とありますが、荒野《あらの》のあちこちを移動して羊の群れを飼っていると、夜になったら家に帰ることができない。そのようなとき、狼《おおかみ》や山犬から羊を守るために、野のところどころに石を積んだ土手で囲いが築いてあり、その中に羊を入れておきます。その囲いの門のことですね。

朝になりましたら、羊飼いが羊を囲いの中から呼び出《よだ》します。羊は自分の羊飼いの声を知っていて、呼ばれると門を通って羊飼いの許《もと》にやって来る。しかし、そうでない者がどんなに呼んでも、羊は来ません。こういうことを譬《たと》えにして、イエスは、キリストとその民《たみ》との関係をお語りになりました。

微妙《みみょう》の法門あり

そこで、イエスはまた言われた、「よくよく（アーメン、アーメン）あなたがたに言っておく。わたしは羊の門である。わたしよりも前にきた人は、みな盗人《ぬすびと》であり、強盗《ごうとう》である。羊は彼らに聞《き》き従《したが》わなかった。わたしは門である。（もし）わたしをとおってはいる者は救われ、また出入りし、牧草（牧野《ぼくや》）にありつく（見出《みいだ》す）であろう」。

（一〇章七〜九節）

ここでキリストは、「わたしは門である。わたしをとおってはいる者は救われる」（一〇章九節）と言われます。それで仏教の人たちは、「キリスト教は、キリストという門を通らなければ救われないという有門関の宗教であり、仏教は無門関である。だからキリスト教と仏教では根本的に違《ちが》う」と言います。

しかし、禅宗《ぜんしゅう》の『*無門関』の序文には、「大道無門《だいどうむもん》、千差路《せんしゃみち》あり。此《こ》の関《かん》を透得《とうとく》せば、乾坤《けんこん》に独歩せん（大道に門はないが、千差の道がある。この関を通ることができれば、天下を独り自由自在に歩くことができる）」とあります。門はないと言いながら、千差路あり――いろいろな道があるというのですから、やはり悟《さと》りに至《いた》る道や関門があるわけです。

『無門関』の第六則に、次のような話が載《の》っております。

ある時、釈迦《しゃか》がインドの霊鷲山《りょうじゅせん》で大法会《だいほうえ》を開きました。その時、釈迦は何も言わずに、ただ一輪の花を手にして拈《ひね》って見せた。ところが、それだけで終わってしまったので、弟子《でし》たちは何で今日はお話がないのかといぶかりました。その中で、迦葉《かしょう》という弟子だけが破顔微笑《はがんみしょう》して、その心を受け取った。

それを見て釈迦は、「われに微妙《みみょう》の法門あり。*不立文字《ふりゅうもんじ》、*教外別伝《きょうげべつでん》、摩訶《まか》迦葉に付嘱《ふしょく》す」と言いました。

「微妙《みみょう》の法門」、人間の知恵《ちえ》や知識では至《いた》ることのできない不思議な智慧《ちえ》、言葉では説けない真理がある。それを迦葉は、釈迦が一輪の花を示す姿《すがた》を見て悟《さと》った。それで、釈迦は迦葉に法統を継《つ》がせたといいます。

釈迦には、阿難《あなん》など他《ほか》にも優《すぐ》れた弟子《でし》たちがたくさんおりましたが、他の誰《だれ》も悟ることができなかったという。有門関とか無門関とかいいますけれども、いずれにせよ、ここに宗教を伝える難《むずか》しさがあります。

知《ち》音《いん》の心

一〇章三、四節に、「羊は彼（羊飼い）の声を聞く。……羊はその声を知っているので、彼について行くのである」とあります。

キリストがこの譬《たと》えを語られた時、たくさんのユダヤ人たちが周りにいたでしょう。その中で、キリストの本当の弟子である者たちは、羊が羊飼いの声を聞き分けるように、キリストに聴《き》き従《したが》う。そうでない者は、キリストのそばにいて聞いていても、その深い意味がわからない。「イエスは彼らにこの比喩《ひゆ》を話されたが、彼らは自分たちにお話しになっているのが何のことだか、わからなかった」(一〇章六節)とありますように、キリストを取《と》り巻《ま》いている人はたくさんおりましても、その言葉を聞いて心底からうなずくことのできる、本当のキリストの民《たみ》は少なかったということです。

このように、「声を聞く」というのは、ただ言葉を聞くというだけのことではなく、その心を読み取るということですね。このことがわからずに、ただ宗教の知識や方法をため込《こ》んでも、信仰は力になりません。

それで私は、心を読み取ろうとしない人に、やかましく言う場合があります。

今日もある人に、「東京に帰れ!」と叱《しか》りましたら、「私の家は横浜です」などと言う。私が言っているのはそんな表面的なことじゃないんだ。彼にハッと悟《さと》ってもらいたいことがあるから「帰れ!」と強い言葉を投げかけているのに、それがわからない。

私は宗教的な生命を伝えようとしているけれども、信仰上の私の問いに対して、ただ表面的な言葉のやり取りをしてしまうのでは、魂が開けない。宗教を学ぶというならば、私が「こう」と言えば「はい」と応《こた》えるような、当意即妙《とういそくみょう》の境地でなければ駄目《だめ》なんです。

「羊は羊飼いの声を聞く」とは、そのような境地のことです。親しい仲でしたら、「オイ、どうだ」「ウンウン、やっとるよ」「そうかい、それは良かった」で通じるものです。それを隣《となり》で聞いていたって、何のことかわかりません。しかし、お互《たが》いの間では通じているんですね。こういう世界を、知音《ちいん》――音を知るといいます。

この「知音」という言葉は、次のような故事からきています。

＊

昔、支那《シナ》に伯牙《はくが》という琴《こと》の名手がいた。その友に鍾子期《しょうしき》という人がおり、彼は伯牙の奏《かな》でる曲の心をよく聴《き》き分《わ》けた。

伯牙が泰山《たいざん》(山東省にある聖山)を想《おも》って琴を弾《ひ》くと、鍾子期はその音を聴いて、「善《よ》きかな琴を鼓《こ》すること、巍巍乎《ぎぎこ》として太山《たいざん》のごとし(琴の音がなんと素晴《すば》らしいことか、まるで高くそびえる泰山のようだ)」と即興《そっきょう》で詩を吟《ぎん》じる。また、流れる川を想って弾くと、「湯《しょう》湯乎《しょうこ》として流水のごとし(まるで川の水が勢いよく流れるようだ)」と詠《うた》った。

そのように、鍾子期は伯牙の想うところをよく弁別して詠嘆《えいたん》した。やがて不幸にも、鍾子期が病を得て死んでしまうと、「私の音を知ってくれる人はもういない」と言って、伯牙は愛用の琴《こと》を壊《こわ》して絃《げん》を断《た》ち、死ぬまで再び琴を弾《ひ》くことはなかった。

宗教心において必要なのは、このように互《たが》いに真心が通じ合う知音《ちいん》の心です。

＊

本物がわかる感情

さあ、どんな話をしたらいいか……、ここにいる天野《あまの》雅弘《まさひろ》君は、花柳流《はなやぎりゅう》の踊《おど》りの名取《なとり》だから、舞台《ぶたい》の話をしましょうか。

「名人は名人を知る」という言葉があります。

徳川末期から明治にかけて活躍《かつやく》した勝海舟《＊かつかいしゅう》は、ある時、「市川海老蔵《えびぞう》の芝居《しばい》を観《み》に行きましょう」と誘《さそ》われた。すると、「芝居は町人が観るもので、侍《さむらい》の観るものではない」と断った。ところが、「まあ、観るだけでも観てごらんなさい」としきりに誘うので、一緒《いっしょ》に観に行きました。

初めは、勝海舟はこんな芝居を観るのは嫌《いや》だというそぶりをしていましたが、いよいよ海老蔵の舞台が始まると、身を乗り出して観ている。しかも、だんだん殺気だってくる。

それで、これはやはり芝居《しばい》に誘《さそ》ったのが間違《まちが》いだったかな、と同行の人は思った。

ところが、一幕《ひとまく》が終わった時に勝海舟は、

「恐《おそ》れ入《い》った。さすがに市川海老蔵は名人だ」と言う。それで、

「殿様《とのさま》は、芝居は嫌《きら》いだと言って、いっぺんも観《み》たことがないのに、どうして海老蔵は名人だと言うんですか」と尋《たず》ねますと、

「私は剣《けん》の修行《しゅぎょう》をした者だ。剣の立場から見て、海老蔵の芝居は真に迫《せま》っている。隙《すき》がない。全く恐れ入った」と答えたといいます。

一方は芝居の役者、一方は剣の達人、それぞれ立場が違います。しかし、ある域《いき》に達した者同士では、何が本当か嘘《うそ》かがわかるんですね。これは、説明でわかる世界ではありません。人間の心には、何が本物であるかがわかる感情がある。

私たちが信仰するのも同様です。私たちは、「宗教は良いものです。法悦《ほうえつ》に浸《ひた》って嬉《うれ》しいものです」といって、ただ宗教的雰囲気《ふんいき》を楽しむために宗教を志しているのではありません。真《まこと》の実在に触《ふ》れるために信仰しているんです。

マルティン・ブーバーが、「信仰とは、人間の魂の中の感情ではなく、全き実在に入る

ことである」と言っていますが、そのとおりです。

信仰の二つのタイプ

全宇宙《ぜんうちゅう》は、神の霊に支えられて存在《そんざい》しています。私たちは、信仰によらなければ、この神の霊、神の生命に触《ふ》れることはできません。そして、信仰によってキリストに触れてこそ、魂に本当の喜びを味わうことができます。しかしそれは結果なのでして、大事なのは、確かな実在との接触《せっしょく》に私たちが入ってゆくことです。そのために信仰するんです。

そのような実在に触れる経験なしに、「神があるか、ないか」と、どれだけ考えても神はわかるものではありません。また、「神とは何か」と模索《もさく》しながら、神学者がいろいろと説明したものを信じたとしても、それは説明であって、私たちの救いにはなりません。大事なことは、たとえ頭ではわからなくても、確実に私たちの救いの力であり、生命であるところのキリストにありありと触れながら信じることです。

一週間ほど前のことでした。私は阿蘇《あそ》の内牧《うちのまき》に行きました。そこに河原さんという方がおられます。この方の奥《おく》さんは、三年間中風《ちゅうぶ》で足腰《あしこし》が動かなかったのを、近所に住んでいた鳥飼《とりかい》寛《ゆたか》君の伝道によって癒《い》やされて歩けるようになりました。そして今は元気にしています。その方が、「三年間、呻《うめ》き苦しみ、医者から見放され、自分には救いがないと思っていたのに、キリストに救われて嬉《うれ》しい」と言います。

こういう経験は、事実であり確実であって、疑《うたが》うことができません。これは、「神とは○○である」という説明や、教理を信じる信仰とはだいぶ信仰の性質が違《ちが》います。教理を信じる信仰は、「ああだろうか、こうだろうか」と考えて、信仰がすぐにぐらつきます。

けれども、神の霊に出会い、確実に神に寄《よ》り頼《たの》んで生きている者の信仰は、どのようなことがあっても、ぐらつきません。そこに、信仰といっても二つのタイプがあることがわかります。キリストは、「神は霊であるから、礼拝《れいはい》をする者も、霊と真《リアリティー》とをもって礼拝すべきである」(ヨハネ伝四章二四節)と言われるけれども、本当の実在《リアリティー》に触《ふ》れて信じている人の信仰は強いです。

永遠の実在に至《いた》る門

神の国、神の霊の世界は実在する。その霊界に出入りする者の生き方、愛、信仰は、実在の神を知らないで「神とは何だろう」と真っ暗な中で模索《もさく》して、「神は光です、真理です、唯一《ゆいいつ》絶対の真《まこと》です」などといった定義を信じている人の信仰とは、ずいぶん違《ちが》うことがおわかりになると思います。

実在の神に触《ふ》れて生きている者の信仰は、いかに周囲がゴタゴタしようが揺《ゆ》るがない強いものがある。こういう信仰を得ない限り、信仰は虚《むな》しいことです。

なぜ、ある人の伝道は実り、ある人の伝道は実らないのかというなら、私は信仰の違いからくると思います。議論《ぎろん》の宗教、議論の伝道は聞いていて嫌《いや》です。しかし、実在を知っている人の信仰は単純《たんじゅん》で、強く訴《うった》えてきます。聞いているだけでも魂に強く響《ひび》いてくるものがあります。これは、お互《たが》いが大いに工夫《くふう》しなければいけないことです。

もし、現在の自分の信仰が薄弱《はくじゃく》であると思われるならば、それは本当のものに触れていないからです。「神様、今までの私の生き方は間違っておりました。努力しても実りませんでした。本当のものを知らなかったからです」と心から祈りたい。

キリストは、「わたしは道であり、真であり、生命である。誰《だれ》でもわたしによらないでは、父の御許《みもと》に行くことはできない」(ヨハネ伝一四章六節　私訳《しやく》)と言われました。

キリストこそ永遠の実在に至《いた》る道であり門です。私たちは、キリストによらなければ、永遠の実在なる神の国に至ることはありません。私たちは、キリストの御心《みこころ》を心としたい。だが、それは羊が羊飼いの声を聞くというような微妙《びみょう》なことで、説明で教えるのは非常に難《むずか》しいです。私は伝道しながら、そう思います。ある人は理屈《りくつ》を超《こ》えて「先生、そうです！」といって私の言うことをわかってくださるが、そうでない人もいる。

羊は羊飼いの声を聞く――「知音《ちいん》の心」、これは宗教を学ぶ者にとって実に大問題なんです。これは結局、お一人おひとりが心のスイッチを切《き》り替《か》えて、心の関門を越《こ》えていただくしかありません。

キリストは、「わたしは門である。わたしをとおってはいる者は救われる」（一〇章九節）と言われたが、このキリストの御言葉が「然《しか》り、アーメン！」と魂でわかるならば、もう天はあなたに近い。否《いな》、あなたはすでに天に接触《せっしょく》しているんです。

贖《あがな》われた者は、神の国の雰囲気《ふんいき》を味わっています。これは理屈ではない。愛された者の実感として知っております。前章に書かれているシロアムの池で癒《い》やされた盲人《もうじん》は、人が何と言おうが、「あの方が罪人《つみびと》であるかどうか、私は知りません。ただ一つ知っているのは、私は盲人《もうじん》であったが、今は見えるようになったという贖《あがな》いの出来事です」と言うときに、盲人とイエスとの間には愛の関係が成立していました。それで、人々は躓《つまず》き去っていったけれど、羊飼いなるイエスとその羊である盲人との愛の関係は揺《ゆ》るぎませんでした。

こういう関係を、キリストは「羊と羊飼い」に譬《たと》えられたんです。

「お父様!」の祈り

神は絶対者で、最も大いなる者ですから、人がこれを説明しても説明しきれるものではありません。それで、神の霊に出会ったことのない人にとっては、神の名を呼《よ》ぶことは非常に難《むずか》しいです。

私の父は晩年《ばんねん》に信仰に入りましたが、私の集会に出席するようになって間もなく、

「神とはいったい何だ」と言います。それで、

「お父さん、あなたはお祈りする時、どう言って祈るのですか?」と聞きました。父は、

「実は、『神よ』と言ってもどうもピンとこない。聖書に『神は光である』と書いてあるから、『神様、御光様《みひかりさま》、世の光である者よ、宇宙《うちゅう》の光よ』と呼んで祈っているが、どうだ

ろうか」と言います。

「それでも祈らない人よりは良いでしょう。しかし、『御光様《みひかりさま》』と言うのでは、神を親しく感じながら祈るという気持ちにはなりにくいでしょう」と言いますと、父は、

「そうだ」と言います。

「お父さん、そこが問題です。神は人格的なものだから、人格的なものに呼《よ》びかけるように祈るのが良いでしょう。おおげさな形容詞《けいようし》はいりません。私はあなたを『お父さん』と呼びますが、それをもったいぶって、『手島郁郎の生みの親なる父よ』と言ってみたところで妙《みょう》です。神に祈る場合も同じです。素直《すなお》に『神様、あなたは』とか、『お父様』でいいんです」と言いました。

これは、私の父だけの問題ではないと思います。信仰が低迷《ていめい》したときなどは、神を身近に感じません。それで、神に対して「お父様、あなたは」と言えません。それは、神とその人との間に、羊飼いと羊の間にあるような、愛の関係が成立していないからです。

けれども、阿蘇・内牧の河原夫人のように、中風《ちゅうぶ》で足腰《あしこし》が立たず一生ベッドに縛《しば》られて生きるはずだった人が、幕屋《まくや》の集会で救われたという経験。これは確実な贖《あがな》いの経験で

す。自分を愛し、救う者が実在する。そのお方に触《ふ》れて、「ああ、お父様！」と呼《よ》びはじめた人の神は、頭で思索《しさく》した神とは違《ちが》います。このような在《あ》りて在る神に出会う経験に入らない限り、その人の神は本当の神ではありません。

皆《みな》さんの中には、信仰はどうして理屈《りくつ》ではいけないのかと思う人もいるでしょう。けれども、理屈を言っていたら、成るものも成りません。祝福の中に入ろうと思っても、入れません。

たとえば、「この砂漠《さばく》の彼方《かなた》にオアシスがある」と聞いたとしても、見えるわけではない。それを、「どうしてオアシスがあると断言できるのだ」と理屈を言っていたのでは、オアシスに行き着くことはできません。信じて砂漠を旅して行ってみて、「ああ、信じたとおりだった、良かった」と命の水にありつくことができるんです。結果がわかったら信じようというのだったら、いつまでも歩みださないので、祝福に入ることはないですね。

確かな声に導かれる信仰

キリストは、「羊は彼（羊飼い）の声を聞く。そして彼は自分の羊の名をよんで連れ出す。

自分の羊をみな出してしまうと、彼は羊の先頭に立って行く。羊はその声を知っているので、彼について行くのである。ほかの人には、ついて行かないで逃《に》げ去《さ》る。その人の声を知らないからである」（一〇章三～五節）と言われました。ここに、羊と羊飼いの間には真実な関係、愛の関係があることがわかります。

時には、羊飼いは羊を連れて、死の陰《かげ》の谷を通ることもあるでしょう。あるいは荒野《あらの》を横切って行くときなどは、太陽が照りつける中、行けども行けども草や水にありつけないことも あるでしょう。しかし羊はついて行きます。それは、羊が羊飼いの声を知っており、羊飼いを全く信頼《しんらい》しているからです。

神と私たちの関係もこれです。こういう確かな声に導かれているかどうかが、私たちの信仰生活において大事なことです。

確実な声に導かれていない人の信仰は、あやふやです。「ああでもない、こうでもない」と言って、いつもうろうろする。結局、神がよくわからないから、自分に寄《よ》り頼《たの》んで勝手に暴走し、そして失敗する。しかし、神に聴《き》く者の信仰は強いし、理屈《りくつ》がない。そして確実です。これは、私たちが信仰を学び求める場合に大事なことです。

溢《あふ》れるほど豊かな生命に

「盗人《ぬすびと》が来るのは、盗んだり、殺したり、滅《ほろ》ぼしたりするためにほかならない。わたしがきたのは、羊に命を得させ、豊かに得させるためである」。　（一〇章一〇節）

ここでキリストは、「わたしがきたのは、羊に命《ゾーエー》（本質的な生命、天的生命）を得させる（もたせる）ためである」と言われます。それも、豊かに得させるためだ、と。この「豊かに」と訳《やく》された語の原文は「περισσος《ペリッソス》」といって、「溢れるような豊かさ」を意味します。キリストが与《あた》えようとされる生命は、そのような豊かな生命なんです。かりに荒野《あらの》を通り、死の陰《かげ》の谷を過《す》ぎ越《こ》させても、羊飼いであるキリストは、私たちを溢れるほど豊かな地に連れてゆきたいと願っておられるんです。

キリストは、このような尽《つ》きない生命の世界、オアシスに羊を連れてゆくのがご自分の仕事である、と言われる。私たちもキリストに信じて、豊かな生命に導かれたい。

羊は、ロバなどとは違《ちが》って、導く者の声を素直《すなお》に聞く動物です。名前を呼《よ》ばれるとすっと羊飼いの許《もと》にやって来る。

私たちも、心の奥深《おくふか》いところに囁《ささや》きたもう御声《みこえ》に聴《き》いて、豊かな生涯《しょうがい》を送りたい。ほんとうに神のオアシスを知るような豊かな愛に生きたい。そして、周囲に愛を流して生きる。そのことを通して、「あの人はエデンの園《その》にいる魂だなあ」ということが人々にわかる。これが何よりの伝道であり、証《あか》しです。

御霊《みたま》によって抱《いだ》く愛

「わたしはよい羊飼である。よい羊飼は、羊のために命を捨てる」。（一〇章一一節）

多くの人は自分が愛されることだけを求めます。けれども、人を愛さずに愛されることがあるものですか。また伝道するときに、自分が犠牲《ぎせい》になることを覚悟《かくご》しない者に、皆《みな》がついて行くものですか。

ここでキリストは、「よい羊飼は、羊のために命《プシュケー》（肉体的な命）を捨《す》てる」と言われますけれども、そのとおりですね。このような命をも捨てる愛は、どこからくるか。

先日のこと、西宮《にしのみや》の田中俊介《しゅんすけ》さんが、

「手島先生、改めてお願いしますが、今日から弟子《でし》にしてください」と言われる。

「それはまた、どうしてです？」と聞きますと、

「私は信仰生活が四十年以上になりますが、いまだに本当の信仰に至《いた》っていません。私は若《わか》い時から＊賀川豊彦《かがわとよひこ》先生に愛された者です。賀川先生亡《な》き後は、日本生活協同組合連合会会長という職を譲《ゆず》り受《う》けてやっています。西宮で千二百人の従業員《じゅうぎょういん》を抱《かか》え、加盟者《かめいしゃ》は六万人にも上ります。


けれども、従業員に一人のクリスチャンもいない。このままでは、この協同組合は賀川先生が願われた精神的な協同組合主義ではなくて、唯物《ゆいぶつ》主義的なものになってしまいます。それではたまらないです。まず、私自身が変わらなければいけないと思いました。


私は手島先生のお話を聞き、またお弟子さんにかけられる愛を見て、驚《おどろ》きました。私は、どうしても先生がもっておられるような愛をもたなければ、とても生活協同組合の連合会会長として、全国の皆《みな》を率いてゆくことができません」と言われます。それで私は、

「あなたは今まで、クリスチャンとして戒律《かいりつ》ばかりで生きてきたでしょう。それは、愛さ

ねばならないという義務としての愛、倫理《りんり》としての愛です。そのような義務で愛された愛など、誰《だれ》でも嫌《いや》です。また愛さねばならないから愛する、というのは功利的なものを含《ふく》んでいて、本当の愛ではない。

私の言う愛はそうじゃない。愛は生命の発露《はつろ》です。私は理屈《りくつ》なしに弟子《でし》たちが可愛《かわい》くてしょうがないんです。そこがあなたとの違《ちが》いです」と言いました。すると、

「そのとおりです。私もそうなりたいが、どうしたらよいのか?」とお尋《たず》ねでした。

田中俊介さんがそう言われるのは、先日、私が幕屋の人たちと温泉《おんせん》に行って、若《わか》い皆《みな》さんの背中《せなか》を流した話をお聞きになったからだそうです。私が、聖書講義だけで宗教を説くと思ったら大間違いです。皆と一緒《いっしょ》に風呂《ふろ》に行き、お互《たが》いに裸《はだか》で触《ふ》れ合《あ》いながら、何か感じるものがあって皆が大いに喜ぶ。これは説明でないものが、私たちの心に通うからです。それで田中さんは、皆が愛し合い慕《した》い合《あ》っている姿《すがた》を見て、こういう雰囲気《ふんいき》は他の教会にあるだろうかと思われたようです。

これは結局、「御霊《みたま》によっていだいている愛」という言葉がコロサイ書一章八節にあるように、キリストの御霊に触れなければ、愛は湧《わ》いてきません。昔の私は、今のようでは

ありませんでした。今は、キリストの民《たみ》である人たちに尽《つ》くすことが、私の喜びとなりました。

このたび、四人の青年たちをイスラエル留学に送ることになりましたが、そのために私は奔走《ほんそう》しました。親もしないことを何で私がするのか、考えたらわかりません。しかし私にとって、若《わか》い諸君《しょくん》を偉大《いだい》にすることは楽しみなんです。嬉《うれ》しいことなんです。ちっとも苦痛《くつう》になんか思いもしないですね。そういう話をしましたら、田中さんが「それです、それを得なければいけない」と言われました。

ただキリストに導かれて生きる

これらの言葉を語られたため、ユダヤ人の間にまたも分争が生じた。そのうちの多くの者が言った、「彼は悪霊に取りつかれて、気が狂《くる》っている。どうして、あなたがたはその言うことを聞くのか」。他の人々は言った、「それは悪霊に取りつかれた者の言葉ではない。悪霊は盲人《もうじん》の目をあけることができようか」。　（一〇章一九～二一節）

ここで「ユダヤ人の間に分争が生じた」とあるように、ユダヤ人の間でキリストの声を聞く者と、聞かない者の二つに意見が分かれました。このユダヤ人たちは、律法《りっぽう》学者とかパリサイ人《びと》といわれる宗教知識が豊富な人たちです。しかし、どれだけ知識をため込《こ》んでも、知識では天に至《いた》ることはできません。

徳川時代に、荻生徂徠《おぎゅうそらい》という儒学者《じゅがくしゃ》がおりました。ある人が徂徠の許《もと》に来て、「私に道を教えてください」と言いましたら、徂徠は「あなたには知識がいっぱい詰《つ》まっているから、教えても駄目《だめ》だ」と答えました。すると、「そんなことはないでしょう。私はこれだけ予備知識があるから、先生の話がよくわかるはずです」と返します。そこで徂徠は、「私はそうは思わない。たとえば、茶碗《ちゃわん》の中にいっぱいお茶が入っているとき、さらにお茶を注いでもこぼれるばかりだ。あなたのような心の人に道を説くことは、むしろ無駄だ」と言いました。

聖書では、どうして羊飼いと羊との関係が、神と神の民《たみ》との譬《たと》えとしてあるのか。

イエス・キリストは、「わたしの羊はわたしの声を聞く」と言われます。羊は素直《すなお》な動物です。けれども頭の悪い動物です。自分で水の飲み場も青草のある所も知らない弱い動物です。そして迷いやすいのが羊です。ただ一つ、羊の取り柄《とりえ》は従順《じゅうじゅん》ということです。ですから、羊飼いは羊を自分の思うように導くことができます。

私たちも、ほんとうにキリストの御声《みこえ》に聴《き》いて生きる不思議な人間でありたい。

大事なことは、キリストは豊かな生命に導こうとしておられるんですから、たとえ困難《こんなん》なことがあったり、前途《ぜんと》に大きな荒野《あらの》が横たわっていても、思い切ってキリストに従《したが》い、キリストと共に歩くことです。その時に、苦しさが増すことがあっても、それは私たちがより高きに上る希望となるんです。それをせずに、いつまでも不安がっていても、良いことは始まりません。

キリストに導かれる人生は、なんと幸せだろうかと思います。

私たちは、羊が羊飼いの声を聞くように、「主よ、御声を聴きます」と素直《すなお》に従順になって、キリストの不思議な導きに従ってゆきとうございます。

祈ります。深い呼吸《こきゅう》をして、キリストの御声《みこえ》を聴《き》くような態度になって……。

＊サムエルは「しもべは聞きます。主よ、お話しください」（サムエル記上三章一〇節）と言って、微妙《びみょう》な御声を聴こうとしました。私たちも、そうありとうございます。

（一九六三年二月二十七日　熊本）

＊無門関…中国・宋代《そうだい》の仏書。中国臨済宗《りんざいしゅう》の僧《そう》・無門慧開《むもんえかい》（一一八三〜一二六〇年）が、禅宗《ぜんしゅう》の古則公案より四十八則を選んで頌《じゅ》を付した公案集。

＊不立文字《ふりゅうもんじ》…真理は生命的、体験的なもので、文字に表現することができない、の意。

＊教外別伝《きょうげべつでん》…宗教の神髄《しんずい》は、言葉や文字によらず、体験と実践《じっせん》を通してのみ伝えうる、の意。

＊勝海舟…一八二三〜一八九九年。幕末《ばくまつ》・明治期の政治家。剣《けん》は直心影流《じきしんかげりゅう》の達人。

＊賀川豊彦…一八八八〜一九六〇年。伝道者。キリスト教社会運動家。贖罪愛《しょくざいあい》の実践として、さまざまな社会事業に力を注いだ。日本の生活協同組合運動においても重要な役割《やくわり》を担《にな》った。

＊サムエル…紀元前十一世紀末頃《ごろ》の預言者。少年時代に神の声を聞き、民族の危機《きき》を救う者となる。古代イスラエルの王政を確立した。

第五三講

ひと足ひと足導きたまえ

ヨハネ伝一〇章七～一〇節

ヨハネ伝一〇章を読んでみますと、イエス・キリストは、神様と私たちとの関係を、羊飼いと羊との関係に譬《たと》えておられます。ヨハネ伝もこの辺りまで進んでくると、キリストの宗教が何であるかが最もよく示されています。

その要点は、「わたしの羊はわたしの声を聞く」といって、神は人間に語りかけたもうお方である、神と人間は「我と汝《なんじ》」と呼《よ》び合《あ》うような人格的関係にある、ということを高唱しているところにあります。

実に宗教は、かくのごときものでなければなりません。そうでなければ、宗教でないものが宗教の代用物として幅《はば》を利《き》かしだします。

神様が生き生きと感じられないときに、人は神の実在を疑《うたが》います。また、神が事ごとに実際問題に適切な指導をされることを知らないと、「神の御心《みこころ》はこうだろう」と人間の側から結論《けつろん》をつけて、信仰は一つの原理、道徳に堕落《だらく》してしまう。宗教の霊的生命が衰《おとろ》えると、いつもそうなるんです。私たちは、これらのことと戦わなければなりません。

キリストは生命に至《いた》る門

そこで、イエスはまた言われた、「よくよくあなたがたに言っておく。わたしは羊の門である。わたしよりも前にきた人は、みな盗人《ぬすびと》であり、強盗《ごうとう》である。羊は彼らに聞《き》き従《したが》わなかった。わたしは門である。わたしをとおってはいる者は救われ、また出入りし、牧草にありつくであろう。盗人が来るのは、盗んだり、殺したり、滅《ほろ》ぼしたりするためにほかならない。わたしがきたのは、羊に命を得させ、豊かに得させるためである」。（一〇章七～一〇節）

キリストはここで、「わたしは羊の門である」と言われます。この「門」というのは、物質としての教会堂の門や、どこかの教派《きょうは》の門のことではありません。キリスト教会に行ってその門をくぐれば救われる、と思うならばとんでもない間違《まちが》いです。キリストが言われるのは、目には見えない霊的な門のことです。

九節に、「わたしは門である。わたしをとおってはいる者は救われ、また出入りし、牧草にありつくであろう」とありますように、キリストという門をくぐるときに、牧草にありつくことができる。豊かな霊的な糧《かて》を得ることができる。そのためには、「わたしの羊はわたしの声を聞く」と言われるように、キリストの声に聴《き》いて生きることが大事です。

キリストはまた、「狭《せま》い門からはいれ。滅《ほろ》びにいたる門は大きく、その道は広い。そして、そこからはいって行く者が多い。命《ゾーエー》にいたる門は狭く、その道は細い。そして、それを見いだす者が少ない」(マタイ伝七章一三、一四節)と言われました。私たちは、この永遠の生命に至《いた》る狭い門をくぐり、細く見いだす者が少ない道を歩く者でありたいと願います。

妙《たえ》なる道標《みちしるべ》の光

羊は羊飼いに導かれてゆきます。砂漠《さばく》の彼方《かなた》には緑のオアシスがあるかもしれないが、羊自身はよく知らない。けれども、ひと足、またひと足と導かれて、ついに良き所に行くことができる。そのように、聖書の宗教は、「神」という私たちを導くお方がおられることを強調しています。

私が昔から好きな賛美歌に、次のような歌があります。

妙《たえ》なる道標《みちしるべ》の光よ　家路《いえじ》も定かならぬ闇夜《やみよ》に
さびしくさすらう身を　導き行かせたまえ
行く末遠く見るを願わじ　主よわが弱き足を守りて
ひと足またひと足　道をば示したまえ

これは、ジョン・ヘンリー・ニューマン*という人の作詞《さくし》によるものです。

彼は十九世紀のイギリスで、天才といわれるくらいに優《すぐ》れた神学者であり詩人でした。イギリス国教会の信仰復興と改革《かいかく》に尽力《じんりょく》しましたが、それに飽《あ》き足《た》らずにカトリックに移り、枢機卿《すうききょう》にまでなりました。彼は頭脳《ずのう》が抜群《ばつぐん》に優れていましたが、同時に大いなる神の前に敬虔《けいけん》な人でした。

「主よわが弱き足を守りて　ひと足またひと足　道をば示したまえ」と歌詞《かし》にありますが、頭の良い人は自分の考えに任せて物事に処《しょ》したらいいと考えやすい。

ヘンリー・ニューマン

だがニューマンは、ひと足ごとに大いなる者に導かれなければ人間の知識は全きを得ない、という信仰をもっていました。有数の宗教思想家であったニューマンですらそうならば、私たちはもっと神に聴《き》き、導かれることを願わなければなりません。

神なき唯物的《ゆいぶってき》な時代

ここで、どうでしょうか。今のキリスト教を考えてみるときに、キリストの御声《みこえ》を事ごとに聴きながら歩く信仰生活を送っている人がどれほどいるだろうかというと、非常に少ないと思います。それは、どこからくるのか？

一つには、今の時代が非常に唯物的な時代だからです。もう一つには、「神は人間に語りかける」ということが信じられないからです。二十世紀の特徴《とくちょう》は、神の存在《そんざい》など認《みと》めない唯物論《ゆいぶつろん》が非常に横行しているということです。そして今や、ソ連*や中国のように、唯物論に立つ国が世界の大国として現れてきました。

マルクス*の唯物論というのは、歴史にしても文明にしても、すべての事柄《ことがら》は客観的な科学と同様な法則によって、弁証法的発展《はってん》を続けてゆくというものです。社会を発展させるのは物質的な生産力や経済《けいざい》であって、社会の中にある矛盾《むじゅん》が大きくなってくると、全く新しい社会秩序《ちつじょ》が生まれる。たとえば、資本主義社会のもとで資本家に富が集中し、労働者が貧困《ひんこん》にあえぐと、ついに彼らは立ち上がって革命《かくめい》を起こし、共産主義社会を実現する。これが歴史の必然である、という。

この思想、理論の影響《えいきょう》を受けた人々は、「世界がそのように進むと決まってしまっているなら、なるようにしかならない」と考えるほかありません。

何に向かって生きるのか

しかし、宗教の世界はそうではありません。この社会、宇宙《うちゅう》、人生には一つの大きな計画、目的があって、それに向かって進んでゆく。その目的を成らせることに意味がある、と考えます。

なるようになるとか、必然的に私たちの運命が決まっているというものではない。私たち人間の側は何も知らないけれども、もっと大いなる存在《そんざい》が背後《はいご》にあって、一人ひとりに対して最善《さいぜん》の計画をもっておられる。天の目的を成させようとしておられる。その目的を達成するためにどうすべきかを問うところに、宗教がある。

現代では、こういう考え方はだんだん衰《おとろ》えてしまっています。

それで、国々も各民族もそれぞれ自分の方針《ほうしん》や計画に従《したが》って勝手に歩きますから、至《いた》るところで衝突《しょうとつ》する。個々の人間も、何に向かってゆくのかわからず、むちゃくちゃに歩くので壁《かべ》に突《つ》き当《あ》たります。

また、神を知らない多くの人には、すべての物事は偶然《ぐうぜん》から偶然に進むのであって、自分の思いを超《こ》えたことが起こっても、単なる偶然としか映《うつ》りません。しかし、私たち神に導かれる者には、「偶然」というものはない。それは神の御《み》心《こころ》が成ることなんです。物は見方です。立場を変えて、「すべては偶然でない、自分を導いているものがある」ということを悟《さと》るならば、私たちは確信をもって生きることができます。

理性は万能《ばんのう》ではない

どうして宗教が必要なのか？　私たちはどうして大いなる者、神の声を聴《き》かなければいけないのか？　それは、人間は賢《かしこ》そうに見えても、賢い動物ではないからです。

昔は「理性万能」といって、人間は勉強すれば何でも知ることができる、理性が最も賢《けん》明《めい》であると考えられていました。しかし、果たして人間の理性は賢明でしょうか？

戦後になると、人間の理性は必ずしも賢明ではないと考えられるようになりました。理性が万能ならば、何ゆえ第二次世界大戦のようなバカバカしい戦争をやったのか。何ゆえ六百万人のユダヤ人を虐殺《ぎゃくさつ》するようなことをしたのか。こんな反理性的なことをするのは、理性が無力であるという証拠《しょうこ》ですね。

私たちは、理性が最も確かなもののように思《おも》い違《ちが》いをしております。これは、知性だけが確かで賢明なもののように教える、今の学校教育が悪いんです。私は、理性や知性が万能であるとは信じない。それは一つの偶像《ぐうぞう》です。

偉大《いだい》な存在《そんざい》に聴《き》いて歩く

信仰とは何かというと、キリストが「わたしの羊はわたしの声を聞く」と言われるように、羊飼いの声に聴いて従《したが》うことです。私たちを最善《さいぜん》のところに導こうとされる、神の御《み》声《こえ》を聴くことが大切なんです。

イエス・キリストは、「二羽のすずめは一アサリオンで売られているではないか。しかもあなたがたの父の許しがなければ、その一羽も地に落ちることはない。またあなたがたの頭の毛までも、みな数えられている」(マタイ伝一〇章二九、三〇節)と言われて、人間以上の偉大な存在があることを示されました。また、「あなたがたの父なる神は、求めない先から、あなたがたに必要なものはご存《ぞん》じなのである」(マタイ伝六章八節)と言われて、「主の祈り」(マタイ伝六章九〜一三節)を教えられた。

私たちに必要なものを、先立って知っているお方がおられるんです。

ですから私たちは、自分の願いを神様に押《お》しつけるよりも、「神様、あなたはすべてをご存じですから、私の願いよりも、あなたが与《あた》えようとしておられる最善を知りとうございます」と祈ることが大事です。

自分の願いを願うよりも、自分を愛して、より高い立場から自分を見ていてくださるお方の願いに聴《き》いて従《したが》うこと、これが信仰です。ところがある人は、「そのようにキリストの声に聴いて、それに従って私は歩きたくない。人間は自主性をもたなければならない。他の者の意見に左右されたり、何かに服従《ふくじゅう》して生きるのは嫌《いや》だ」と言います。これは、「従う、服従する」ということは悪いことだと考えるからですね。

しかしどうでしょうか。オルガンを弾《ひ》くには、オルガンの法則に従わなければ弾くことができません。あるいは、交響楽団《こうきょうがくだん》が演奏《えんそう》をするときに、指揮者《しきしゃ》の指揮に従わないで、それぞれが勝手に音を出したならば、交響楽になりません。バイオリン、チェロ、フルートなど、いろいろな弦楽器《げんがっき》や管楽器があるでしょうが、皆《みな》が指揮者に従って精いっぱいに弾く。そのときに、素晴《すば》らしいハーモニーが生まれます。

そして、演奏が終わった時には、指揮者に対して団員は「よく指揮してくださった。よく自分の弦楽器、管楽器、打楽器の性質を、その時その場に引き出してくださった」と感謝を込《こ》めて拍手《はくしゅ》を送ります。それでわかるように、「自分は勝手にやる」と言っても、何事も一つの条件があるのであって、それに従《したが》わないでやりましても、決して成功するものではありません。

大宇宙《だいうちゅう》の法則に従って生きる

昨夜、私は動物学の本で鯨《くじら》の生態を読んでおりました。

地球上で最も大きな動物は鯨です。鯨は魚に似ていますが、哺乳類《ほにゅうるい》です。その中でも、シロナガスクジラは体長が三十メートル、体重も百トン以上に達します。そのように大きな鯨でも、速い速度で海の中を泳ぐし、深海一千メートル以上に潜《もぐ》る能力がある鯨もいるなどとありまして、「ほお、鯨は偉《えら》いもんだ」と感心しました。ところが鯨は、陸に打ち上げられるとすぐに死んでしまうというんです。

鯨と同類の哺乳類であるオットセイなどは、陸上に上がって子供《こども》を産むし、育てたりします。それなのに、鯨は陸に打ち上げられるとなぜすぐ死ぬのかというと、重すぎる体重に肺《はい》が押《お》しつぶされて呼吸《こきゅう》ができなくなるからです。また、陸上では体温調節ができないために体温が上がりすぎるからです。鯨は、海にあまりに適してしまったために、陸に適さないようになったんです。

ですから鯨《くじら》は、海にいれば海の王様のようにしていますけれども、陸に打ち上げられると「陸《おか》へ上がった河童《かっぱ》」という言葉があるように、すぐに死んでしまいます。

私たちは、大きな宇宙《うちゅう》の法則に従《したが》って生きるときによく生きられますが、その法則から外れたら、ペシャンコにつぶされてしまうということです。

生ける神を証《あか》しせよ！

聖書を読むと、キリストは実に事ごとに神の御声《みこえ》を聴《き》いて、御旨《みむね》に従って歩いておられます。そして、驚《おどろ》くべきこと、素晴《すば》らしいことをやってのけられた。それなのに、私たちにはどうしてできないのだろうか、ということを感じます。それは、ほんとうにやってみせる人がいないからです。それで、神様が今も生きて祈りを聞いてくださる、ということに疑《うたが》いがあるんですね。

伝道をしている者が、まず身をもって神が働きたもうことを示さなければ、「福音《ふくいん》とは、すべて信じる者に救いを得させる神の力である」とか、「神は祈りを聞きたもう」とか聖書に書いてあっても、実体がわからないから、人々は信じることができません。

先日、伝道旅行から帰ってこられた牧師のHさんは、「ほんとうに私は感謝です。行く先々で、キリストがありありと働いてくださいました。私のような者が手を按《お》いて祈っても、ひどい病気がコロッと治るんです。また、神の示しに従《したが》うと状況《じょうきょう》がガタンと変わるんです」と言われるので、私も嬉《うれ》しかった。彼がそのように素晴《すば》らしい働きをなさるようになったのは、彼が幕屋《まくや》に触《ふ》れて霊的な実在を知ったからです。それに従うことが力であり、真理であることを知ったからです。

なぜ現代は宗教が衰《おとろ》えて、神学とか哲学《てつがく》とかが盛《さか》んなのかというと、神を信じているといっても、あまりありがたくないし、ありありと語りかける霊的な人格に触れることもなく、信仰の喜びの実感が湧《わ》かないからです。

本当は、神様は現実に生きて働き、私たちを愛し、導き、守る、善《よ》き羊飼いのようなお方ですのに、それが信じられないと、「神は在《あ》る、と聖書に書いてあるから、在るはずだ。神とは何だろうか」と言って、神についての説明や神学などが信仰に取って代わるようになる。

　このように信仰が力を失いますと、いつも神学とか哲学《てつがく》とかが幅《はば》を利《き》かすようになります。だが、それらと一貫《いっかん》して戦ってきたのが、この聖書です。

　ですから、私たちの仲間の間で道徳が語られたり、宗教哲学が高唱されたりするときには、「ノー（否《いな》）！」と言って戦い、「生ける神」を叫《さけ》ばなければならない！　そして、生ける神に導かれることがいかに幸いであるかということを、身をもって証《あか》ししなければならない！　これは、理性がいちばん尊《とうと》いという考えに対する私の反逆であり、反抗《はんこう》です。神の霊が理性以上のものであるということを示すためには、どうしても私たちが神に聴《き》いて歩いてみせなければ、人々はわかりません。

ひと声ひと声、神に聴いて従《したが》う

　主イエスは弟子《でし》たちに対して、「みこころが天に行われるとおり、地にも行われますように」（マタイ伝六章一〇節）と祈れ、と教えられました。ですから私たちは、事ごとに御《み》心《こころ》を求めなければなりません。だが、普通《ふつう》の人は神の御心を求めたりはしません。それが何か、わからないからです。

先日、二、三十年も長く信仰している方に、

「一緒《いっしょ》にイスラエルに行こう」と誘《さそ》いました。ところが翌日《よくじつ》、浮《う》かない顔をしている。

「どうしたのか？」と聞くと、

「どうしても神の声が聞こえないから、先生の言われることに従《したが》いかねる」と言う。

「神の声が聞こえないということがあるものか。あなたは女房《にょうぼう》を恐《おそ》れて、女房の声は聞く。女房があなたのおカミさんであって、あなたの神は死んでいる」と言うと、

「確かにそのとおりです」と言う。情けない限りです。彼が、

「どうして私には、神が語りかけることがわからないのでしょうか」と言うから、

「それは、あなたが従おうとしないからだ。また、神は聡明《そうめい》なお方だから全計画をお示しになる、と考えるのは人間の思い上がりだ。もし、ずっと先の人生の大きな曲がり角まで示されてごらん、怖《こわ》くなって従わないだろう。

あなたの信仰の悪い癖《くせ》は神に聴《き》くことをしないことだ。また、聴いても従わない。一歩を従わない以上、なんで二歩目、三歩目を神様が教えるものか。羊と羊飼いの関係を見てごらん。羊は何にも知らないけれども、一歩一歩、ただ羊飼いに従ってゆくじゃないか。

そのように一歩一歩、羊飼いであるキリストにほんとうに信頼《しんらい》して従《したが》う。これが信仰だよ」と語ったことでした。

誰《だれ》しも、「私はどうすべきか、神の御声《みこえ》を聴《き》きたい。しかし、神様の答えがはっきりしない」などと言います。私も、昔はそうでした。しかし最近は、ほとんどそういうことで苦しむことはありません。私が神様に従おうとさえ思えば、神様は最善《さいぜん》を示したもうということを知るからです。従わない限り、私に示されることはありません。

信仰とは従順《じゅうじゅん》、服従ということの別名であると、聖書は強く訴《うった》えています。それは戒律《かいりつ》に従うことではありません。ひと声ひと声、神に伺《うかが》い、従ってゆくことです。

そのようなタイプの神の知り方をしている人の信仰は恵《めぐ》まれますね。「わたしがきたのは、羊に命を得させ、豊かに得させるためである」(ヨハネ伝一〇章一〇節)とキリストが言われるとおりです。

(一九六三年三月一日　熊本　①)

＊ジョン・ヘンリー・ニューマン…一八〇一～一八九〇年。イギリスの神学者、哲学者《てつがくしゃ》、詩人。

オックスフォード運動（イギリス国教会における信仰復興運動）の指導者。全イギリスの宗教界、思想界に大きな影響《えいきょう》を与《あた》えた。

＊ソ連…ソビエト社会主義共和国連邦の略。十五の構成共和国から成る。一九一七年のロシア革《かく》命《めい》によって建国され、一九九一年まで続いた。首都はモスクワ。

＊カール・マルクス…一八一八〜一八八三年。ドイツのユダヤ人弁護士の家に生まれる。経済《けいざい》学者、共産主義思想家、革命家。マルクス主義理論《りろん》を完成。

第五四講

善き羊飼い　ヨハネ伝一〇章一一～一八節

「わたしはよい羊飼である。よい羊飼は、羊のために命を捨《す》てる。羊飼ではなく、羊が自分のものでもない雇人《やといにん》は、おおかみが来るのを見ると、羊をすてて逃《に》げ去《さ》る。そして、おおかみは羊を奪《うば》い、また追い散らす。彼は雇人であって、羊のことを心にかけていないからである。

わたしはよい羊飼であって、わたしの羊を知り、わたしの羊はまた、わたしを知っている。それはちょうど、父がわたしを知っておられ、わたしが父を知っているのと同じである。そして、わたしは羊のために命を捨てるのである」。

（一〇章一一～一五節）

前講では、羊が羊飼いの声に聞《き》き従《したが》って、ひと足ひと足導かれてゆくように、私たちもキリストの御声《みこえ》に聴《き》きつつ生きることが信仰生活であることを学びました。

その後に続く一〇章一一節から、キリストは善《よ》き羊飼いとはどのようなものかを語られます。一二節に、「羊飼ではなく、羊が自分のものでもない雇《やとい》人《にん》は、おおかみが来るのを見ると、羊をすてて逃《に》げ去《さ》る」とありますが、原文を直訳《ちょくやく》すると「雇い人は羊飼いではなく、羊は自分のものではないから、やって来るおおかみを見ると、羊たちを見捨《みす》てて逃げ去る」となります。

雇い人というものは、自分の利益のために働きます。羊のために損をしません。牧師の中にも、神学校を出て、牧師になって飯食おうと思っている者が多い。一生を損してでも、キリストのために生きようと思って牧師になる者は、なかなかいません。それで私は、職業牧師というものが嫌《きら》いなんです。

雇い人は、自分の利益、給料のために働いていますから、何か事が起こると羊を捨てて逃げてしまう。羊のためには生きません。だが、善き羊飼いは羊のために命を捨てる。ここに、本当の羊飼いと、そうでない者との違《ちが》いが出てきます。

これは幕屋《まくや》でも同じです。果たしてどれだけの人が真の伝道者として、キリストの御《み》心《こころ》を心として、善《よ》き羊飼いの役を果たしているかというと、ほんとうに少ないと思う。だから、「伝道者になろう」などと思ってここに集まる人に、伝道者になることを私はあまり勧《すす》めません。善き伝道者というものは、いかに生まれにくいものかということを、つくづく思うからです。

真にキリストの御心をもって導いている伝道者と、そうでない人ははっきりわかります。自分が偉《えら》くなるために、自分の都合で生きている伝道者は、困難《こんなん》になるとすぐ逃《に》げ出《だ》します。これは、何も教会だけの問題ではありません。「ほんとうにキリストの器《うつわ》となるような人物はいないものか」——そのような神の御嘆《おんなげ》きを私は聞きます。

羊のために命を捨《す》てる者

ここに「わたしはよい羊飼である」(一〇章一一節)とありますが、この「よい」と訳《やく》された「*kalos*《カロス》」というギリシア語には、「善い、素晴《すば》らしい、美しい、恵《めぐ》み深《ふか》い」といった意味があります。ですから、「良い、悪い」という意味の「良い」だけではありません。

「よい羊飼は、羊のために命《プシュケー》（肉体的な命）を捨《す》てる」。雇《やと》い人《にん》は、狼《おおかみ》のように悪魔的《あくまてき》な、凶暴《きょうぼう》な者が羊をかすめに来ると、逃《に》げ出《だ》す。それは、自分の身の安全が先に立つからですね。そのような者は、愛といっても言葉だけで、羊のために命を捨てるような愛がない。伝道する者でもそうです。いくら説教が上手で講義がうまくても、羊のために自分の命を刻々《こっこく》使い果たしているのでなければ、本当のキリストの伝道者ではありません。

これは、人に言うことではありません。手島郁郎自身に言い聞かせつつ話しているんです。私が伝道者として自分を全うすることができるかどうかは、キリストにある人々のために立派《りっぱ》に死んでゆけるかどうかにあります。

善《よ》き羊飼いは、羊のために自分の命を捨ててでもかばうものです。

この羊飼いと羊との関係、これはまた、キリストと私たちの関係です。

キリストは、私たちのために血を流し、命を削《けず》ってでも生きておられる。そのことを思うと、私がどうして命を捨てずにおられましょうか。

「わたしにはまた、この囲いにいない（属さない）他の羊がある（もっている）。わたしは彼らをも導かねばならない。彼らも、わたしの声に聞《き》き従《したが》うであろう。そして、ついに一つの群れ、ひとりの羊飼となるであろう」。（一〇章一六節）

この「囲い」というのは、ユダヤ教を指しているのでしょう。ユダヤ教以外にも、いろいろな宗教があります。そのもろもろの宗教を信じている者の中からも、やがてキリストの声に従う者が出てくる。一つの御《み》声《こえ》に聴《き》き従《したが》って生きてゆくような状況《じょうきょう》が展開《てんかい》してくるというんですね。

もし、大宇宙《だいうちゅう》に響《ひび》く神の声に従って生きる者があるならば、宗教、宗派《しゅうは》を超《こ》えて、その者は神の子です。

何度も変わりながら永遠の世界へ

「父は、わたしが自分の命を捨《す》てるから、わたしを愛して下さるのである。命を捨てるのは、それを再び得るためである。だれかが、わたしからそれを取り去るのではない。わたしが、自分からそれを捨てるのである。わたしには、それを捨てる力（権《けん》

威《い》）があり、またそれを受ける力（権威《けんい》）もある。これはわたしの父から授《さず》かった定め（命令）である」。（一〇章一七、一八節）

ここを読むと、キリストのお気持ちがよくわかりますね。

「父は、わたしが自分の命を捨《す》てるから、わたしを愛して下さるのである」とあります。私もキリストに愛される人間になりたい。そのために、私は自分の命をいつでも捨てる覚《かく》悟《ご》をしておく必要があるし、捨てねばならない。五年生きるよりも、三年で終わろう。三年生きるよりも、一年で終わろうと思っております。

けれども、「命を捨てるのは、それを再び得るためである」とある。捨てた命は、いつでもまた再び受け取ることができるというんです。着物を脱《ぬ》いでまた別の着物を着るように、この体を脱いだら、もう一つの体を与《あた》えられる。「わたしには、それを捨てる力があり、またそれを受ける力もある」とあるように、それは何でもないことだ、とキリストは言われる。これは、永遠の生命を知る人の言葉ですね。

ヤドカリは、次から次に自分の棲《す》む貝殻《かいがら》を替《か》えて生きております。私たちの人生も、地位が変わり、環境《かんきょう》が変わり、状況《じょうきょう》が変わる。しかし私たちの魂は、いろいろな環境をくぐり、古いものを脱《ぬ》ぎ捨《す》て、脱ぎ捨てしながら、永遠の世界にまで生きてゆくんです。禅《ぜん》の書『無門関』にも、「殻《かく》を出《い》でて殻に入《い》ること、旅舎《りょしゃ》に宿《しゅく》するがごとし」（第三五則）という言葉があります。人生は一夜の宿でして、旅舎に宿って、また旅立ってゆくようなことです。それを、地上の財産や物に異常《いじょう》に執着《しゅうちゃく》していたら、キリストの御国《みくに》にまで行き着くことができません。

大東亜《だいとうあ》戦争が終わった時のことでした。引揚者《ひきあげしゃ》が中国大陸から日本に帰ってくるに当たって、たくさんあった財産でも何でも、すべて支那《シナ》や朝鮮《ちょうせん》の人々に渡《わた》して帰ってきたものでした。祖国に帰ってくることがいちばん大事なのであって、財産にしがみついていたら死んでしまいます。実際、多くの人が死んでしまいました。そのように、永遠の故郷《ふるさと》である天を目指して、次から次に脱《ぬ》ぎ替《か》え、脱ぎ替えしてゆくのが私たちの生涯《しょうがい》です。

新しい心が与《あた》えられる恵《めぐ》み

私たちは、神に導かれる生涯を送ろうと思うならば、ひと足またひと足、羊が導かれるように御声《みこえ》に従《したが》って生きるということをしないと、次の御声がかかってきません。だが、私たちはなかなか神の声を聴《き》くことができない。また、「どうして私は乏《とぼ》しいのだろう」と嘆《なげ》く人がある。それは、神の示される豊かな土地に行こうとする心がないからです。素直《すなお》な、神の声を聴くような「心」が与《あた》えられると、素晴《すば》らしいことが次から次に連続してくる、ということを多くの人は知りません。

物質的にちょっとでも恵《めぐ》まれたり、良い地位にでも就《つ》くと、人は神様に感謝します。しかし、新しい心を神様から頂《いただ》いて心が変わっても、なかなか「恵まれた」とは言いません。心は自分のものだと思うからです。けれども、神様から新しい心が与えられることが、どんなにありがたいことか。

旧約聖書の中にも、「わたしは新しい心をあなたがたに与え、新しい霊をあなたがたの内に授《さず》け、あなたがたの肉から、石の心を除《のぞ》いて、肉の心を与える」(エゼキエル書三六章二六節)とあって、新しい心が神から与えられると書いてある。私たちは、この新しい心を与えられるときに、神の御声を聴くことができるんです。

私たちは、神から賜《たまわ》る新しい心を頂いたら、その心を使ってどんどん良い場所に行ける。

けれども、多くの人は新しい心が与《あた》えられるということを信じません。幕屋の人でも、コンバージョン(回心)してこんなに嬉《うれ》しい心があるだろうかと思っても、それを一時的な現象のように思うんですね。しかし、このコンバージョンした心こそ、新しい心、神の御声《みこえ》を聴《き》きうる心なんです。

砕《くだ》けた心に神は語る

多くの人は、この新しい心を与えられる素晴《すば》らしさを知りません。そして、神は遠い存《そん》在《ざい》のように思う。けれども、神はいつも近くにおられ、いつも語りかけておられます。

では、どうしたら神の声を聴くような新しい心が与えられるのか。

イザヤ書に、次のように記されています。

いと高く、いと上なる者、とこしえに住む者、
その名を聖ととなえられる者がこう言われる、
「わたしは高く、聖なる所に住み、また心砕けて、へりくだる者と共に住み、

へりくだる者の霊をいかし、砕《くだ》けたる者の心をいかす。
わたしはかぎりなく争わない、また絶えず怒《いか》らない。
霊はわたしから出、いのちの息はわたしがつくったからだ」（五七章一五、一六節）。

神は、私たち人間には遠い存在《そんざい》に思えるかもしれません。しかし聖書には、いと高き神が、心へりくだった、心砕けている、ブロークン・ハート（傷心《しょうしん》、失意）の者に近寄ってきてくださる、ということが書いてあります。神は、「人間の理性こそ万能《ばんのう》だ」などと傲慢《ごうまん》なことを言っている者には語りかけられない。しかし、石のような心が砕けるときに、いと近くに神を知り、神が語りかけてくださることがわかります。私たちにとって、そのようにありありとした神の御声《みこえ》を、日々、事ごとに聴《き》きながら生きることが信仰の生涯《しょうがい》です。

宇宙《うちゅう》に響《ひび》く偉大《いだい》な声

旧約聖書に出てくるアモス*という預言者は、いちじく桑《ぐわ》の木を作る者であり、羊飼いでした。しかし彼は、「わたしは預言者でもなく、また預言者の子でもない。しかし、獅子《しし》が吠《ほ》えるように主なる神が語られるから、預言せずにはおられない」と言いました。預言者エレミヤも、「主の言葉がわたしの心にあって、燃える火のわが骨《ほね》のうちに閉《と》じこめられているようで、それを押《おさ》えるのに疲《つか》れはてて、耐《た》えることができません」（エレミヤ書二〇章九節）と言った。

神が圧倒《あっとう》するように語りかけてくる。それをありのまま伝えれば、人々は「彼は気が狂《くる》った」と言う。しかし、確かに語りかけるものがあって、黙《だま》っていれば苦しくなって困《こま》るほどだ、というんです。これは預言者たちに共通の心持ちでした。

私たちはどうでしょう。このような経験に入っているだろうか。

もし入っていないならば、そのような経験を求めてみたい。

私たちが、もしこの境地に達するなら、普通《ふつう》の人間を脱《だっ》して、違《ちが》う人間になるんです。それは、神の声を聴《き》くからです。

今の時代、利口な人が幅《はば》を利《き》かせる時に、私たちは少数でもいい、宇宙《うちゅう》の偉大《いだい》な声を聴いて生きるような、不思議な人生を歩いてゆきたい。そうでなければ聖書が証《あか》しされません。どうぞ、私たちは群を抜《ぬ》いたクリスチャンでありとうございます。

祈ります。深い呼吸《こきゅう》をなさって……。

キリストが、「父なる神は、求めない先から、あなたがたに必要なものをご存《ぞん》じである。だから祈れ」と言われる時に、それは静かに御声《みこえ》を聴《き》くことをいいます。神様はご存じなんです、最善《さいぜん》の案を、最善の方向をご存じなんです。どうか、やみくもに歩くのをやめて、神の導き、神のご計画に従《したが》いとうございます。ここに、祈りというものがあります。

天のお父様！　一人ひとりの髪《かみ》の毛までも数えつつ、愛していたもうお父様！

私たちはあなたに従い、思い切って従って生きる時に幸せでございます。しかし、……(録音不明)……のような心が頑張《がんば》って従わせません。まず、その心をふさいで、どうか優《やさ》しい御声に聴く柔和《にゅうわ》な心を与《あた》えてください。

「わが羊はわが声を聞く」とありますように、主よ、あなたの御声を聴き分ける者となりとうございます。どうぞ、世の人々が理性万能《ばんのう》と言っている時に、私たちは霊性万能と言って、御声に聴く不思議な人間でありとうございます。

そして、どのような状況《じょうきょう》にも、豊かに満ち足りて生きる生涯《しょうがい》を経験することができるようにならしめてください。この地上だけでなく、次の天上界に上ったら、もっと素晴《すば》らしい境涯《きょうがい》に入ってゆくことができるようにならしめてください。

どうか神様、一人ひとりのそば近くに来たって、あなたの御霊《みたま》が天降《あも》りますよう、お願いいたします。言《い》い尽《つ》くしがたい願い、感謝、キリストの御名《みな》により祈り奉《たてまつ》ります。

（一九六三年三月一日　熊本　②）

＊アモス…紀元前八世紀中頃《なかごろ》の預言者。旧約聖書に『アモス書』がある。

〔第五五講　聖句　ヨハネ伝一〇章二二～三〇節〕

22そのころ、エルサレムで宮きよめの祭りが行われた。時は冬であった。
23イエスは、宮の中にあるソロモンの廊《ろう》を歩いておられた。24するとユダヤ人た
ちが、イエスを取り囲んで言った、「いつまでわたしたちを不安のままにしておく
のか。あなたがキリストであるなら、そうとはっきり言っていただきたい」。
25イエスは彼らに答えられた、「わたしは話したのだが、あなたがたは信じよう
としない。わたしの父の名によってしているすべてのわざが、わたしのことをあか
ししている。26あなたがたが信じないのは、わたしの羊でないからである。27わた
しの羊はわたしの声に聞《き》き従《したが》う。わたしは彼らを知っており、彼らはわたしについ
て来る。28わたしは、彼らに永遠の命を与《あた》える。だから、彼らはいつまでも滅《ほろ》びる
ことがなく、また、彼らをわたしの手から奪《うば》い去《さ》る者はない。29わたしの父がわた
しに下さったものは、すべてにまさるものである。そしてだれも父のみ手から、そ
れを奪い取ることはできない。30わたしと父とは一つである」。

第五五講　大いなる我を目覚ましめよ

ヨハネ伝一〇章二二〜三〇節

私たちは、お互《たが》い宗教を志しております。「宗教」とは、英語で「religion《レリジョン》」といいます。これは、ラテン語の「religio《レリギオ》　結合」からきています。

この世にあって、私たちの魂は神から離《はな》れてさまよっている。太古、エデンの園《その》を追われたアダムとエバが、流浪《るろう》して苦しまねばならなかったように、私たちの魂がさまよっている間は、神は遠くかけ離れた存在《そんざい》です。信仰とは、もう一度この神の懐《ふところ》に立ち帰ることであります。そして、神と結合することを宗教といいます。

ヨハネ伝一〇章三〇節を読んでみると、イエス・キリストは「わたしと父とは一つである」とおっしゃっているように、いつも父なる神との一体感をもっておられました。私たちもまた、キリストと一つであるという結合感をもちたい。では、どうしたら私たちは神に結合できるか。そのことについて、大事なことをヨハネ伝から学びたいと思います。

霊的宗教に触《ふ》れて不安になる心

そのころ、エルサレムで宮きよめの祭りが行われた。時は冬であった。イエスは、宮の中にあるソロモンの廊《ろう》を歩いておられた。するとユダヤ人たちが、イエスを取り囲んで言った、「いつまでわたしたちを不安のままにしておくのか。あなたがキリストであるなら、そうとはっきり言っていただきたい」。

（一〇章二二〜二四節）

「宮きよめの祭り*」というのは、紀元前二世紀頃《ごろ》から始まったユダヤの祭りです。これは、異教徒《いきょうと》の支配によって汚《けが》されていたエルサレムが、マカベア戦争によって紀元前一六四年に奪回《だっかい》され、宮潔《みやきよ》めが行なわれたことを記念する祭りです。今もイスラエルでは、毎年冬の十二月初め頃にこの祭りが祝われます。

この宮潔《みやきよ》めの祭りの時に、イエスはエルサレム神殿《しんでん》の中のソロモンの廊《ろう》を歩いておられた。するとユダヤ人たちが、「いつまで私たち(の心《プシュケー》)を不安のままにしておくのか。あなたはキリストなのか?」と質問した、とあります。

ここで「不安のままにする」と訳《やく》されたギリシア語の「*την ψυχην αιρεις*《テーン プシュケーン アイレイス》」は、「心を乱《みだ》す、騒《さわ》がせる、刺激《しげき》する」などという意味にもなります。それで、文語訳聖書では「何時《いつ》まで我らの心を惑《まど》わしむるか」と訳してありますが、そのほうが適訳ですね。

私たちの心には、不安がる心と、確信をもって生きる心の二つがあるとするならば、宗教は本来、人間の心に確信を与《あた》えてくれるものです。

それなのに、このユダヤ教徒たちは「心が乱れる、不安である」と言います。キリストに触《ふ》れて、かえって不安が増したというんです。それは、霊的なものに触れたからです。普通《ふつう》の宗教に触れても、不安になったり惑ったりしませんが、霊的な宗教に触れると心が不安になることがある。

ユダヤ人が不安になって「あなたはキリストか?」と問うと、キリストは「そうだ」とも、「そうでない」とも言われない。答えにならない答えをここでしております。

すべてより大いなるもの

イエスは彼らに答えられた、「わたしは話したのだが、あなたがたは信じようとしない。わたしの父の名によってしているすべてのわざが、わたしのことをあかししている。あなたがたが信じないのは、わたしの羊でないからである。わたしの羊はわたしの声に聞《き》き従《したが》う。わたしは彼らを知っており、彼らはわたしについて来る。わたしは、彼らに永遠の命を与《あた》える。だから、彼らはいつまでも滅《ほろ》びることがなく、また、彼らをわたしの手から奪《うば》い去《さ》る者はない。わたしの父がわたしに下さったものは、すべてにまさるものである。そしてだれも父のみ手から、それを奪い取ることはできない。わたしと父とは一つである」。

（一〇章二五～三〇節）

イエス・キリストはここで、「父がわたしに下さったものは、すべてにまさるものである」と言われていますが、ギリシア語の原文では「παντων《パントーン》 μειζον《メイゾン》 εστιν《エスティン》　すべてより大いなるものである」となっています。父なる神が与えてくださったのは「大いなるもの」

である。それを誰《だれ》も奪《うば》い取《と》ることはできない、父とわたしは一つである、と言われる。お互《たが》い宗教を志しておりますが、「どうして自分の信仰は不安定なんだろうか、はっきりしないのだろうか」と思うことはありませんか?

私は、集会でいろいろ話を聞いておりますと、「この人は優《すぐ》れた信仰をもっていると思っていたが、そんな程度の状況《じょうきょう》をいまだにさまよっているのか」などと考えさせられることがあります。

信仰がちっとも進歩していない。何か困難《こんなん》なことが起こると、心が奮《ふる》い立《た》つこともなく、恐《おそ》れおののいて人間に寄《よ》り頼《たの》んだりする。あるいは、すぐに神様から離《はな》れてしまう情けない自分を見ては、「私は偽善者《ぎぜんしゃ》です」などと言っている。これはいったい、どうしてなのか。どこにその人の信仰の問題があるのだろうか。

それについて、キリストは「父なる神がわたしに下さったものは、すべてより大いなるものである」と言われましたが、この「大いなるもの」が問題なんです。この「大いなるもの」を神に握《にぎ》られて生きている人の信仰と、そうでない人の信仰とでは大きな違《ちが》いがあるんです。では、その「大いなるもの」とは何でしょう。

人間の中にある二つの心

人間の心には、天使のような心があり、また悪魔《あくま》のような心があります。

このことは、昔から言われていることです。たとえばゲーテ*は、「人間の中には、二つの魂が住んでいる。崇高《すうこう》な魂と、罪深い魂とがあって、互《たが》いに争っている」ということを書いております。また使徒パウロはこの問題について、神に背《そむ》く「肉なる我」と、神に従《したが》おうとする「霊なる我」との葛藤《かっとう》が自分の中にある、と申しております。

それでロマ書七章の終わりを見ると、パウロは、

「善《ぜん》をしようとする意志は、自分にあるが、それをする力がないからである。すなわち、わたしの欲《ほっ》している善はしないで、欲していない悪は、これを行っている。……そこで、善をしようと欲しているわたしに、悪がはいり込《こ》んでいるという法則があるのを見る。すなわち、わたしは、内なる人としては神の律法《りっぽう》を喜んでいるが、わたしの肢体《したい》には別の律法があって、わたしの心の法則に対して戦いをいどみ、そして、肢体に存在《そんざい》する罪の法則の中に、わたしをとりこにしているのを見る。わたしは、なんというみじめな人間なのだ

ろう」(一八〜二四節)と嘆《なげ》いている。

しかし、人間とはそういうものです。自分は駄目《だめ》だから、何とか嫌《いや》な自分を振《ふ》り切《き》ろうとするが、振り切ろうとすればするほど、その嫌な自分が頭をもたげてきて、自分をいじめ苦しめる。そして、ついにはヘトヘトに疲《つか》れてしまう。

私も以前は、自分の悪いところを見ては「直さねばならない」と思って、自分を責め、いじめて苦しんだことがあります。だがある時から、もう自分で自分を責めさいなむことはなくなりました。

それよりも、少しでも良い自分を見出《みいだ》したならば、その良い自分を伸《の》ばし、良い心を積極的に引き上げてやるように心がけました。すると、だんだん良いほうの自分が力を増してきて、自然と悪い心は抑《おさ》えられ小さく縮《ちぢ》んでしまいました。以前は、悪い心が隙《すき》あらば顔を出そうとしておりましたが、今は良い性質ばかりが輝《かがや》いてくるようになりました。

小我《しょうが》と大我《たいが》

この人間の中にある二つの心を、「小我」と「大我」ということもあります。私たちは自分のことを考えてみましても、自分の中には引《ひ》っ込《こ》み思《じ》案《あん》で、小心翼々《しょうしんよくよく》としておののいている心がある。自分はそんな小さな人間だと思うけれども、時々、自分でも考えつかないようなことをやってのけることがある。そんな時は、「ああ、今日はうまくいった」と思う。周囲の人々からも、「あなた、素晴《すば》らしいじゃないですか」と言われる。そういうことを経験してみると、自分の中に二つの「我」がいるということを感じはじめる。

それで、「小我《しょうが》」というのは、罪深い自分、小心翼々として恐《おそ》れおののいて生きている自分のことをいいます。それに対して「大我《たいが》」とは、大胆不敵《だいたんふてき》な自分、希望と愛と喜びに満ちた自分のことです。

この二つの性質が誰《だれ》にでもあるんです。そして、この「大いなる我《われ》」に目覚めることが信仰なんです。キリストが、「父なる神によってわたしに与《あた》えられたものは、大いなるものだ。そして誰も父なる神の御手《みて》からそれを奪《うば》い取《と》ることはできない」と言われるのは、この「大いなる我」のことなんです。

皆《みな》さん、どうでしょうか。お互《たが》い二つの我をもっているというならば、どちらを神様に握《にぎ》っていただいているか。卑《いや》しい惨《みじ》めな罪の自分を握っていただいているのか。そんなものは、神様といえども握《にぎ》りたくない。神様がほんとうに喜ばれるのは、もう一つの我、大いなる我である、ということに気がつかなければなりません。

イエス・キリストの弟子《でし》たちは皆《みな》、この世的には無学な、地位の低い卑《いや》しい人たちでした。しかし、神の目には尊《とうと》い者たちであった。それは、彼らの中の大いなるもの(大我《たいが》)が神様に握られていたからです。私たちもここで、大いなる我《われ》を目覚ましめることが大事です。それを神様に握っていただくなら、より大きな我に力がぐんぐん増し加わってきて、運命がすっかり変わってゆきます。

神の声を聞くとき

人は、順調な時には常識的な普通《ふつう》の歩き方、生き方をしておればいいですから、信仰しなくてもやってゆけます。けれども、不治の病にかかったり、家庭問題で悩《なや》んだり、経済《けいざい》的《てき》に破綻《はたん》したりして、いろいろな躓《つまず》きがあったりすると、どうにもならなくなって「神様!」と叫《さけ》ばざるをえなくなります。

詩篇《しへん》四六篇に次のように書いてあります。

神はわれらの避け所《さどころ》また力である。
悩《なや》める時のいと近き助けである。
このゆえに、たとい地は変り、
山は海の真中《まなか》に移るとも、われらは恐《おそ》れない。
たといその水は鳴りとどろき、あわだつとも、
そのさわぎによって山は震《ふる》え動《うご》くとも、
われらは恐れない。……
もろもろの民《たみ》は騒《さわ》ぎたち、もろもろの国は揺《ゆ》れ動《うご》く、
神がその声を出されると地は溶《と》ける。
万軍《ばんぐん》の主はわれらと共におられる、
ヤコブの神はわれらの避け所である。
来て、主のみわざを見よ、
主は驚《おどろ》くべきことを地に行われた。
主は地のはてまでも戦いをやめさせ、

弓を折り、やりを断《た》ち、戦車を火で焼かれる。
「静まって、わたしこそ神であることを知れ」。（一～一〇節）

戦争や大地震《おおじしん》、洪水《こうずい》などになりますと、社会は混乱《こんらん》し、誰《だれ》でもあわてます。けれども、この詩人はそのような時にも恐《おそ》れず、あわてないと言う。それはどうしてかというならば、彼は「静まって、わたしこそ神であることを知れ」という神の声を魂に聞いて、もう一つの「大いなる我」に目覚めたからです。

宗教とは魂の目覚めである

「伝道」という言葉があります。けれども、「道を伝える」とか「宗教を伝える」などということが、そもそも間違《まちが》いのもとです。

私は、何かを教えようとはしてきませんでした。私は、いつでも皆《みな》さん方の胸《むね》を揺《ゆ》るがして、魂を目覚めさせることを主眼にしてきました。それは、皆さんの魂が目覚め、目が開けさえするならば、驚《おどろ》くべき力の流れ、生命があることを発見なさるからです。目が見えない間は、たとえ私がどんなに輝《かがや》かしい光景の話をしても、その人にはわかりません。ですから私の伝道は、一貫《いっかん》して魂を目覚ましめることにあります。

宗教とは、魂の目覚めなんです。

何かの教えを伝えるというのが普通《ふつう》の宗教でしょう。

しかしキリストの宗教は、人々の魂を目覚めさせ、信じる心を奮《ふる》い立《た》たせ、素晴《すば》らしい生命を受け取らせるところに主眼がありました。目覚めない間は、どれだけやっても駄目《だめ》です。

大いなる我を育てること

私たちは、こうして原始《げんし》福音《ふくいん》を標榜《ひょうぼう》して伝道しておりますと、さまざまな中傷《ちゅうしょう》や迫害《はくがい》がやってきます。日本基督《キリスト》教団では、原始福音対策《たいさく》協議会なるものを開き、私たち原始福音に対しての批判論文集《ひはんろんぶんしゅう》を出そうとしているという。

私はそのようなときに、不安がるよりも、「よーし！」と武者震《むしゃぶる》いします。小さな自分を見たら怖《こわ》いです。人から悪く言われたくないです。お利口だと言われたほうが嬉《うれ》しいです。しかしそのときに、もう一つの自分が「よーし、私はこの戦いを受けて立とう。攻撃《こうげき》するなら攻撃せよ」と奮《ふる》い立《た》ちます。

これは何かというならば、人間には二つの我があるんです。

圧迫を受けると、弱い肉なる我はまいってしまう。そして、「もうこれ以上の圧迫《あっぱく》は嫌《いや》です」と言いたくなる。時には卑怯《ひきょう》にも、その場を上手に取《と》り繕《つくろ》って事を済《す》ませようとする。けれども、もう一つの我は、つつかれ圧迫されると、「よーし、やるぞ！」と言って勇み立ちます。

宗教を志す者にとって大事なことは、この大いなる我を育てることです。困難《こんなん》に対して、それに挑《いど》もう、突破《とっぱ》しよう、前進しよう、向上しようとするのは、この大いなる我です。この大いなる我の力がぐんぐん強まってきたら、小心翼々《しょうしんよくよく》たる卑怯な自分の影《かげ》はだんだん小さくなってゆきます。

多くの人の信仰を見ていると、大いなる我は育てずに、小さな我の駄目《だめ》さをついて、「なんて自分は駄目なのだろうか」と嘆《なげ》いておられる。しかし、すべてに対して恐《おそ》れがちな小さな自分、卑怯で消極的な自分を問題にしている間は救いはありません。

ところが、大いなる我、神なる我が、キリストの生命を受けてぐんぐん強まりだしますと、いつしか小さな我、罪の自分は影《かげ》を消してしまいます。無いとは言わないけれど、ほんとうに小さくなってしまう。そして、「こんなとき、昔だったら恐《おそ》れてばかりいただろうけれども、今ではなんでこんなに勇み立つことができるのだろうか」と言って、今までとは違《ちが》った自分を発見するものです。ですから、この大いなる我を目覚ましめ育てることが大事なんです。

抜山蓋世《ばつざんがいせい》の力を知る

イエス・キリストは、「わたしが父なる神様から与《あた》えられているものは、大いなるものだ」と言われます。しかしイエスの弟子《でし》たちは、ペテロでもヨハネでも大いなる者ではありませんでした。イエスが十字架《じゅうじか》にかけられるとなると、恐れて逃《に》げ去《さ》ってしまうような弱い者たちでした。だが神様は、彼らの中にある大いなるものを握《にぎ》っておられた。それを神様が握られた以上、神様は放されない。それで後には、彼らは偉大《いだい》な生涯《しょうがい》を歩むに至《いた》りました。

もしお互《たが》い、神からすぐ離《はな》れがちな弱い自分があるというならば、それはあなたの魂が目覚めていないからです。神の御手《みて》に握《にぎ》られる魂は、いつも光《ひか》り輝《かがや》いて希望と愛と喜びに満ちている。信仰に満ちている。神のごとくに無限に赦《ゆる》し、無限に愛し、無限に信じる。背《そむ》かれても信じるような、大きな我というものがあるんです。しかし、今はそれが眠《ねむ》っている。目覚めだしたなら、そして神様がそれを握りだされたなら、キリストはその魂を通して大いなることをなさることができます。

こういう霊的な啓発《けいはつ》は、普通《ふつう》の世の中ではなかなか行なわれません。これは教育の仕事ではありません。宗教の仕事です。

「religion《レリジョン》　宗教」の原意は「結合」であるというけれども、何と何が結合するのか。私たちの魂にある、大いなる我と呼《よ》ばれるものが、神と結合するんです。この我が、宇《う》宙《ちゅう》の根本である神に握られだしたら、運命は劇的《げきてき》に逆転しはじめます。下り坂の運命が好転し、上り坂になる。

ですから私は、「宗教を伝える」とは言いません。「あなたの魂を目覚めさせよ！」と言う。魂が目覚めなければ、どんなにお話ししても無駄《むだ》だからです。魂が目覚めるならば、抜山蓋世《ばつざんがいせい》(山を抜《ぬ》き取《と》るほどの力と、世を覆《おお》うほどの気力)の驚《おどろ》くべき力が自分にあることを知ります。ですから、霊なる我《われ》である大我《たいが》と、肉なる我《われ》である小我《しょうが》を対等に置いてはいけません。聖霊が私たちに臨《のぞ》むというのは、霊なる我に臨むからです。

ひとたび魂が目覚め、聖霊が臨んで霊なる我が力強く息づいてきさえすれば、ぐんぐん押《お》しまくってゆくことができるようになる。今までは、奴隷《どれい》のように小さく縮《ちぢ》こまって生きていたのに、勇者のごとくに立ち上がることができます。

そのような二つの自分がある、ということをよくお考えになることが、まず必要です。キリストが握《にぎ》ろうとしておられる大いなる我、御手《みて》に握ったら放さないと言われる尊《とうと》い霊魂が、皆《みな》さんの中にはあるんです。

大浪関《おおなみぜき》とビタ銭《せん》*

明治年間のことです。大浪という力士がおりました。

この力士は体格も非常に良いし、稽古《けいこ》熱心だが、土俵《どひょう》に立つと負ける。あれだけの体と技《わざ》をもっているのに、どうして負けるのだろうか、と皆が不思議がりました。

ところが、ある高名な禅《ぜん》の老師が大浪関の不評判《ふひょうばん》を耳にして、「ひとつ、わしが大浪に会ってみよう」と言った。

「老師がそう言われるのなら、連れてきましょう」というわけで、大浪が連れてこられた。

すると老師は大浪に、

「だまされたと思って、わしの言うとおりにせい。そうしたら、必ず勝つようになる」と言って、大浪をお寺のお堂に籠《こも》らせた。そして老師が言うのに、

「よいか、どのように眠《ねむ》くなろうとも、今夜一晩《ひとばん》、寝《ね》てはいかん。そして、目の前の仏像をにらみつけて、こう言え、『おまえが釈迦《しゃか》か！　おれは大浪！　おまえが釈迦か！　おれは大浪！』と」。大浪は言われたとおりに、

「おまえが釈迦か！　おれは大浪！」と言っていたら、だんだん瞼《まぶた》が重たくなってきて眠くなる。けれども、絶対に寝てはいかんと言われたから、体をつねってみたり、いろいろするけれども眠くてしょうがない。それで、お尻《しり》の付近を痛《いた》くしたら眠らないだろうと思って、煙草《たばこ》入れの飾《かざ》りにしていたビタ銭《せん》をお尻の下に立てて一晩過ごした。すると、不思議なことが起きた。

その翌日《よくじつ》以来、土俵《どひょう》に立ったら、今まで負けてばかりいた大浪が、相手は小結《こむすび》だろうが関脇《せきわけ》だろうが大関だろうが、鋼《はがね》のようにバンと跳《は》ね返《かえ》して負かしてしまう。どうにも始末に負えないくらい強くなった。
このような天下無敵《むてき》の力が、どうして一夜にして与《あた》えられたのだろうか、と皆《みな》が驚《おどろ》いたという話があります。

本来の面目を発見する

それである人が、

「どうしてあなたは、一夜にしてあんなに強くなったのか?」と大浪に聞くと、

「あの夜、老師に言われたとおりに、『おまえが釈迦《しゃか》か！おれは大浪！』と繰《く》り返《かえ》しているうちに眠《ねむ》たくなって、尻《しり》の下にビタ銭《せん》を据《す》えた。ところが、そのうち夢見心地《ゆめみごこち》にな

った。すると、尻《しり》の下のビタ銭《せん》がどんどん波打つように増えてきた。それがぐらぐら大波のように揺《ゆ》れだした。夢か幻《まぼろし》か、自分はビタ銭の大波の上に浮《う》かんでいる。その時に、今まで自分はビタ銭のようにつまらないやつだと思っていたのに、そうではなかった。ビタ銭を尻に敷《し》いているおれは大浪だ！　という大きな気持ちになった。その気持ちのまま次の土俵《どひょう》に立ったら、今までどうしても負けていた相手がビタ銭に思えてきた。それで『おれは大浪！　どんな者が来ても、相手はビタ銭だ、エイッ！』という気持ちで取り組んだら勝ったのだ」と言いました。

どうでしょうか。大浪という力士は本来の面目ともいうべき、もう一つの「我」を発見したんです。今までは、ビタ銭のように卑《いや》しく、小さく情けない自分だと思っておったのに、急に「大いなる我」の自覚に立った。その時に、それまでの小さな自分を踏《ふ》みつけてしまうような、大きな自分が現れてきたんです。

宗教はこれです。宗教は、神に通じる魂、すなわち永遠の生命を受ける魂を目覚ましめることにあるんです。

神と結合する宗教体験を

誰《だれ》にでも神に通じる心はあります。しかし、多くの人はそれを押《お》しのけて、自分中心な、小心翼々《しょうしんよくよく》としている我によって生きております。不安におののき、自分を守るのに精いっぱいですから、人とぶつかって争い事ばかり、確執《かくしつ》ばかりが起きてくる。

それでは、すべてを包容して生きるというような、大きな自分というものが現れてはくれません。常識的な、小賢《こざか》しく利己的《りこてき》で、小さく縮《ちぢ》こまっている心では、神に通じることはない。

私たちは「信仰、信仰」と言いますけれども、もう一度、目覚める必要があるのではないか。目覚めた、大いなる我が神を信じるのでないならば、キリストの言われるような神と一つになることはありません。

もし目覚めているならば、人の目には卑《いや》しく見えても、神様の目には尊《とうと》く見える。そして、神様が握《にぎ》って放さないとまで言われるぐらいの者となります。そのような魂の目覚めは、私たちが行《ゆ》き詰《づ》まって逃《に》げ出《だ》したくなるような状況《じょうきょう》で、「神様！」と叫《さけ》びだすときに起こってきます。

「神なる我」などと聞いてはいても、他人事《ひとごと》のように思っていた。しかし、それが目覚めだし、やがて自分の心をすっかり占領《せんりょう》しはじめると、それまでの自分はどこに行ったかわからないくらいに、もう一つの我が輝《かがや》き出《で》てまいります。

今までは、神様を「あなたは」と外に拝《はい》していたのに、「あなたは、わたしです」という言葉のように、聖霊が自分を占領し、自分を通して語るほどに現れてくださる。これが、キリストが「わたしと父とは一つである」と言われた宗教体験です。

どうぞ、それくらいまでに、私たちは全く神に握《にぎ》られて生きたい。

そのためには、どうしたらいいのか。

今までの、あなたの心の使い方が間違《まちが》っていたんです。もう一つの我があるということを知らずに信仰していたために、どうしても信仰が伸《の》びなかったんです。もう一つの大いなる我が力をもってきたら、今までの駄目《だめ》な我はいつの間にか消えてしまいます。これが目覚めさえすれば、信仰はぐんぐん成長するでしょう。

キリストが、「父がわたしに下さったのは、すべてより大いなるものである。それをわたしの手から奪《うば》い去《さ》る者はいない。神様も握《にぎ》って手放されない」というような密接不離《みっせつふり》な、神と人間との結合関係、このことが大切であります。

これは私の説明だが、どうぞ、目覚めなさるのはお一人おひとりです。

（一九六三年七月三日　熊本）

＊宮きよめの祭り…紀元前二世紀、ユダヤの国はセレウコス朝シリアの支配下にあった。シリアの王アンティオコス四世エピファネスは、ユダヤのヘレニズム化を進め、ついにはエルサレムに軍を送って神殿《しんでん》の財宝《ざいほう》を略奪《りゃくだつ》、破壊《はかい》し、そこに異教《いきょう》の神ゼウスの祭壇《さいだん》を築いて聖所を汚《けが》した。その時、ユダ・マカベアを指導者としてユダヤの人々は立ち上がり（マカベア戦争）、エルサレムを奪回、汚された神殿を潔《きよ》めた。それを記念する祭りで、ハヌカ祭ともいう。

＊ヨハン・ヴォルフガング・フォン・ゲーテ…一七四九〜一八三二年。ドイツを代表する文豪《ぶんごう》、自然科学者、政治家。

＊ビタ銭《せん》…表面がすり減った粗悪《そあく》な銭《ぜに》。価値《かち》の低い悪銭。

〔第五六講 聖句 ヨハネ伝一一章一～一六節〕

1さて、ひとりの病人がいた。ラザロといい、マリヤとその姉妹《しまい》マルタの村ベタ
ニヤの人であった。2このマリヤは主に香油《こうゆ》をぬり、自分の髪《かみ》の毛で、主の足をふ
いた女であって、病気であったのは、彼女の兄弟ラザロであった。
3姉妹たちは人をイエスのもとにつかわして、「主よ、ただ今、あなたが愛して
おられる者が病気をしています」と言わせた。4イエスはそれを聞いて言われた、
「この病気は死ぬほどのものではない。それは神の栄光のため、また、神の子がそ
れによって栄光を受けるためのものである」。
5イエスは、マルタとその姉妹とラザロとを愛しておられた。6ラザロが病気で
あることを聞いてから、なおふつか、そのおられた所に滞在《たいざい》された。7それから弟《で》
子《し》たちに、「もう一度ユダヤに行こう」と言われた。8弟子たちは言った、「先生、
ユダヤ人らが、さきほどもあなたを石で殺そうとしていましたのに、またそこに行
かれるのですか」。9イエスは答えられた、「一日には十二時間あるではないか。昼

間あるけば、人はつまずくことはない。この世の光を見ているからである。10しか
し、夜あるけば、つまずく。その人のうちに、光がないからである」。
11そう言われたが、それからまた、彼らに言われた、「わたしたちの友ラザロが
眠《ねむ》っている。わたしは彼を起しに行く」。12すると弟子《でし》たちは言った、「主よ、眠っ
ているのでしたら、助かるでしょう」。13イエスはラザロが死んだことを言われた
のであるが、弟子たちは、眠って休んでいることをさして言われたのだと思った。
14するとイエスは、あからさまに彼らに言われた、「ラザロは死んだのだ。15そ
して、わたしがそこにいあわせなかったことを、あなたがたのために喜ぶ。それは、
あなたがたが信じるようになるためである。では、彼のところに行こう」。16する
とデドモと呼《よ》ばれているトマスが、仲間の弟子たちに言った、「わたしたちも行っ
て、先生と一緒《いっしょ》に死のうではないか」。

第五六講

内なる光　ヨハネ伝一一章一〜一六節

ヨハネ伝一一章は、エルサレム近郊《きんこう》の村ベタニヤに住むラザロという人が病気で死に、イエスによって復活するという驚《おどろ》くべき記事から始まります。

イエスが愛された人々

さて、ひとりの病人がいた。ラザロといい、マリヤとその姉妹《しまい》マルタの村ベタニヤの人であった。このマリヤは主に香油《こうゆ》をぬり、自分の髪《かみ》の毛で、主の足をふいた女であって、病気であったのは、彼女の兄弟ラザロであった。

姉妹たちは人をイエスのもとにつかわして、「主よ、ただ今(見よ)、あなたが愛しておられる者が病気をしています」と言わせた。（しかし）イエスはそれを聞いて言われた、「この病気は死ぬほどの（死に至《いた》る）ものではない。それは神の栄光のため、また、神の子がそれによって栄光を受けるためのものである」。

イエスは、マルタとその姉妹《しまい》とラザロとを愛しておられた。　（一一章一～五節）

ここに、「イエスは、マルタとその姉妹とラザロとを愛しておられた」とありますが、イエス・キリストが愛されたマルタと妹のマリヤ、またその弟のラザロとは、どういう人たちだったでありましょうか。「このマリヤは主に香油《こうゆ》をぬり、自分の髪《かみ》の毛で、主の足をふいた女であった」（一一章二節）とあります。

ルカ伝七章三六節以降《いこう》を読んでみると、「マリヤ」という名は記されていませんが、匿《とく》名《めい》の女のことが次のように書かれています。

――ある時、一人のパリサイ人《びと》がイエスを家に招いた。すると、その町で「罪の女」といえばすぐわかるような、汚《けが》らわしい過去をもつ女が、その家にイエスがおられることを聞いてやって来た。彼女はイエスの足元に来て、涙《なみだ》でイエスの足をぬらし、自分の髪の毛

ベタニヤ村　©ミルトス

で拭《ぬぐ》い、その足に接吻《せっぷん》して香油《こうゆ》を塗《ぬ》った。

パリサイ人はそれを見て、心の中で「もしこの人が預言者であるなら、自分にさわっている女がだれだか、どんな女かわかるはずだ。それは罪の女なのだから」（七章三九節）と言った。

それに対してイエスは女をかばい、パリサイ人に「この女は多く愛したから、その多くの罪はゆるされているのである。少しだけゆるされた者は、少しだけしか愛さない」（七章四七節）と言われた――。

この女が、マリヤであったといわれます。

マリヤは「罪の女」と呼《よ》ばれて、町じゅうから辱《はずかし》められておりました。人に言えないような恥《は》ずかしい過去があったのです。

そんな汚《けが》らわしい女に平気で触《さわ》らせているのが宗教家だろうか、預言者だろうか、というのがパリサイ人の言い分です。だが、イエスは黙《だま》って、その女のなすがままにさせて、彼女を弁護なさいました。

これがイエス・キリストの姿《すがた》です。

こういう箇所《かしょ》を見ると、今の道徳的なクリスチャンの描《えが》くイエスの理想像と、聖書が現実に記しているイエスの姿に、だいぶ開きがあることがおわかりだろうと思います。

また弟のラザロは、他の福音書《ふくいんしょ》を見ると、らい病だったようです。らい病は当時、最も忌《い》み嫌《きら》われた病です。イエスが特に愛した三人の姉弟《きょうだい》、それは町じゅうの嫌われ者でした。しかし、このラザロを、またマルタ、マリヤ姉妹《しまい》を主は愛しておられた。

このことは私にとって、どれだけ慰《なぐさ》めであるかわかりません。人は私の過去をとがめて、「ああだった、こうだった」と、あることないことを言います。しかし、そんなことはどうでもいい。私は今、主に愛されているラザロである。昔は心のただれきった人間であったけれども、今はキリストの愛の瞳《ひとみ》の中に入れられている自分を思う時に、「神様、もうこれで十分でございます」と言うことができます。

神の霊によって新生する経験

多くの人が私に、「どうしたら神に愛される人間になることができるでしょうか?」とか、「どうしたらクリスチャンとして、勝利ある信仰生涯《しょうがい》を送ることができるでしょうか?」などとご質問になります。私も、昔はそういう質問をしたものでした。しかし今では、そういうことを言わない人間に変わってしまいました。

どこから変わったのか。それはヨハネ伝三章に、皆《みな》さん方が怪《あや》しむような聖句がありますが、その言葉どおりの経験をしたからです。

ヨハネ伝三章の初めに、パリサイ人であったニコデモとイエス・キリストとの問答が記されています。ニコデモがイエスの許《もと》に来て、

「神がご一緒《いっしょ》でないなら、あなたがなさっておられるようなしるしは、だれにもできはしません」(三章二節)と言いました時に、キリストは、

「よくよくあなたに言っておく。だれでも新しく(上より)生れなければ、神の国を見ることはできない」(三章三節)と答えられた。ニコデモは立派《りっぱ》な宗教家で、上流階級の人でし

た。けれども、そのニコデモに対してキリストは、

「あなたは、聖書知識もあり宗教的人物であると自分で思っているかもしれないが、新しく生まれなければ神の国を見ることはできないのだ」と言われた。それに対して、

「人は年を取ってから、もう一度、母の胎《たい》に入って生まれ直すことが、どうしてできますか」とニコデモが愚《おろ》かな質問をしますと、キリストは、

「肉から生れる者は肉であり、霊から生れる者は霊である。あなたがたは新しく生れなければならないと、わたしが言ったからとて、不思議に思うには及《およ》ばない」(三章六、七節)と答えられた。ここで「生れなければならない」とある箇所《かしょ》は、「δεῖ《ディ》 ～しなければならない、必ず～することに決まっている」というギリシア語が使われています。

それで、もし皆《みな》さんが「どうしたらイエス・キリストのような不思議な生涯《しょうがい》、神の霊がしるけく臨《のぞ》む生涯が送れるでしょうか?」と問われるならば、キリストは「あなたは新しく生まれなければならない。風は思いのままに吹《ふ》く。あなたはその音を聞くが、風がどこから来て、どこへ行くかは知らない。そのように、どこからともなく吹いてくる神の霊の息吹《いぶき》に当てられて、生まれ直すことだ。かつて母の胎内からこの世に生まれてきたよう

に、今度は霊界に、地上から天に生まれなければならない」と言われる、ということです。

地上を天国さながらに生きる

どうでしょうか。私たちは地上を歩きながら、「私の国籍《こくせき》は天にあり、私のホームは天です」と言って、天国さながらに歩いているでしょうか。

もし私たちが、霊的な生まれ変わりを胸《むね》の中に経験するならば、見るものすべてが変わってまいります。今まで、自分の生きている場所は物質の中だ、地上界だと思っていたのに、魂がキリストにあって産声《うぶごえ》を上げると、天上の雰囲気《ふんいき》に包まれているような光景に出合うということです。クリスチャンといいながら、このような霊的新生の経験を知らないならば、なんと哀《あわ》れむべきことであろうか。

「どうしたら先生のような信仰生活を送ることができますか?」と聞かれるけれども、私は皆《みな》さんと同じ人間であって何も変わりがありません。しかし、確かに違《ちが》うというのであれば、わがホームはすでに天である、ということです。

地上に何をもち、何を蓄《たくわ》えようが、私にはちっとも楽しくない。天上のことを思い、霊界を夢み、自分が地上に霊界の一部をもっていることをひたひたと感じるときに、「幸せだなあ」とつくづく思います。また、この霊のホームを慕《した》うたくさんの兄弟姉妹《しまい》たちに囲まれている自分を見ると、なんと嬉《うれ》しく、ありがたいことだろうかと思います。

「聖霊によって新しく生まれる経験をしなければならない」――これは、キリストが今日も同様に言われている言葉だと思います。

生けるキリストの証人

たとえどのような罪を犯《おか》し、らい病を身にまとっていても、ひとたび聖霊を受けて新たに誕生《たんじょう》した者たちを、キリストは愛される。ここに、イエスがマルタとその妹弟《きょうだい》であるマリヤとラザロを非常に愛しておられた理由があります。

彼らは、地上においては全く気の毒な人たちでした。しかし、イエス・キリストはこういう人たちを愛しておられたことを読むときに、聖書は二千年前の物語ではない、私の物語だ――そう思います。

ひとたびキリストの息吹《いぶき》に触《ふ》れ、キリストの霊が脈打つようになってからというもの、自分でも自らの変化に驚《おどろ》く経験があるんです。

キリストは、「聖霊があなたがたにくだる時、あなたがたは力を受けて、エルサレム、ユダヤとサマリヤの全土、さらに地のはてまで、わたしの証人となるであろう」(使徒行伝一章八節)と言われました。キリストは聖なる霊であって、目には見えません。しかし、聖なる御霊《みたま》、キリストの御血汐《おんちしお》を受けた私たちを見ることによって、人々はキリストを見る。私たちを通して、キリストが証《あか》しされるということです。

多くの人は、「キリストは十字架《じゅうじか》に死んで、地上にはおられない」と言います。しかし、キリストの霊の御姿《みすがた》は、今もなお私たちの前に彷彿《ほうふつ》として在《あ》りたまい、いつも呼《よ》べば応《こた》えるように来たりたまいます。それだけではない、神を探《さが》し求《もと》める人たちは、私たちを見てキリストを知るようになる。私たちは生けるキリストの証人なんです。

また、このキリストの証人となった人たちこそ、マルタ、マリヤ、ラザロでした。

一切《いっさい》が神の栄光に

マリヤは、拭《ぬぐ》おうと思っても拭いきれない過去の罪に苦しんでいました。若《わか》い娘《むすめ》がひとたび純潔《じゅんけつ》を失いますと、一生涯《いっしょうがい》どれほど悩《なや》むか。その上、マリヤは「罪の女」と呼《よ》ばれて、誰《だれ》にでもわかるほど有名でした。「私の犯《おか》した過去の罪を忘《わす》れてください」と言っても、現実はどうにもなりません。

そのようなマリヤについて、キリストは何と言われたか。

「よく聞きなさい。全世界のどこででも、福音が宣《の》べ伝《つた》えられる所では、この女のした事も記念として語られるであろう」（マルコ伝一四章九節）と言われました。

これは、マリヤがイエスに香油《こうゆ》を塗《ぬ》って、メシア（救世主）としての油注ぎ*をしたことだけを指すのではないと思います。以前は、拭《ぬぐ》うべくもない罪に苦しんでいたマリヤ。それがイエス・キリストに触《ふ》れるや、全世界にその名が伝わるような聖女と変わったということも含《ふく》んでいるのでしょう。このように、心が変わり、血液も変わるまでに贖《あがな》われた娘《むすめ》を、キリストは深く愛されました。

救いとは、精神的な救いだけにとどまりません。マリヤの弟ラザロは、病のために死にました。しかし、イエス・キリストに触れる経験は、霊肉共に救われることです。ヨハネ伝一一章三節で、使いの者から「ラザロが病気だ」と聞いた時、キリストは「この病気は死ぬほどのものではない。それは神の栄光のため、また、神の子がそれによって栄光を受けるためのものである」(一一章四節)と言われました。

キリストの目には、一切合切《いっさいがっさい》が神の栄光を現す出来事に見えた。

その病は、神の栄光のための病である。すなわち、このことを通して、神の子が栄光を受けるためである、と言われる。「栄光を受ける」とは、ただ輝《かがや》かしいことが起こるという意味ではありません。「栄光」というのは、目に見えない神様が、見えるように現在するときに使われる語です。私たちも、あらゆる出来事を通して、神の栄光を現す生き方をしなければなりません。

心に灯火《ともしび》をもつならば

ラザロが病気であることを聞いてから、なおふつか、そのおられた所に滞在《たいざい》された。それから弟子《でし》たちに、「もう一度ユダヤに行こう」と言われた。弟子たちは言った、「先生、ユダヤ人らが、さきほどもあなたを石で殺そうとしていましたのに、またそこに行かれるのですか」。イエスは答えられた、「一日には十二時間あるではないか。

昼間あるけば、人はつまずくことはない。この世の光を見ているからである。しかし、夜あるけば、つまずく。その人のうちに、光がないからである」。（一一章六～一〇節）

キリストは、愛していたラザロが病気だと聞いたのですから、急いでベタニヤに行かれればよいのに、なお二日もぐずぐずしておられました。

それで、「これは、ラザロを死なせておいて、後に奇跡《きせき》が起きるなら皆《みな》が驚《おどろ》くからだ」と解釈《かいしゃく》する人もいます。また、イエスが遅《おく》れて来られたため、マルタとマリヤは「あなたがここにいてくださったなら、弟は死ななかったでしょう」とイエスに愚痴《ぐち》をこぼしておりますす。このように、「彼女たちの不信仰を暴露《ばくろ》するために、わざと遅れたのだろう」と言う学者もいます。

そうかもしれない。しかし、私はそうとも思いません。キリストは、どんなときも父なる神の懐《ふところ》の中におられました。そして、すべてのことをお見通しでありましたから、普通《ふつう》の人のように、愛する者が死んだといっても騒《さわ》がれず、あわてられない。泰然自若《たいぜんじじゃく》として生きておられました。ここに、神の子のお姿《すがた》を見ることができます。

二日経《た》ってから、キリストは「もう一度ユダヤに行こう」（一一章七節）と言われた。すると弟子《でし》たちは、「先生、ユダヤ人らが、さきほどもあなたを石で殺そうとしていましたのに、またそこに行かれるのですか」（一一章八節）と言っておびえます。マルタたちの住むベタニヤは、イエスを殺そうとした宗教家たちのいるユダヤ地方にあるからです。

しかし、それに対してキリストは何と言われたか。

「一日には十二時間あるではないか。昼間あるけば、人はつまずくことはない。この世の光を見ているからである」（一一章九節）と言われた。当時のユダヤ人は、日の出から日没《にちぼつ》までを十二等分して十二時間としました。日中に歩くならば、人間は躓《つまず》くことはない。石打ちする者がどこにおるかもわかるし、ちっとも怖《こわ》いことはない。どこが危《あぶ》ない谷であり、山であり、坂であり、崖《がけ》であるかということが、太陽の光によってわかるからです。

しかし、夜歩けば躓きます。谷底に落ちないとも限りません。普通《ふつう》なら真っ暗な夜に歩くのは危ないけれども、キリストは「これから起ころうとすることが、すべて見通せてわかるから、恐《おそ》れずに行くのだ」と言われる。このようにキリストは、この世の物理的な光ではない、不思議な光があることをお示しになりました。

「夜あるけば、つまずく。その人のうちに、光がないからである」(一一章一〇節)。

ここでいう「夜」というのは、ただの夜ではありません。心の闇《やみ》、霊的な闇のことです。霊的に真っ暗な者は「ユダヤ行きは危《あぶ》ない」と恐《おそ》れるかもしれないが、それはその人の内に光がないから、心の灯火《ともしび》がないからです。

キリストは、「わたしは世の光である。わたしに従《したが》って来る者は、やみのうちを歩くことがなく、命の光をもつであろう」(ヨハネ伝八章一二節)と言われました。信仰とは、この生命の光を得ることにあります。

詩篇《しへん》一八篇に、次のような有名な聖句があります。

あなたはわたしのともしびをともし、
わが神、主はわたしのやみを照されます。(二八節)

神は、私たちの心の、無明の闇を照らしたもうお方です。

キリストにあって新しく生まれた者には、このようにこの世の明かりではない、霊的な明かり、心の灯火が胸《むね》に灯《とも》される経験があります。

一隻眼《いっせきがん》開けて

キリストは、「山上の垂訓《すいくん》」の中で次のように言われました。

「目はからだのあかりである。だから、あなたの目が澄《す》んでおれば、全身も明るいだろう。しかし、あなたの目が悪ければ、全身も暗いだろう。だから、もしあなたの内なる光が暗ければ、その暗さは、どんなであろう」。（マタイ伝六章二二、二三節）

ここで「目」というのは、ギリシア語原文では三か所とも「*ο οφθαλμος*《ホオフサルモス》」と単数形で書かれています。目は両眼あるものですから、複数形で書かれなければならないはずですのに、単数形になっている。また、「あなたの目が澄んでおれば」とあるが、「*απλους*《ハプルース》　澄んでいる」という語は、英語では「single《シングル》（ただ一つの）」と訳《やく》されているように、「単一の、純一《じゅんいつ》の」という意味です。

ですから、「あなたの目が澄んでおれば」というのは、「あなたの一つの目が純一であるならば」という意味です。もしあなたが、自分にはそういう内なる光がないといって嘆《なげ》くなら、それは、あなたの目がシングル（単一）でないからです。

インドを旅行しますと、いろいろと珍《めずら》しい偶像《ぐうぞう》があります。その中で、両眼の他《ほか》に眉間《みけん》に大きな目がついていて、そこに水晶玉《すいしょうだま》などを入れてある像があります。インド人は、そのような像を非常に大事にしておりまして、たくさんの人が参拝《さんぱい》する。この眉間にある第三の眼《め》は、心の眼を象徴《しょうちょう》しているのであって、肉眼のことではありません。

同様にキリストがここで、「あなたの一つの目が明るければ、全身も明るい」と言われるとき、これは肉眼ではない、心眼、霊眼のことを言っておられるんです。このことを仏教では「法眼《ほうげん》」*とか「一隻眼《いっせきがん》」といいます。

この一つの目が明るくなかったら、その暗さはいかばかりだろうか。また、一つの目が明るかったなら、どんなに身体《からだ》じゅうに後光が射《さ》すくらい明るいだろうか、とキリストは言われる。

ここに、心の光、内なる光の尊《とうと》さがあります。宗教は、この内なる光が照り出すことです。明かりを消してしまえば、もしここに何か物があっても見えません。光があればこそ存在《そんざい》がわかります。同様に、霊的な光、心の光が灯《とも》らなければ、神の存在もわかるものではありません。キリストが与《あた》えたもう恵《めぐ》みは、ただ病気が癒《い》やされたり、事業が成功したり、ということだけではありません。この光によって、心の内に外に、いろいろなものが見えだす経験であります。

内なる光、内なる声

世界のキリスト教徒の中で、平和を愛し、行ないの立派《りっぱ》な群れであるといわれるのは、*クエーカー派《は》の人たちです。国際連盟《れんめい》の事務次長であった*新渡戸《にとべ》稲造《いなぞう》先生も、彼らの仲間でした。

このクエーカー派が非常に尊《とうと》んでいるものが二つあります。

その一つは、「inner light《インナー　ライト》　内なる光」です。自分の心の内奥《ないおう》に光がないならば、心の内は真っ暗です。物質が存在《そんざい》しても光がなければ見えないのと同じように、神が実在していても、内なる光が心の中を照らしていない限りわからない。

私たちにとって、宗教の議論《ぎろん》を聞くよりも、まず大事なことは内なる光が灯《とも》されはじめるということです。心の灯火《ともしび》が灯されずに何を聞いたって、「ああ、そうか」と思うだけで、実在そのものを認識《にんしき》することはできません。

もう一つ、クエーカー派《は》の人々は「inner《インナー》 voice《ヴォイス》 内なる声」を大事にします。それで、クエーカー派の集会に行きますと、皆黙《みなだま》って心を静めております。それは、彼らが神の声を聴《き》きたいからです。彼らの信仰の特徴《とくちょう》は、内なる静けき声を聴くことです。

寂聴《じゃくちょう》の祈り

私が昔から尊《とうと》び強調しているのも、この「寂聴」ということです。

私は、自分の部屋でも、声を上げて祈ることは絶えてありません。神様は、私のすべての必要を知りたもうのですから、「神様！」と大声を上げてせがむのでなく、「神様、どうしましょう、どうぞ御声《みこえ》を聴かせてください」と静かに耳をそばだてて聴きます。それは外から耳に聞こえる声ではなく、内側に聞こえてくる声です。その御声を聴こうとするだけです。

こういう公《おおやけ》の集会では、自分の意志を表現するために声を出しますよ。しかし、独りで祈るときに声を立てることはありません。私の祈りは寂聴の祈りです。それで、「寂聴《じゃくちょう》庵《あん》」と名づけた、若《わか》い人たちの修養道場を熊本に作っておりました。彼らが静けき神の声を聴《き》くようになることを願ってのことです。

ただ私も時には、静かに祈っていても、だんだん嬉《うれ》しくなってエクスタシー状態になると、沈黙《ちんもく》するにはあまりに強烈《きょうれつ》な喜びのエネルギーが湧《わ》きだしてきて、ついには「お父様、嬉しいです！」と言ってしまうことがありますけれども、それは結果であって、初めから声を出して祈るわけではありません。

私も昔は、雑念が湧いてくるので、「神様！」と声を出して祈っておりました。声を出して祈ると、よく集中できるからです。そうでないと、「あっ、あの人にお金を渡《わた》すのを忘《わす》れておった」などと、すぐ祈りは脱線《だっせん》します。しかしある時から、私は声を出す必要がなくなりました。今は静かな祈りを楽しんでおります。

まばゆいような光に撃《う》たれておりますと、光に酔《よ》うようで、うっとりします。それは酒を飲んだ時にも勝《まさ》る、もうたまらない喜びです。キリストの御顔《みかお》を見上げるだけで、満ち足りるような光があります。これを「内なる光」というんです。この内なる光に撃たれることが、信仰生活にとって大切であります。この光に撃たれることをしませんと、危機《きき》に瀕《ひん》してうろたえます。間違《まちが》えます。自分自身の出処進退《しゅっしょしんたい》を誤《あやま》ります。

私たちは、内なる光に照明されて物事を見、事柄《ことがら》を判断することが大事です。内なる光で判断しますと、物事の実相、真相がよくわかってきます。宗教の目的は、この心の内の光を発見し、この光の輝《かがや》きを増してゆくことにあります。ですから、宗教生活にとって肝心《かんじん》なことは、心の中が晴れわたるような状況《じょうきょう》になるまで祈りに祈ることです。愛と喜びと平安な光が満ちみちるようになるために、祈るんです。

私は今、熊本と大阪を行き来して集会をしています。

先日、大阪に来ている間に、熊本である青年が書き置きを残して家出したことがありました。それを見て、皆《みな》が恐《おそ》れました。「危《あぶ》ない、自殺でもするのではないか」と言って、「阿蘇山《あそさん》に捜《さが》しに行こうか。あちらだろうか、こちらだろうか」と皆で捜しました。また夜になると、皆が心配し、「警察《けいさつ》に捜索願《そうさくねがい》を出そうか」と言います。だが私は、「神様が彼を守りたもう。大丈夫《だいじょうぶ》だ。そう自分の心に感じる」と言いました。翌日《よくじつ》になると、私が言ったとおりの結果でした。このようなことはどこからくるか?

これは内なる光が示すからです。内なる光に照らされますと、目で見、耳で聞くほどではありませんが、フッと合点することをいつも感じます。手に取るように、恐《おそ》ろしいほどわかります。

ですから信仰生活に大事なことは、キリストが「一つの目」と言われたところの霊眼に明かりを灯《とも》すことです。それが赤々と照ってこない間は、何をやっても駄目《だめ》です。内なる光は、危機《きき》に際して事柄《ことがら》の真相を示す。これは不思議な経験ですが、皆《みな》さん方も信仰生活を進めてゆくうえで同様な経験をもたれると思います。

「わたしは、この世にいる間は、世の光である」と言われる時に、キリストは普通《ふつう》の人の知らない、妙《たえ》なる不思議な光をもっておられた。これを私たちも、ぜひものにしなければなりません。

すべてを見通して

そう言われたが、それからまた、彼らに言われた、「わたしたちの友ラザロが眠《ねむ》っている。わたしは彼を起しに行く」。すると弟子《でし》たちは言った、「主よ、眠っているのでしたら、助かるでしょう」。イエスはラザロが死んだことを言われたのであるが、弟子《でし》たちは、眠《ねむ》って休んでいることをさして言われたのだと思った。

　するとイエスは、あからさまに彼らに言われた、「ラザロは死んだのだ。そして、わたしがそこにいあわせなかったことを、あなたがたのために喜ぶ。それは、あなたがたが信じるようになるためである。では、彼のところに行こう」。するとデドモと呼《よ》ばれているトマスが、仲間の弟子たちに言った、「わたしたちも行って、先生と一緒《いっしょ》に死のうではないか」。

（一一章一一～一六節）


　ここでキリストは、「わたしたちの友ラザロ」と言っておられます。「友ラザロ」と言われるほど、キリストの目には、世に捨《す》てられたラザロが尊《とうと》く見えました。私たちは、どんなに人から忌《い》み嫌《きら》われてもいい。主が「わが友よ」と御声《みこえ》をかけてくださるなら、それで十分であります。

　そして、「ラザロが眠っている」とありますが、「κοιμαομαι《コイマオマイ》　眠る」というギリシア語には、「熟睡《じゅくすい》する」という意味と、「永眠《えいみん》する、死ぬ」という二つの意味があります。また「わたしは彼を起しに行く」の「ἐξυπνίζω《エクシュプニゾー》　起こす」という語は、「眠りから覚ます」

という意味です。すると弟子《でし》たちは、「主よ、眠《ねむ》っているのでしたら、助かるでしょう」と言いました。昏睡《こんすい》状態程度だったら救われるでしょう、という意味ですね。

するとイエスは、あからさまに彼らに言われました、

「ラザロは死んだのだ。わたしはあなたがたのために喜ぶ、わたしがそこにいなかったことを。あなたがたが信じるために」（一一章一四、一五節　直訳《ちょくやく》）と。

ここで「喜ぶ」と言われるのには、二つの意味があります。一つは、弟子たちが信じるようになること。もう一つは、ご自分はそこにいないのに、すでにすべてのことが内なる光によって見通すようにわかっておられる、ということです。このように、霊眼が開けた者には不思議な生涯《しょうがい》が繰《く》り広《ひろ》げられてゆきます。

私たちも、イエス・キリストの弟子であるというならば、小さいながらもこれに似た経験をもたなければなりません。

大きな祝福を受《う》け嗣《つ》ぐ者に

こうして聖書を読みますと、キリストのご生涯がありありと目に浮《う》かぶようです。

イエス・キリストは、愛するラザロが死んでもあわてず、騒《さわ》がず、すべてがお見通しであった。なぜか？　それは、内なる光があったからです。内なる光に照らされて、遠くの出来事まで手に取るようにおわかりになりました。

信仰といえば、普通《ふつう》は罪や病気から救われることくらいに思いますけれど、それは消極的な信仰です。キリストは、離《はな》れている所のことも見通しておわかりになり、死んだ者をも蘇《よみがえ》らせるほどの不思議な栄光をお現しになった。

積極的な信仰とは、私たちもそのような大きな栄光を信じ、小さいながらもその栄光と祝福を受《う》け嗣《つ》ぐ者となることです。

世の中の人は、外なるものを受け取ることを喜びます。たくさんボーナスを貰《もら》い、お金を貯《た》めるのも嬉《うれ》しいでしょう。しかし、私たちは内なる光を嗣ぐ者になったことが幸せです。何はなくとも、内なる光に酔《よ》うようにしている毎日の自分、嬉しくてなりません。内なる光を蓄《たくわ》えている喜びの前には、この世の何ものもかないません。

ここでイエス様が、「もう一度ユダヤに行こう」と言われた時、弟子《でし》のトマスは「先生と一緒《いっしょ》に死のうではないか」と捨《す》て台詞《ぜりふ》のようなことを言いました。だが、イエス様の本心は、もっと驚《おどろ》くべき神の栄光を示すために弟子《でし》たちを連れてゆこう、ということでした。内なる光がなく、心が真っ暗な人間は、次の瞬間《しゅんかん》、何が起こるかがわかりませんから恐《おそ》れます。しかし、ここでキリストがなさろうとすることは、前代未聞《ぜんだいみもん》、死んだラザロが包帯を巻《ま》いたまま墓から出てくるという、驚くべき復活の奇跡《きせき》でした。

私たちは、次の瞬間に何が起こるか、大きく目を見開いて生きてゆかなければなりません。これから何があるか、今は真っ暗で何も見えません。しかし、キリストが来たりたもうならば、驚くべきことが起こる！　私たちは、それを明日から見とうございます。

どうぞ祈りの心を整えてください。（「主の黙照《もくしょう》」*を唱える）

塵《ちり》におきふすものよ　塵の中より立ち上がれ
塵におきふす魂よ　塵を払《はろ》うて立ち上がれ
　わが魂よ　罪の塵より　立ち上がれ
　　立ち上がって　耳を澄《す》まして　聴《き》け！

聞こゆるは　さやけき静かな　微細《ほそ》き声
しずにおとない給《たも》うは　主のみ跫音《あしおと》
黙々《もくもく》として来たり　照々として光る聖姿《みすがた》
一閃《いっせん》　かき消し給う　おごそかな光

内なる幕《まく》よ　上がれ　栄光の扉《とびら》よ　上がれ
栄光の主は　内なる至聖所《しせいじょ》に来たり給う
肉の幕よ　切って落ちよ　霊よ　目覚めよ
み光の主は　魂の内奥《ないおう》にて語り給う

脱落心身《だつらくしんしん》　心身脱落　わが肉よ　切って落ちよ
肉なる幕落ちて　至聖所は内にひらく
栄光の主は外に在《いま》さず　わが内に訪《おとな》い給う
魂の祭壇《さいだん》を清めて　ひたに主を迎《むか》えまつれ！

暗きは　わが身をおおい　盲目《めしい》の片意地《かたいじ》に泣く
　暗黒の底辺《そこべ》にも　照《て》り出《い》で給《たも》う神よ！
今こそ無明の常闇《とこやみ》を滅《めっ》し　わが心にみ光を点じ給え
　わが守護神キリストよ　心の祭壇《さいだん》に照り出で給え

「我ここに在《あ》り」　今ぞ照《て》り亘《わた》り給えば
　赤々と　祭壇に　火はもえぬ
　赤々と　魂の祭壇は　もえさかる
ああ　み光の主よ　またたき給え　われ伏《ふ》して拝《はい》しまつる

主はまたたき給う　主の聖顔《みかお》は照り給う
　栄光は　わが面《おもて》を照らし　わが心燃え
　　愛は情動し　知性輝《かがや》き　思想冱《さ》ゆ
貴神《なんじ》の黙照《もくしょう》に　うたれ　身魂《しんこん》もたえ入《い》りぬ

わが意志よ　わが感情よ　わが知性よ
今こそ　黙照《もくしょう》し給《たも》う主の御瞳《おんひとみ》を仰《あお》げ
わが魂よ　問題のすべてを　主の黙示にまかせまつれ
おん主は奇《くす》しき解決と　方法をもち給う

ひらめくは解決の曙光《しょこう》
どんな悩《なや》み　どんな問題も　神に委《ゆだ》ねて　問題でない
どんな障害《しょうがい》と苦難《くなん》も　私は怖《おそ》れない
勝利の光はさしこみ　希望がのぞいている

　信仰は　冒険《ぼうけん》を怖れぬ心
　怖れる間は　御愛もわからない
　思い切り　未知の国に歩いて行こう
〝私の前には　道はない

歩いた後に　道が作られてゆく〟
未知の涯《はて》しない　野分《のわ》け
無辺際《むへんざい》の御愛が　さしまねく
み光にうたれて
がっしりと　踏《ふ》み出《だ》そう　アーメン

祈ります。

長い間、神様を求めてわが内なる祭壇《さいだん》を清めることをせず、御光《みひかり》を点じることをしませんでした。聖霊は外に在《いま》さず内に宿りたもうのに、わが内に迎《むか》えまつりませんでした。わが内に、あなたの光が輝《かがや》きませんでしたから、長い間、悩《なや》み苦しんでまいりました。

主様、今日は「御光に照らしてすべてを判断せよ、すべてを知れよ」とおおせたもうことを、心から感謝いたします。宗教生活は、外側の儀式《ぎしき》や礼拝《れいはい》でなく、内なる心の祭壇に火を点ずることであると知りました。

神様、私たちはすべての問題を御前に出して祈りますから、どうぞ、どのようにでもご処置《しょち》ください。私たちの手も足も節々も、みんなすっかりほどけて、あなたにすべて委《ゆだ》ねて、任せまつります。私たちの頭の脳《のう》を、みんな神様の御旨《みむね》に委ねます。どうぞ頭脳の中に、ひらめくように……(録音不明)……問題を照らし出してください。私たちは確信をもって歩けるように、当面する出来事についてお教えくださるようお願いいたします。

あなたは生きたもう、あなたは私たちを愛したもう、顧《かえり》みたもう。

お父様！ 私たちは御光を見上げながら歩いてゆきます。歩かせてください！ どうぞこの一週間、奇跡《きせき》を見させてください！ 私たちの考えがたいことが起きるように、あなたの御手が働いてください！

お父様！ この夏を過ぎて秋を迎《むか》える時に、私たちは驚《おどろ》くべき秋を迎えとうございます。御光に照らされて、……どうぞ一切《いっさい》を教えてくださるよう、お願いいたします。私たちは神の子です。……一人ひとりが、あなたを証《あか》しするほどの栄光の人柱でありとうございます。……私たちの魂の祭壇《さいだん》を光らせてくださるよう、お願い申し上げます。燃やしてください。

(一九六三年七月十四日　大阪)

＊油注ぎ…油は神の霊の象徴《しょうちょう》で、献身《けんしん》・聖別のために用いられた。「油注がれた者」とは、初めは理想的な統治者を意味していたが、後に「救世主（メシア）」を主に指すようになった。
＊法眼《ほうげん》…仏教の諸法《しょほう》を観察する智慧《ちえ》の眼《め》。これによって菩薩《ぼさつ》は諸法の真相を知り衆生《しゅじょう》を済度《さいど》する。
＊クエーカー派《は》…十七世紀のイギリスで、ジョージ・フォックス（一六二四～一六九一年）を指導者として発祥《はっしょう》した、霊的な宗教運動。フレンド派とも呼《よ》ばれる。人は教会によらず、その内心に神から直接の啓示《けいじ》「内なる光」を受けうるものと説く。
＊新渡戸稲造…一八六二～一九三三年。盛岡に生まれる。思想家、教育家、農政学者。札幌《さっぽろ》農学校二期生、同級生に内村鑑三《かんぞう》がいる。国際的日本人として世界平和と日本のために貢献《こうけん》した。
＊主の黙照《もくしょう》…瞑想《めいそう》の心を整えるために、手島郁郎が著《あらわ》した覚え書き。これは、本講話の録音から筆記したもので、出版されているものとは一部異《こと》なっている。

第五七講

倒れるは起ち上がるため

ヨハネ伝一一章一七～二七節

イエス・キリストが愛しておられたマルタとマリヤの弟のラザロが病で死にました。この時、ラザロが危篤《きとく》であるという知らせを受けながら、なぜかキリストは二日間もぐずぐずされ、それからやっとのことでエルサレムの近く、マルタ、マリヤの住むベタニヤの村に向かってゆかれました。イエスがベタニヤに着かれた時、ラザロは死んでもう四日も経《た》っていました。その時のことが、一一章一七節以降《いこう》に記されています。

さて、イエスが行ってごらんになると、ラザロはすでに四日間も墓の中に置かれていた。ベタニヤはエルサレムに近く、二十五丁（約三キロ）ばかり離《はな》れたところにあっていた。大ぜいのユダヤ人が、その兄弟のことで、マルタとマリヤとを慰《なぐさ》めようとしてきた。マルタはイエスがこられたと聞いて、出迎《でむか》えに行ったが、マリヤは家ですわっていた。マルタはイエスに言った、「主よ、もしあなたがここにいて下さったなら、わたしの兄弟は死ななかったでしょう。しかし、あなたがどんなことを（神に）お願いになっても（願い求めても）、神は（あなたに）かなえて（与《あた》えて）下さることを、わたしは今でも存《ぞん》じています」。

イエスはマルタに言われた、「あなたの兄弟はよみがえるであろう」。マルタは言った、「終りの日のよみがえりの時よみがえることは、存じています」。イエスは彼女に言われた、「わたしはよみがえりであり、命である。わたしを（わたしに）信じる者は、たとい死んでも生きる。また、生きていて、わたしを（わたしに）信じる者は、いつまでも（永遠に）死なない。あなたはこれを信じるか」。マルタはイエスに言った、「主よ、信じます。あなたがこの世にきたるべきキリスト、神の御子《みこ》であると信じております」。

（一一章一七～二七節）

蘇《よみがえ》りの生命なるキリスト

ヨハネ伝一一章一四、一五節において、キリストは「ラザロは死んだのだ。そして、わたしがそこにいあわせなかったことを、あなたがたのために喜ぶ。それは、あなたがたが信じるようになるためである」と言われました。ところが、マルタにしてもマリヤにしても、「主よ、もしあなたが一緒《いっしょ》におられたら、ラザロは死なずに済《す》んだでしょうのに。しかし、もう四日も経《た》ちましたから手後《てお》くれです」と不信仰なことを言います。

するとイエスは、「何を言うか。手後れでも何でもない。わたしは蘇りであり、生命である。わたしに信じる者は、たとえ死んでも生きる。また、生きていてわたしに信じる者は、永遠に死なない」と不思議なことを言われました。

けれども、これがなかなかマルタやマリヤには通じません。マルタは「主よ、信じます。あなたがこの世にきたるべきキリスト、神の御子《みこ》であると信じております」(一一章二七節)と答えましたが、それでは教理的な理解です。どうしても、キリストの言葉そのものに「そうです！　あなたは蘇りです！　あなたは生命です！」とは言い切れない。

ここに、イエス・キリストの宗教的境地と、マルタ、マリヤなどとの信仰の違《ちが》いがあります。それは、マルタ、マリヤだけではありません。私たちも同様ではないでしょうか。私たちは、キリストが言っておられることに、端的《たんてき》に「そうです！」と言って信じることができるかどうか。

私たちは、キリストの弟子《でし》であると言いながら、キリストのもちたもうた信仰に生きているでしょうか。キリストが言われた「わたしは蘇《よみがえ》りであり、生命である」ということを、深く感じ取れる人の信仰と、それがわからない人の信仰とでは、大きな違いがある。このことがわかる人には、キリストの言葉は値打《ねう》ちがありますが、わからない人には猫《ねこ》に小判を与《あた》えるようなもので、キリストの尊《とうと》さがわかりません。

このように、宗教はなかなか難《むずか》しいもので、結局はお一人おひとりが自分で悟《さと》る以外にありません。私はここを読んでみて、キリストのもちたもうた信仰と、マルタ、マリヤ、また私たちの信仰とでは、そこに大きな開きがあることがわかりました。

けれども、「開きがある」と言っているだけでは済《す》まされない。ほんとうに悟るためには必死の工夫《くふう》がいります。私たちは、せっかく聖書に学んでいるんですから、キリストから「そこだ！」と言われるような信仰のコツを、ぜひともつかみたい。

イエス・キリストが、「わたしの名はキリストである」と言うのならわかります。しかし、「わたしは蘇《よみがえ》りの生命である」と言われる。すなわち、キリストの内側には、普通《ふつう》の人間のような死ぬべき命、死ぬべき我ではない、死なない我があると言われる。この「我」に信じ、これに触《ふ》れるならば、永遠に生きる！　というんです。

聖書が言う「信じる」という語は、ただ「見えないものを信じる」ということとは少し違《ちが》います。それは「触れて知る、ありありと知る、実感して知る」という信じ方です。マルタ、マリヤ、そしてラザロは、ここで、驚《おどろ》くべきものに触れました。そして救われました。私たちお互《たが》いも、今日、この場で、その驚くべきものに触れとうございます。

『アソランド』*の跋詩《エピローグ》

本当の信仰に生きている者と、そうでない者との間には、大きなギャップがあります。それは何でしょうか？　それについて、一つの英詩を読みたいと思います。

私の信仰に重大な感化と影響《えいきょう》を与《あた》えたイギリスの詩人に、ロバート・ブラウニング*という人がいます。私は、このブラウニングの詩を、若《わか》い時から非常に好んで愛唱してきました。彼の書きました「ラビ・ベン・エズラ」や「荒野《あらの》の死」などという詩を何度も読んで、私はどんなに感動したか、また信仰の励《はげ》ましになったかしれません。

彼は、教会に通う信者ではありませんでした。そんな点では、無教会的な信仰者でした。しかし、いつも本当の信仰を求めてやまない人でした。ブラウニングが普通《ふつう》のクリスチャンと違《ちが》うのは、聖書本来の考え方であるヘブライズム*に共鳴し、その精神に立った信仰者だったということです。また、十字架《じゅうじか》に死んだキリストではなく、生けるキリスト、復活のキリストこそ、彼の詩に表れる信仰思想でした。

今日は、この詩人の『アソランド』という詩集から、「エピローグ」という作品を皆《みな》さんにお配りしました。ブラウニングは、一八八九年十二月十二日にイタリアのベニスで亡《な》くなりましたが、召天《しょうてん》するその日にロンドンで発刊されたのが『アソランド』で、そのエピローグ(最後の詩)として載《の》せたのがこの詩です。この詩を通して、ブラウニングという人の信仰、それはまさに聖書の信仰でしたが、それを知り、また、私たちもこの詩の訴《うった》えるような死生観をもたなければならない。これは実に人生の励ましとなるものです。

EPILOGUE to ASOLANDO   Robert Browning

At the midnight in the silence of the sleep-time,
  When you set your fancies free,
Will they pass to where — by death, fools think, imprisoned —
Low he lies who once so loved you, whom you loved so,
    — Pity me?

Oh to love so, be so loved, yet so mistaken!
  What had I on earth to do
With the slothful, with the mawkish, the unmanly?
Like the aimless, helpless, hopeless, did I drivel
    — Being — who?

One who never turned his back but marched breast forward,
  Never doubted clouds would break,
Never dreamed, though right were worsted, wrong would
   triumph,
Held we fall to rise, are baffled to fight better,
    Sleep to wake.

No, at noonday in the bustle of man's work-time
  Greet the unseen with a cheer!
Bid him forward, breast and back as either should be,
"Strive and thrive!" cry "Speed, — fight on, fare ever
    There as here!"

アソランドへの跋詩　　ロバート・ブラウニング作

真夜中の眠り時の静けさの中で
あなたが空想を自由に羽ばたかせる時
彼は死によって幽閉されたのだ、と愚か者は考えるだろう
かつてあなたをこよなく愛し、こよなく愛された彼が
低く横たわるそのところへと、あなたの空想は赴くのだろうか
　　―― 私を憐れむのか？

かくも愛し、かくも愛されたのに、かくも誤解するとは！
怠け者や、胸くその悪くなるような連中や、卑怯者たちと
私はいったい何の関係があったか？
目的もなく、力もなく、望みもない者たちのように
私はたわごとを言ったであろうか
　　―― 私の存在は ―― いったい何者か？

決して敵に背を向けず、胸を張って前進した者、それが私だ
暗雲が閉ざすとも、必ず晴れるを疑わず
たとえ正義が敗れるとも、不義が勝ち誇るなんて
夢想だにしなかった者、それが私だ
我らが倒れるは起ち上がるため、敗れるはより善戦するため
　　眠るは目覚めるため、と私は確信したものだ

私を憐れまないでくれ、真昼時の人の働く雑踏の中で
霊魂となって見えなくなった者（私）に歓呼をもって挨拶せよ！
言ってくれ、胸も背も張って前進せよ、と
叫んでくれ、「奮闘せよ、そして栄えよ！
成功するんだ ―― 戦いつづけよ、いつまでも元気で
　　この世と同じくあの世でも！」と

これは、ブラウニングの辞世の詩ともいうべき作品ですが、自分の死が近いのを感じながら、力強く死を突破《とっぱ》し、来世に向かって勇ましく進んでゆく気概《きがい》を吐露《とろ》しています。

肉体が死ぬと魂は閉《と》じ込《こ》められるのか？

真夜中の眠《ねむ》り時の静けさの中で
あなたが空想を自由に羽ばたかせる時
彼は死によって幽閉《ゆうへい》されたのだ、と愚《おろ》か者《もの》は考えるだろう
かつてあなたをこよなく愛し、こよなく愛された彼が
低く横たわるそのところへと、あなたの空想は赴《おもむ》くのだろうか
——私を憐《あわ》れむのか？

この詩では、ブラウニングは自分のことを死んだ者と仮定しています。

真夜中、眠りに就《つ》いた静けさの中では、人間の心は何にも束縛《そくばく》されることはありません。それで、「あなたが空想(fancies《ファンシーズ》 想像、夢想)を自由に解放する時、その空想はどこへ赴く

のだろうか。愚《おろ》かな人は、『ああ、あの人も死んで、冷たくなった。今や墓の中に低く横たわり、死によって幽閉《ゆうへい》されてしまったのだ』と考えるだろう。その幽閉された所へと、あなたの空想は赴《おもむ》いて私を憐《あわ》れむのだろうか。亡《な》くなったその人(私)は、かつてあなたをこよなく愛した者だったのに、またあなたもこよなく愛した人だったのに、なぜそんなふうに私を憐れむのか?　憐れんでなどほしくない」というのが、この第一連の大意です。

この夏、私の友人が亡くなりました。その亡骸《なきがら》が横たわっている所に、その奥《おく》さんをご案内しました。そうしたら、奥さんが泣かれるんです。「まあ、なんてあなたはかわいそうなんでしょう。数日前までは喜んで生きていたのに、こんな姿《すがた》になって……」と泣《な》き狂《ぐる》いなさいます。それで、私とはだいぶ気持ちが違《ちが》っていました。その時に、ブラウニングのこの詩を思い出しました。

この奥さんのように、親しい人が死んだ時に、ただ悲しいというのは、多くの人が抱《いだ》く死に対する感じ方です。けれどもブラウニングは、「なぜ私を憐れむのか?」と言って、次のように第二連を続けます。

死を悲しむな

かくも愛し、かくも愛されたのに、かくも誤解《ごかい》するとは！
怠《なま》け者《もの》や、胸《むな》くその悪くなるような連中や、卑怯者《ひきょうもの》たちと
私はいったい何の関係があったか？
目的もなく、力もなく、望みもない者たちのように
私はたわごとを言ったであろうか
——私の存在《そんざい》は——いったい何者か？

愛し愛されている夫婦《ふうふ》の間であるなら、夫をいちばんよく知る者は妻のはずです。また、死んだ人を取《と》り巻《ま》く近親の者が最もよく知っているはずです。こんなに愛し、愛されたのに、しかし彼らは私を本当には知っていなかった。ただ人を愛するということが、こうも私の本質を誤解させるとは！　と詩人は嘆《なげ》いている。

今、死骸《しがい》として横たわっている自分。それは、もぬけの殻《から》なのであって、魂、すなわち

自分の本質ではないはずだ。けれども、人間は亡骸《なきがら》を見て、「ああ、かわいそうに、冷たかろうに、気の毒に」と思う。だが、それは大きな誤解《ごかい》だ、というんです。

「怠《なま》け者《もの》や、胸《むな》くその悪くなるような連中や、卑怯者《ひきょうもの》たちと、私はいったい何の関係があったか?」とありますが、「胸くその悪い」と訳《やく》した「mawkish《モーキッシュ》」には、「感傷的《かんしょうてき》でメソメソしている」とか「涙《なみだ》もろく弱々しい」という意味があります。

自分はそういう者とは地上で交わったりせず、そういう人の列に入らない人間であった。どんなに辛《つら》いときでも、どんなに悲しく苦しいときでも、そのような泣き虫や怠け者、卑怯者、雄々《おお》しくない惰弱《だじゃく》な者とは何の関係もなかった。だから、そんな者たちと自分を一緒《いっしょ》にしないでくれ、というんですね。

彼らは「目的もなく、力もなく、望みもない者たちのように、たわごとを言っている」。「たわごとを言う drivel《ドリヴル》」という語は、元は「よだれをたらす」という意味です。子供《こども》はよくよだれをたらしますから、そこから転じて「子供じみたたわごとを言う」という意味になりました。すなわち、人生に何の希望もなく、ただたわごとを言いながら無為《むい》に日を過ごしている人たちと私は同じではなかった、とブラウニングは言いたいんです。

では、「Being《ビーイング》 — who?《フー》」——私はいったいどんな人間であったというのか？

人知れぬ高貴《こうき》な人生

ブラウニングの一生は実に高貴な人生でした。作品が難《むずか》しいこともあり、彼はなかなか世に受け入れられませんでした。しかし、人には知られなくとも、決して理想を曲げずに突《つ》き進《すす》んだ詩人でした。

「我らの低き生は、平俗《へいぞく》な夜のそれであった。彼は朝のための人である」（「ある文法学者の葬儀《そうぎ》」）と彼の作品にもあるように、世が低い生に甘《あま》んじて地上につながれているような時も、気高い精神を作品に表してやみませんでした。

ロバート・ブラウニング

時代に先んじた「朝のための人」は、その時代の人に必ずしも認《みと》められません。しかし、その時代の人に認められないからといって、その人が駄目《だめ》なのではない。人々がわからなかったんです。

ところが、ただ一人、わかってくれていた人がありありました。それは彼の妻となったエリザベス・バレットでした。彼女は若《わか》い時から、女流詩人としてイギリスで有名でした。彼女はある時、彼の詩を読んで感動し、自分の詩集の中でブラウニングの詩を、当時有名だったワーズワース*やテニスン*の詩と同列に置いて賞賛しました。

ブラウニングは感激《かんげき》し、その後二人の交際が始まりました。エリザベスは年が六つ上でした。病弱なうえ、少女時代の事故で背骨《せぼね》を痛《いた》め、歩行が不自由でした。だが、交際が始まると元気になり、二人は婚約《こんやく》しました。エリザベスの父親は、無名のブラウニングなどという男との結婚に猛反対《もうはんたい》しましたが、反対を押《お》し切《き》って二人は結婚しました。

それから十五年間、二人は幸せな家庭生活をイタリアのフィレンツェで送りましたが、エリザベスはブラウニングに先立って死んでゆきました。彼女は、生きている間に夫の名声を聞くことはありませんでした。しかし妻の死後、彼は一躍《いちやく》、当代一流の詩人テニスンと並《なら》び称《しょう》せられる大詩人となりました。私は、思想的にはブラウニングのほうがテニスンよりも優《すぐ》れた詩人であると思います。ブラウニングは、どんな時にも明るく健全で、高邁《こうまい》な精神と大きな理想をもって生きておりました。

眠《ねむ》るは目覚めるため

決して敵に背《せ》を向けず、胸《むね》を張って前進した者、それが私だ
暗雲が閉《と》ざすとも、必ず晴れるを疑《うたが》わず
たとえ正義が敗れるとも、不義が勝《か》ち誇《ほこ》るなんて
夢想だにしなかった者、それが私だ
我らが倒《たお》れるは起《た》ち上《あ》がるため、敗れるはより善戦《ぜんせん》するため
眠るは目覚めるため、と私は確信したものだ

この第三連は、前段《ぜんだん》の「Being《ビーイング》 — who《フー》? 私の存在《そんざい》は——いったい何者か?」を受けて、ブラウニングがどのような人間であったか、自分の生き方と精神を述べているところです。私が最も好きなのは、この第三連です。

ブラウニングは死ぬ少し前に、病床《びょうしょう》でこの詩を校正しながら、この第三連について、「こういう言葉は、自慢《じまん》しているように見えるから、取り消すべきかもしれない。しかし

私には真実だから、このままにしておこう」と言って、そのまま残したそうです。ですからこの部分は、ブラウニングの精神、信仰が何であるかを最もよく表しております。「私はかつて一度も敵に背《せ》を向けず、いつも胸《むね》を張って前進したものだ。たとえ暗雲が閉《と》ざすとも、このまま真っ暗な中で希望もなく終わるだろうなどとは、一度も疑《うたが》ったことはない。暗雲は必ず晴れる。自分の暗い運命は必ず開かれる」と詠《うた》っておりますが、彼だけではない、私たちも同様でなくてはなりません。信仰とはこれなんです。

神が私たちと共にあるのに、暗雲がいつまでも漂《ただよ》うことがあってたまるものか！　どんな時にも、「ノー(否《いな》)、必ず暗雲は晴れる、晴れる、必ず晴れる！」と自分に言い聞かせながら進むことを信仰生活というんです。信仰とは、それ以外の何ものでもありません。

詩人は、「たとえ正義が敗れるように見えても、不義が勝利を収《おさ》めるなどとは夢にも思わなかったのが自分だ」と言っている。

私たちは時として、なぜ人生にこのような不義や悪が横行するのだろう、善《ぜん》はどうしてこんなに弱いのだろう、と思うことがあります。しかし、だからといって悪が勝つということはない。悪は勝っているように見えても、やがて大きく滅《ほろ》びます。大きく負けます。

これが聖書の人生観です。真《まこと》にブラウニングが詠《うた》うとおりです。「我らが倒《たお》れるは起《た》ち上《あ》がるため、敗れるはより善戦《ぜんせん》するため」とありますが、私たちが倒れるのは起ち上がるためであり、失敗するのも挫折《ざせつ》するのも、より善《よ》く戦うためである。むしろ、より善く戦うためには転んでも挫折してもよい、ということです。

さらに、「眠《ねむ》るは目覚めるため」とあるが、ここで「眠る」とは、「死ぬ」ことです。死ぬのは、永遠の生命に目覚めるためです。これが信仰者の死に対する考え方です。

来世にても前進せよ！

私を憐《あわ》れまないでくれ、真昼時の人の働く雑踏《ざっとう》の中で
霊魂となって見えなくなった私に歓呼《かんこ》をもって挨拶《あいさつ》せよ！
言ってくれ、胸《むね》も背《せ》も張って前進せよ、と
叫《さけ》んでくれ、「奮闘《ふんとう》せよ、そして栄えよ！
成功するんだ——戦いつづけよ、いつまでも元気で
　この世と同じくあの世でも！」と

この第四連の英文冒頭《ぼうとう》には「No《ノー》(否《いな》)」とありますが、これは第一連の「私を憐《あわ》れむのか?」との問いに対して、「ノー！ 憐れんでなどほしくない」と言っているんです。私たちはどんなときにも、人に憐れみを乞《こ》うたり、同情されたりするべきではない。神と共に生きる者は、人の同情、人の憐れみを欲《ほっ》しない。人間、弱気が差しますと、自《じ》己憐憫《これんびん》に駆《か》られやすい。そういう時に、「ノー！」と私たちは言い切らねばなりません。人の同情は無用です。

むしろ逆に、「人が忙《いそが》しく立ち働いている雑踏《ざっとう》の真昼時、霊魂となって目には見えなくなった私に、歓呼《かんこ》をもって挨拶《あいさつ》せよ！」と詩人は言う。

人が忙しく立ち働いている真昼時には、不吉《ふきつ》な暗い気持ちで挨拶しないものです。朗《ほが》らかに挨拶するのが、真昼時の挨拶です。そのように朗らかに、歓呼をもって見えない自分の霊に対して挨拶してほしい。これがブラウニングの遺言《ゆいごん》でした。

では、どのような挨拶を彼の魂にするのか？ それは、「生前そうであったように、あの世でも、胸《むね》も背《せ》も張って前進せよ！」という挨拶です。

使徒パウロもピリピ書の中で次のように言っています。

キリストとその復活の力とを知り、その苦難《くなん》にあずかって、その死のさまとひとしくなり、なんとかして死人のうちからの復活に達したいのである。わたしがすでにそれを得たとか、すでに完全な者になっているとか言うのではなく、ただ捕《とら》えようとして追い求めているのである。……

わたしは、ただこの一事を努めている。すなわち、後ろのものを忘《わす》れ、前のものに向かってからだを伸《の》ばしつつ、目標を目ざして走り、キリスト・イエスにおいて上に召《め》して下さる神の賞与《しょうよ》を得ようと努めているのである。（三章一〇～一四節）

信仰とは、こういうことです。こういう信仰をもっている人、もっていない人、その違《ちが》いはどこからくるか。ほんとうにキリストに贖《あがな》われた魂は、このような死に対する感じ方をもち、死を憐《あわ》れむ人たちに対して「ノー（否《いな》）、むしろ大声で『万歳《ばんざい》！』と言ってくれ」というのが本当なんです。

内村鑑三《かんぞう》先生は、ご自分の可愛《かわい》がっていたお嬢《じょう》さんが死んだ時に、その墓で一握《ひとにぎ》りの土をつかんだ手を高く上げて、「ルツ子さん、万歳！」と叫《さけ》んだといいます。信仰とはそういうことです。亡骸《なきがら》は土に葬《ほうむ》る。しかし、私たちの見えざる霊魂は、不死鳥のごとくに天に飛び立ってゆかねばなりません。

またこの夏、神奈川県の大雄山《だいゆうざん》で開かれた聖会の帰途《きと》、大阪幕屋の柱である松岡吉郎さんが川崎の駅で、忙《いそが》しく人々が行《ゆ》き交《か》う中で倒《たお》れて死んでしまわれた。松岡さんは、その日の朝も、友を連れて山に祈りに行っておられた。恵《めぐ》みの高嶺《たかね》を求めて向上一路のお姿《すがた》でした。ですから私は、告別式でも大声で「松岡さん、万歳《ばんざい》！」と申し上げて、天にお送りしました。「人が死んで、万歳なんてあるか」と人は言うでしょう。しかし、この信仰をもつ者の死生観は、死んでも「万歳！」と叫《さけ》べるところにあります。

死を越《こ》えても前進する魂

「叫んでくれ、『奮闘《ふんとう》せよ、そして栄えよ！　成功するんだ——戦いつづけよ、いつまでも元気で　この世と同じくあの世でも！』と」。

どこで戦い、成功するのかというと、あの世でです。あの世でも、この世にあった時と同じように、ひたむきに努力せよ。そして大成功を勝ち取れ、という。

ここで、原詩に「Speed《スピード》　成功せよ」とありますが、この語には「速く進める」という意味他《ほか》に、「成功する、繁栄《はんえい》する」という意味がありますから、ここでは「あの世に行ったら、ゆっくりするんじゃない。急速に成功せよ」という意味です。でしょう。ですから、ここの大意は「『この世であなたが一生努力しつづけ、戦いつづけ、常に前進、前進していったように、あの世でもそうであってほしい』と私の霊魂に言ってくれ」ということです。

以上が、『アソランド』の跋詩《エピローグ》の意味です。

×

私たちは、死んでしまったら、すっかり人生が断絶してしまうように思います。けれども、人間の肉体は死んでも、魂は死なない。肉体を脱《ぬ》いでも、進んで進んでやまない、向上一路してやまないのが魂の性格です。私たちは、このことを知らなければなりません。

若《わか》い人たちが、人生はこの地上だけで終わるかのように思うと、縮《ちぢ》こまって小さな目標に甘《あま》んじてしまうでしょう。しかし、死を越《こ》えて、あの世までも押《お》し渡《わた》ってゆこうという精神をもつ人は、遠大な志を抱《いだ》き、この世においても歩み方、感じ方が全然違《ちが》います。

先日、大阪幕屋の青年寮《せいねんりょう》が火事で全焼しました。寮には、青年だけでなく、家族持ちの方々も住んでいました。全員、命だけは助かりましたが、持ち物すべてがなくなった。夕方になって私は現場に行きましたが、皆《みな》さんが明るい顔でいそいそと片《かた》づけをしていました。その姿《すがた》を見て、なんと陽気なことかと思いました。出火元のお隣《となり》は、ある宗教団体の家でしたが、皆が打ちしおれて、立つこともできずに座《すわ》り込《こ》んでいました。

その時、私は焼け出された人たちに言ったんです、「ゼロから出発する者は強いよ」と。何もないゼロに立った時に、そこからマイナスに進むと、マイナス一、二、三とマイナスばかりが重なってゆきます。しかしプラスに進む者は、プラス一、二、三とプラスばかりが加わってくる。ですから、「人間、無に徹《てっ》した時は、そこからプラスかマイナスか、どちらの方向に向かうかが大事だ。ここで打ちしおれてしまう者には、マイナスばかりになって、運命が狂《くる》う」と。

そのような時に、「倒《たお》れるは起《た》ち上《あ》がるため、敗れるはより善戦《ぜんせん》するため」と言えるか、どうか。信仰は、頭でいろいろ考えてもわかりません。ひどい目に遭《あ》った時、あるいは人が死ぬような時に、「信じる」ということが試《ため》されるんです。その試みを経た信仰が本当の信仰です。

二《に》河《が》白《びゃく》道《どう》

*法然上人《ほうねんしょうにん》や*親鸞《しんらん》上人に重大な感化を与《あた》えた、*善導《ぜんどう》大師というお坊《ぼう》さんが支那《シナ》におりました。この善導大師が、信仰とは何かということを、有名な「二河白道」という、次のような譬《たと》え話《ばなし》で語っております。

＊

ある人が西に向かう旅を続けていた。ところが旅の途中《とちゅう》で突然《とつぜん》、水と火の二つの河にぶつかった。盛《さか》んに燃える火の河は南にあり、波が逆巻《さかま》く河は北にあった。その二つの河は、おのおの百歩の河幅《かわはば》があった。その二河の中間に一条の細く白い道があって、その道には、水火こもごも押《お》し寄《よ》せていて、火と水がかみ合い、もうもうと煙《けむり》が立って、進むに進めない。

だからといってじっとしていても、後ろからは旅人を狙《ねら》って盗賊《とうぞく》や悪獣《あくじゅう》の群れが迫《せま》ってくる。前に進んでも、後ろに退《ひ》いても、また立ち止まっても、死んでしまう。さあ、この狭《せま》き白い道を前にどうするか。

立ち止まる旅人に一つの声が聞こえた、「恐《おそ》れずに白道《びゃくどう》を渡《わた》ってゆけ。向こうにたどり着いたら救われる」。また、向こう岸からも声が聞こえてきて、「おまえは、ただ一途《いちず》な心で渡ってこい。案ずることはない。わたしが、おまえを守護する」と言う。しかし、多くの声が後ろから聞こえてくる、「この道は危険《きけん》だ。ここを渡りきった者はいない。おまえも、ここを渡ることはできないのだ」と。

けれども、そのような不信仰な声に聞《き》き従《したが》ってこちらの岸にいたのでは、盗賊《とうぞく》や獣《けもの》に襲《おそ》われて、ついに死なねばならない。そのような時に、危《あぶ》ないかもしれないが、向こう岸から呼《よ》ぶ声を信じて、思い切って進んでゆくことだ。極楽《ごくらく》に往生《おうじょう》する道とはこういうものである。

＊

信じるとは、こういうことです。理屈《りくつ》ではありません。ここで、「もし渡れなかったら、どうしよう」と思《おも》い惑《まど》ったらおしまいです。そこを、どんなにしてでも渡ってゆかなければなりません。下を向いても、後ろを向いても、横を向いても救いはありません。人生には、そのような試練がある。信仰を試みられる時がある。

そのときにまず、向こう岸から呼《よ》びかけてくる声を聴《き》くことが大切です。

そして聴いたなら、ためらわずにこの一つの道を進むことです。このことは、せっぱ詰《つ》まったときにわかります。これを理屈《りくつ》で考え事にしている間は、本当の信仰に触《ふ》れることはできません。向こう岸では、キリストが驚《おどろ》くべき救いをもって待っておられても、そこを突《つ》っ走《ぱし》ってゆかない者は、どうしても本当の信仰を体得できずに終わります。

信じて一筋《ひとすじ》の道を進め

イエス・キリストはマルタに言われました、

「わたしはよみがえりであり、命《ゾーエー》である。わたしを信じる者は、たとい死んでも生きる。また、生きていて、わたしに信じる者は、いつまでも死なない。あなたはこれを信じるか」(一一章二五、二六節)と。

信じるということは、死んでも生き返るようなことである。「あなたはこれを信じるか」

とキリストはここで言われる。「もし信じるなら神の栄光を見るであろうと、あなたに言ったではないか」(一一章四〇節)と。

神の救いの力は、「信じる」という心を条件にして働く。

キリストには、死人をも蘇《よみがえ》らせる力があるが、それを受けるだけの信じる力があるかどうか。私たちは、ついてゆけるかどうか。

永遠に死なない生命があることを知る者の考え方、歩み方は違《ちが》います。

『アソランド』の跋詩《エピローグ》にありましたように、私たちは倒《たお》れることがあります。病《や》むことがあります。しかし、それは癒《い》やされるためです。起《た》ち上《あ》がるためです。眠《ねむ》るのは目覚めるため、死ぬのは蘇るためです！

これは議論《ぎろん》ではない。お互《たが》いの経験に照らしてみても、あんなに病気だったのに癒やされて蘇った自分がある。罪に腐《くさ》っていた魂だったのに、今はこうして贖《あがな》われて喜んでいる。枯《か》れ骨《ぼね》の谷のような所に横たわっていた自分が、今こうして息づいている。

神がいたまわなければ、キリストが生命を息吹《いぶ》きかけてくださらなければ、死んだ者が蘇るということはありません。もし、ご自分の運命が行《ゆ》き詰《づ》まって死んだように見えるならば、生き返らせるものがあることをお信じにならなければなりません。「二河白道《にがびゃくどう》」の譬《たと》え話《ばなし》のように、ただ一筋《ひとすじ》な気持ちで救いを信じて進むんです。その時に、一筋の道を渡《わた》らせるだけの呼《よ》び声《ごえ》を聴《き》くことです。そうしたら、もうためらいません。下を向きません。横を向きません。後ろを向いても横を向いても救いがない。ただ一つの道を行くしかないとせっぱ詰《つ》まりますと、ハッとわかります。考え事をしている間は、本当の信仰はわかりません。

キリストはマルタに言われました、

「ラザロは蘇《よみがえ》る」と。しかし、マルタは死んだ者がここで蘇るとは信じられなくて、

「終わりの日に蘇ることは存《ぞん》じています」と答えました。するとキリストは、

「そんな終末の日のことを言っているのではない。自分に触《ふ》れる者は、今ここで蘇る！」

と言われて、一言《いちごん》のもとにラザロを蘇らせるという、驚《おどろ》くべき御業《みわざ》をなさいました。

しかし、そのことが成るためには、キリストにも苦悶《くもん》があったことがわかります。それは次講で学びます。

（一九六三年九月二十九日　熊本）

＊アソランド…詩人ブラウニングの最後の詩集の名。アソロという町の名に由来する。アソロは、イタリアのベニスから北西へ五十キロほどの町。ブラウニングはアソロの景観に魅了《みりょう》され、生涯《しょうがい》に三度訪《おとず》れている。

＊ロバート・ブラウニング…一八一二〜一八八九年。テニスンと共に、イギリスのヴィクトリア朝時代を代表する詩人。

＊ヘブライズム…聖書を生み出した古代ヘブライ人（ユダヤ人）の思想、信仰を指す。ヘレニズムが人間中心的、観念的であるのに対して、ヘブライズムは神とその啓示《けいじ》を中心とした現実主義的なあり方を重んじる。

＊ウィリアム・ワーズワース…一七七〇〜一八五〇年。イギリスの桂冠《けいかん》詩人。

＊アルフレッド・テニスン…一八〇九〜一八九二年。イギリスの桂冠詩人。

＊法然…一一三三〜一二一二年。平安末期から鎌倉《かまくら》初期の僧《そう》。浄土《じょうど》宗《しゅう》の開祖。

＊親鸞…一一七三〜一二六二年。鎌倉初期の僧。浄土真宗の開祖。法然の弟子《でし》。

＊善導…六一三〜六八一年。唐代《とうだい》の僧。中国浄土教を大成した。善導が著《あらわ》した『観無《かんむ》量寿経《りょうじゅきょう》疏《しょ》』に基づいて、法然は浄土宗を開創《かいそう》した。

〔第五八講　聖句　ヨハネ伝一一章三二〜四四節〕

32マリヤは、イエスのおられる所に行ってお目にかかり、その足もとにひれ伏《ふ》し
て言った、「主よ、もしあなたがここにいて下さったなら、わたしの兄弟は死なな
かったでしょう」。
33イエスは、彼女が泣き、また、彼女と一緒《いっしょ》にきたユダヤ人たちも泣いているの
をごらんになり、激《はげ》しく感動し、また心を騒《さわ》がせ、そして言われた、34「彼をどこ
に置いたのか」。彼らはイエスに言った、「主よ、きて、ごらん下さい」。35イエス
は涙《なみだ》を流された。36するとユダヤ人たちは言った、「ああ、なんと彼を愛しておら
れたことか」。37しかし、彼らのある人たちは言った、「あの盲人《もうじん》の目をあけたこの
人でも、ラザロを死なせないようには、できなかったのか」。
38イエスはまた激しく感動して、墓にはいられた。それは洞穴《ほらあな》であって、そこに
石がはめてあった。39イエスは言われた、「石を取りのけなさい」。死んだラザロの
姉妹《しまい》マルタが言った、「主よ、もう臭《くさ》くなっております。四日もたっていますから」。

40イエスは彼女に言われた、「もし信じるなら神の栄光を見るであろうと、あなた
に言ったではないか」。
41人々は石を取りのけた。すると、イエスは目を天にむけて言われた、「父よ、
わたしの願いをお聞き下さったことを感謝します。42あなたがいつでもわたしの願
いを聞きいれて下さることを、よく知っています。しかし、こう申しますのは、そ
ばに立っている人々に、あなたがわたしをつかわされたことを、信じさせるためで
あります」。
43こう言いながら、大声で「ラザロよ、出てきなさい」と呼《よ》ばわれた。44すると、
死人は手足を布でまかれ、顔も顔おおいで包まれたまま、出てきた。イエスは人々
に言われた、「彼をほどいてやって、帰らせなさい」。

第五八講

激情の人イエス

ヨハネ伝一一章三二〜四四節

ヨハネ伝一一章の主題は「ラザロの復活」にあります。この復活という驚《おどろ》くべき奇跡《きせき》が、どのようにして起こったか。ここに、イエス・キリストの人柄《ひとがら》と、奇跡を引き起こすような信仰が記されています。

イエス・キリストが愛しておられたマルタとマリヤ姉妹《しまい》の弟ラザロが死んでから四日後のこと、イエスがベタニヤの村に着かれると、大勢のユダヤ人たちがマルタとマリヤとを慰《なぐさ》めようとして来ておりました。

マルタはイエスを出迎《でむか》えに行きましたが、マリヤは家で座《すわ》っていました。そのマリヤをイエスが呼《よ》ばれると、彼女もイエスのおられる所へ出かけてゆきました。すると、彼女を慰《なぐさ》めていたユダヤ人たちも一緒《いっしょ》について行った(一一章三一節)、とあります。

不信仰に対して激《はげ》しく怒《いか》る人

マリヤは、イエスのおられる所に行ってお目にかかり、その足もとにひれ伏《ふ》して言った、「主よ、もしあなたがここにいて下さったなら、わたしの兄弟は死ななかったでしょう」。

イエスは、彼女が泣き、また、彼女と一緒にきたユダヤ人たちも泣いているのをごらんになり、激しく感動し、また心を騒がせ、そして言われた、「彼をどこに置いたのか」。彼らはイエスに言った、「主よ、きて、ごらん下さい」。イエスは涙を流された。するとユダヤ人たちは言った、「ああ、なんと彼を愛しておられたことか」。しかし、彼らのある人たちは言った、「あの盲人《もうじん》の目をあけたこの人でも、ラザロを死なせないようには、できなかったのか」。

イエスはまた激しく感動して、墓にはいられた。それは洞穴《ほらあな》であって、そこに石がはめてあった。イエスは言われた、「石を取りのけなさい」。死んだラザロの姉妹《しまい》マルタが言った、「主よ、もう臭《くさ》くなっております。四日もたっていますから」。イエスは彼女に言われた、「もし信じるなら神の栄光を見るであろうと、あなたに言ったではないか」。

(一一章三二〜四〇節)

ここでイエスは、マリヤが泣き、また彼女と一緒《いっしょ》に来たユダヤ人たちも泣いているのをごらんになり「激《はげ》しく感動し」(一一章三三節)とあります。ここのギリシア語原文には、「*πνευματι*《プネウマティ》 霊において」という語があり、「感動する」は「*εμβριμαομαι*《エンブリマオマイ》 激情《げきじょう》する、憤《ふん》慨《がい》する、慟哭《どうこく》する」という語で、怒《いか》りに震《ふる》える状況《じょうきょう》をいいます。ですから「激しく感動する」ではありません。ここを直訳《ちょくやく》するなら、イエスは「霊において激しく憤慨した」です。この「*εμβριμαομαι*《エンブリマオマイ》」という語は、三八節でも再び出てきます。

ここでキリストが激しく怒りたもうたのは、何に対してか。

それは、信じないこと、不信仰に対してでした。マリヤは不信仰なことを言い、ユダヤ人たちも「盲人《もうじん》の目をあけたこの人でも、ラザロを死なせないようには、できなかったのか」(一一章三七節)などと言う。なぜ信じないのか、信じさえすれば良いことが始まるのに、と思われるからです。

「もし信じるなら神の栄光を見る」（一一章四〇節）と、イエス・キリストは言われた。

信じることがなかったら、神の栄光も現れなければ、何の良いことも起こってこない。聖書の世界において大事なことは「信じる」ことです。何はなくとも信じなくてはなりません。私たちにとっていちばん悲しいことは、信じることができない、ということです。そのように信じる心が働かないときに、キリストは霊において激《はげ》しく憤慨《ふんがい》された。

信仰している方でも、「うちの息子《むすこ》は信仰がなくて……」などと平気で言う人がいます。しかし、愛する者の不信に涙《なみだ》しない人は、真のキリスト者ではありません。人間の心に信じる心がなくなったら、霊界をかいま見ることもできない。また、自分で自分を信じることができなかったら、未来を切り開くなんてとてもできません。

惑乱《わくらん》し、涙を流すイエス

また三三節には、イエスは「心を騒《さわ》がせ」とありますが、原文は「ἐτάραξεν《エタラクセン》 ἑαυτόν《ヘアウトン》　自ら惑乱した」というギリシア語です。さらに、「イエスは涙を流された」（一一章三五節）とあります。この「δακρύω《ダクリュオー》 涙《なみだ》を流す」という語は、動詞《どうし》としては新約聖書の中でここだけに使われています。

このように、イエス・キリストの心は非常に混乱《こんらん》し、涙を流されたという。「イエスほどの人が惑乱《わくらん》したり、激《はげ》しく憤慨《ふんがい》するなんて……」と思われるかもしれませんが、イエスはご自分を「人の子」と呼《よ》ばれて、実に人間らしい人間でした。人間は、激しく情動が起こるときに、血が逆流するような思いになることもあるんです。また、心が混乱するものです。それでこそ、人間なんです。聖書には、それが率直《そっちょく》に書いてあります。

キリストが惑乱したり、憤慨したりしたなどと、そのままに聖書を訳《やく》したのでは、今の行《おこ》ない澄《す》ましたクリスチャンには不都合でしょう。だが信仰とは、赤い血の流れている人間が惑乱したり、心が騒《さわ》いだりしてしかたがないような中にあって信じてゆくことであって、冷たい教理や神学を信じるということとは違《ちが》うんです。

日本では昔から、聖人君子はどんなことが起こってもあわてないし騒がない、狼狽《ろうばい》しない、それが英雄《えいゆう》や偉人《いじん》だと思われています。私も、子供《こども》の時から「男は泣くものではありません」といって育てられました。そのように、感情を抑《おさ》えて行ない澄まして生きているも同じように、イエス・キリストの人格も、極めて感情の豊かな人だったのが、できた人だと言われる。

それから考えると、イエス・キリストはだいぶ違《ちが》います。イエスは惑乱《わくらん》したという。また、泣く時は泣き、喜ぶ時は喜び、怒《いか》る時は激《はげ》しく怒り、「わざわいなるかな！」と言って、頑《かたくな》な宗教家たちを呪《のろ》うことまでされたのがイエスでした。一般《いっぱん》のクリスチャンが考えているイエスの人間像とは、ずいぶん違うことがわかります。

イエス・キリストは、温かい血の通った人間らしい人間であり、血も涙《なみだ》もある人でした。悟《さと》り澄《す》ました冷たい人ではなかった。これは、東洋の道徳に反するかもしれない。しかし、聖書が伝えているのは、このように多感な情動の人イエスです。

イエス・キリストが、激しく泣き、激しく喜び、激しく惑乱するぐらい感情を表した人であったというならば、私たちイエスの弟子《でし》である者も同様でありたいと願います。

全人的な宗教を

今の日本のキリスト教会では、「*三位《さんみ》一体《いったい》」や「贖罪《しょくざい》」などの教理を理性で信ずることが信仰であって、イエスのように豊かな感情を伴《ともな》うものが信仰だとは思われていません。

それで、「どうも幕屋《まくや》の信仰は、感情的でいけない」などと、私たちは非難《ひなん》される。しかし、牧師や神学者が何と言おうが、「互《たが》いに泣く時は泣こうじゃないか」というのが私の主義です。私自身は、激《はげ》しく泣き、激しく喜べるから幸福です。もし、泣く時に泣くことができないならば、たまりません。

人間には、心理学的に「知・情・意」という三つの心の働きがあるといわれます。だが、宗教は全人的なものであり、一個の人間全体のことなんです。それを知・情・意に分割して、知だけを重んじて信じさせようとするところに、今のキリスト教の間違《まちが》いがあります。宗教において大事なのは、情意、特に感情というものです。

知性は、人間が外側で見たり、聞いたり、感じたりするものを自分に取り入れ、また自分の外側の世界に対処《たいしょ》するものです。それに対して、「自分はこうしたい！」と内側から込《こ》み上《あ》げてくる感情は、魂の内部から来ます。魂の表情は、感情となって現れてくるもので、頭からは来ない。ですから、宗教に大事なものは、理屈《りくつ》じゃないんです。

どんなに頭が良くて知性が発達していても、悪事を働く者たちがいる。彼らは悪いと知っていても、心の深いところから湧《わ》き出《で》てくるものを抑《おさ》えられないから、悪い事をてしまうんですね。

宗教が魂の内側のことであるならば、感情を無視《むし》した宗教というものは、非人間的な宗教です。西洋のキリスト教は、そうやって宗教を非人間化するんです。感情が失われると、魂もやせ細って情動せず、信仰は力を失います。

だが、聖書を読んで感じるイエス・キリストの信仰は、知性だけの信仰ではなかった。激《はげ》しい感情を伴《ともな》うものでした。このような情動は、神学からは生まれてきません。

愛の雰囲気《ふんいき》が人を癒《い》やす

人間の情意は、幼《おさな》い時に養われます。ですから、子供《こども》が小さい時には、ほんとうに愛情をもって可愛《かわい》がって育てることが大事です。そうでないと、感情を失ってしまいます。私はそれを深刻《しんこく》に経験しました。

私が小学校三年生までは、母は家にいて大事に育ててくれました。私はわんぱくで、よく喧嘩《けんか》して泣かされて帰ってくる。しかし、母親の顔を見ると、問題がすべて片《かた》づくんです。心が癒やされるんです。しかし、四年生の時から母が幼稚園《ようちえん》の先生として働きはじめ、家に帰っても母がいない状況《じょうきょう》になりました。勉強の下手な私でしたが、たまには良い点数を取ることもありました。そんな時は、「お母さん！」と言って見せたい。しかし、母はいない。私はどれくらい寂《さび》しかったかわかりません。それで何度、自分の悲しみを爆発《ばくはつ》させたかわかりません。そうして、だんだんと人格形成を誤《あやま》って不良になりそうになった。感情面の陶冶《とうや》を疎《おろそ》かにすると、子供《こども》の成長にとって大変なことになりますね。

私は危《あぶ》ない時を通りましたが、そこから救われたのは、十二、三歳《さい》の頃《ころ》から信仰生活を始めたからです。天の父なる神様の愛で自分を潤《うるお》すことをしはじめたから、危ないところをしのげました。

イエス・キリストはなぜ偉大《いだい》であったか。それは、イエスが豊かな感情をもっておられたからです。また、自ら十字架《じゅうじか》にかかりに行かれるほどの意志力がありました。そして、実に聡明《そうめい》でした。これは、一つには聖霊の恩化によるものとはいえ、母マリヤや父ヨセフによって、よほど慈《いつく》しみ深い愛情をもって育てられたことによるものだと思います。そうでなければ、このように偉大な人物は生まれません。こんなことは神学の教育などではなく、温かい家庭の中から生まれ出てくることです。

感情は幼《おさな》い時に育つものですから、幼い時に厳《きび》しく道徳で育てられた人は、どうも理屈《りくつ》っぽく弁解が先立っていけません。もし、自分がそうだとお思いなら、今からでも遅《おそ》くはありません。神様の豊かな愛で自分の魂を潤《うるお》すことです。

多くの人が言います、「幕屋に来ると、どうして私はこんなに変わるのだろうか」と。それは、温かい雰囲気《ふんいき》があるからです。幕屋に特有の温かい愛の雰囲気、これが人の魂を癒《い》やすんです。私の聖書講義なんかが癒やすものか。大事なことは、お互《たが》いの魂を、神の大きな愛の中に生かしてあげることです。そして、励《はげ》まし慰《なぐさ》め合《あ》いながら信仰してゆかなければ、魂は成長しません。

神のドラマは進む

このたび、高野山で開かれる幕屋の聖会(一九六三年十一月)に、アメリカから世界的な聖書学者のオットー・ピーパー*教授が来られます。ピーパー教授は、大阪キリスト教短大教授の土山牧羔《ぼっこう》氏を通して原始《げんし》福音《ふくいん》運動を知り、「ぜひ日本に来たい」と言われました。

現在、日本のキリスト教界で最も影響力《えいきょうりょく》をもっているのは、カール・バルト*というスイスの神学者です。彼は弁証法神学と称《しょう》するものを提唱しまして、非常に有名になりました。その鋭《するど》い議論《ぎろん》に多くの人が圧倒《あっとう》された。

ところが、大神学者といわれたこのカール・バルトと神学論争を戦わせ、当時主流だった神学に反旗を翻《ひるがえ》したのがオットー・ピーパーです。

ピーパー教授は、「キリスト教の正しい解釈《かいしゃく》であると考えられている教理神学を私は熱心に研究したが、それは聖書に現れたペテロやヨハネ、パウロなどの語る内容とは本質的に異《こと》なるものであった。聖書は、神学思想を提示する教科書ではない。道徳の本でもない。イエス・キリストにおいて永遠の生命に至《いた》る道を教えるものなのだ」と言います。

イエス・キリストやその感化を受けた人たちが、何をありありと感じ、何を経験したか。新約聖書の現実を、ありのまま学び、身につけることが聖書を読む目的である。そのような考えから、「Biblical《ビブリカル》 Realism《リアリズム》 聖書的現実主義」をピーパー教授は主張しました。それで、聖書から外れた神学などを研究すべきではなく、「聖書に登場する人々が経験した現実を発見し、明確にすることこそ緊急事《きんきゅうじ》なのだ」と言っています。

ピーパー教授はご自身のこととして、「かつて私は、強く三位一体《さんみいったい》論的神学を奉《ほう》じたに

オットー・ピーパー教授

もかかわらず、聖霊の働きは私の個人的体験となるに至《いた》らなかった。ただ聖書を熱愛する人々に接触《せっしょく》してのみ、私の心性と心情が聖霊の力に対して開かれた」ということを告白しています。

　このピーパー教授が、「日本に聖書さながらに生きる信仰の群れがある」ということを聞いて、「ぜひ日本に行きたい」と言って来られるんです。

　それで私は、幕屋の皆《みな》さんに和歌山県の高野山に集まっていただいて、聖会を開こうと思いました。現代アメリカの最高の先生が、私たちと共に過ごしてくださるなんて、考えてもみなかったことが始まりました。

　さあ、そういう人が日本に来て、原始福音の旗を共に掲《かか》げるというんですから、えらいことになりますね。これまで、私たちはキリストの原始福音を叫《さけ》んだがゆえに、キリスト教界から迫害《はくがい》され、卑《いや》しめられてきました。神学がない、とか何とか言われて批判《ひはん》されてきた。だが、現代最高の聖書学者であるピーパー先生が、私たちと共に立ってくださると

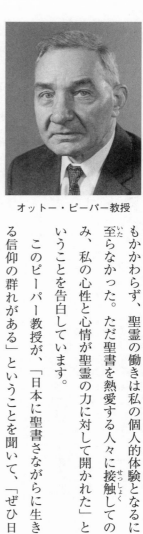

いう。神様、あなたのなさり方は、なんと不思議でございましょう！　人々がどんなに無理解であっても、キリストを見上げてまっすぐに歩いてさえおれば、キリストが手を打ってくださるということを、私は感じます。こうして神のドラマは進むのだと思うと、ああ神様、不思議です！

原始福音の運動――熊本の辛島町《からしまちょう》の、この小さい一角から起きた信仰運動が、世界に反響《はんきょう》を及《およ》ぼす時が来た。あと五年、十年経《た》ったら、これは大変なことになるということがわかります。

九枚《まい》の皿

このような時に、私は思うことがあります。

昔、江戸時代が始まる少し前のことでした。現在の愛媛県《えひめけん》地方を領した加藤嘉明《よしあき》*という殿様《とのさま》がいました。当初は、禄高《ろくだか》わずかに五、六万石《ごく》の大名でしたが、名君として知られ、あっという間に四十万石の大名となりました。どうしてそのようになったのか？

それについて、次のような逸話《いつわ》があります。

ある時、一人の家来が、嘉明公の宝物《ほうもつ》で、支那《シナ》伝来の十枚《まい》の皿のうち一枚を過《あやま》って割《わ》ってしまうという事件が起きました。家来は、もはや切腹《せっぷく》の覚悟《かくご》。蟄居《ちっきょ》して殿《との》の沙汰《さた》を待っていました。ところで、事の次第《しだい》を聞いた嘉明公は、

「なにっ、あの皿を割ったと！」、しばらく声もない。

じっと瞑目《めいもく》していたが、やがて静かに、

「よし、残りの九枚の皿を持ってまいれ」とのお言葉。側近が恐《おそ》る恐る御前《ごぜん》に差し出したところ、やにわに立ち上がって、九枚の皿を家臣たちの前で叩《たた》き割《わ》ってしまった。

さあ大変、ついに殿がかんしゃくを起こされた。もはやご沙汰を待つまでもない。当の家来は自らあわや切腹という時、殿より急ぎの使者があった。

「何を血迷うぞ、愚《おろ》か者《もの》！　誰《だれ》がそちに『死ね』と言うたか。余は貧しい藩主《はんしゅ》。余の頼《たの》むは、ただそちら家臣のみ。その一人を、皿一枚に替《か》えられようか。余が残りの九枚を割ったのは、十枚一組の一枚欠けたるを思い出すたびに、あやつが割ったと思い出しもしよう。十枚とも全部なければ、思い出さずとも済《す》むと思うたがゆえじゃ」。

それを伝え聞いた家中一同の感動——ああ、この殿の御為《おんため》ならば、どんなことでも忍《しの》ぼ

うぞ、と改めて覚悟《かくご》し合ったというのです。

私はこの逸話《いつわ》を、なるほどと思う。貧しければこそ、君臣一体となって互《たが》いに信じ合い、助け合って生きた。またそうであってこそ、戦国時代から徳川時代に続く難《むずか》しい時をしのぎ、よく支えつづけてもこられた、ということです。

私たちの原始福音の運動は、この世的には何の見栄《みば》えもしない、貧しい者たちの小さいグループです。けれども、小さければこそ、私たちは互いに泣きつつ、労《いたわ》り愛し、慰《なぐさ》め合《あ》ってここまで歩んできました。

私は思う。オットー・ピーパー教授を迎《むか》え、私たちの運動にも文字どおり画期的な飛躍《ひやく》の時が来ました。世間も、私たちを一段《いちだん》と注目もしよう。新しく人も集まるだろう。けれどもその時に、初期にあった原始福音の本質が保てるだろうか。幕屋の信仰の本質が薄《うす》められ、その質が落ちてしまうことはないか。初めのように労り合うだろうか、ということを危惧《きぐ》する。寂《さび》しさ、苦しさ、人の無理解、罵詈《ばり》雑言《ぞうごん》に耐《た》えに耐えて生き抜《ぬ》いてきたこの精神が、これからもなお脈打つだろうか。私は脈打ってほしいと思う。否《いな》、脈打ってこそ幕屋です。

神の愛と力に信じきる心

人々は石を取りのけた。すると、イエスは目を天にむけて言われた、「父よ、わたしの願いをお聞き下さったことを感謝します。あなたがいつでもわたしの願いを聞きいれて下さることを、よく知っています。しかし、こう申しますのは、そばに立っている人々に、あなたがわたしをつかわされたことを、信じさせるためであります」。こう言いながら、大声で「ラザロよ、出てきなさい」と呼《よ》ばわれた。すると、死人は手足を布でまかれ、顔も顔おおいで包まれたまま、出てきた。イエスは人々に言われた、「彼をほどいてやって、帰らせなさい」。（一一章四一〜四四節）

初めにお話ししましたように、キリストが奇跡《きせき》を起こしたもうことをマリヤたちが信じないために、イエスは激《はげ》しく怒《いか》られました。「怒ることと奇跡とは、何の関係があるか」とある牧師が私に言いましたが、この激情《げきじょう》が、ガッと精神エネルギーとなって死に挑《いど》む祈りとなり、ラザロを蘇《よみがえ》らせたんです！

ラザロの墓を前にして、イエスは目を上げて「父よ、わたしの願いをお聞き下さったことを感謝します」(一一章四一節)とまず言われた。ここの原文には「願い」という字はありません。「父よ、あなたに感謝します、わたしにお聞き下さったことを」です。

ラザロの復活(ドゥッチョ画)

まだラザロは墓の中にいるのに、もう生き返った姿《すがた》がイエス様には見えるんですね。それで、感謝から祈りが始まっている。

また四二節でも、「あなたがいつでもわたしに聞いてくださることを、よく知っていました」と過去完了形《かこかんりょうけい》になっています。

「知っているのにこう申しますのは、傍《かたわ》らに立っている人々が不信仰なので、あなたがわたしを遣《つか》わしたもうたということを信じさせるために、こうして声を上げるのです」と言って、殊《こと》さらに声を上げて祈られた。

そして、大声で「ラザロよ、出てこい！」と言われたら、手足を布で巻《ま》かれたままの姿《すがた》で、ラザロが墓から立ち上がって出てきました。こうして死人が生き返るという、驚《おどろ》くべき奇跡《きせき》が起きました。

すなわち、奇跡が起きる前の前提条件として何が必要であるかというと、「もし信じるなら神の栄光を見る」（一一章四〇節）とあるように、それは信仰です。神の愛と力に信じきる心です。しかも、キリストの信仰は知性だけの信仰でなかった。霊において激情《げきじょう》し、不信仰に対して激《はげ》しく怒《いか》り、また惑乱《わくらん》し、マルタ、マリヤが泣くのを見て共に泣かれた。そこに奇跡が起きた。こういうことは神学からは出てきません。涙《なみだ》のない信仰なんて、信仰ですらありません。

どうぞ、私たちは未来が真っ暗で見えない時でも、神に信じ、神の愛に信じ、神の見えない導きを信じて勇敢《ゆうかん》に歩きたい。歩いてみたら栄光が現れます。いつもそれを確信しておられたのが、イエス・キリストです。祈る前にすでに「感謝します」と言って、必ず道が開かれることを信じておられた。信仰がないところには決して道は開かれません。

キリストにおいて「信じる」とは、そのように確実なことです。これは、頭で教理を信じることとは違《ちが》うんです。
昨日も今日も、永遠に変わりたもうことのないキリストは、私たちに驚《おどろ》くべき見ものを見せてくださる、くださるに違いありません！　私たちも、大きな見ものを見ようと思って、毎回ここに集まりとうございます！

（一九六三年十月十一日　熊本）

＊三位一体《さんみいったい》…「父なる神、子なるキリスト、聖霊」の三者は一つであり、それが唯一《ゆいいつ》の神である、というキリスト教の教義。ただし、聖書には「三位一体」という語はない。
＊オットー・ピーパー…一八九一〜一九八二年。ドイツに生まれる。世界的な聖書学者。ナチスのヒットラーの中に悪魔《あくま》の力を見て抵抗《ていこう》し戦ったために、祖国を追われる。その後、アメリカのプリンストン神学校教授。一九六三年十一月、高野山で開かれた幕屋の聖会に参会。
＊カール・バルト…一八八六〜一九六八年。スイスのプロテスタント神学者。教義学の泰斗《たいと》。
＊加藤嘉明…一五六三〜一六三一年。安土桃山《あづちももやま》〜江戸時代初期の武将《ぶしょう》。伊予《いよ》正木《まさき》六万石《ごく》の城主《じょうしゅ》。関ヶ原の戦いで徳川家康《いえやす》の東軍に属して二十万石に加増、ついで会津《あいづ》四十万石に封《ほう》ぜられる。

第五九講

聖なる歴史を担う者

ヨハネ伝一一章四三～五二節

聖書の宗教を奉《ほう》ずるユダヤ民族は、地上における歴史を問題にし、それに取り組んで、しぶとく生きている民族です。ここで歴史というのは、単なる「時の流れ」ではありません。ある場所と民族社会に起こりゆく変化を重大視《じゅうだいし》し、意味をもって考えることです。ユダヤ人は、時と場所を抜《ぬ》きにして、架空《かくう》な話はしません。極《きわ》めて現実主義的です。ですから彼らが綴《つづ》った聖書を学ぶのに、抽象的《ちゅうしょうてき》な哲学《てつがく》や神学の勉強をするように学んだって、わからない。神の摂理《せつり》――神の約束とその実現――の信仰は得られません。そのことを、ヨハネ伝一一章四三節以降《いこう》を読んで学びたいと思います。これはイエス・キリストが、死んだラザロを蘇《よみがえ》らせる奇跡《きせき》をなさった後に続く記事です。

（イエスは）大声で「ラザロよ、出てきなさい」と呼《よ》ばわれた。すると、死人は手足を布でまかれ、顔も顔おおいで包まれたまま、出てきた。イエスは人々に言われた、「彼をほどいてやって、帰らせなさい（行かせよ）」。

マリヤのところにきて、イエスのなさったことを見た多くのユダヤ人たちは、イエスを信じた。しかし、そのうちの数人がパリサイ人《びと》（パリサイ派《は》の人）たちのところに行って、イエスのされたことを告げた。そこで、祭司長たちとパリサイ人たちとは、議会を召集《しょうしゅう》して言った、「この人が多くのしるしを行っているのに、お互《たが》いは何をしているのだ。もしこのままにしておけば（ほったらかしておけば）、みんなが彼を信じるようになるだろう（彼に信《しん》じ込《こ》むだろう）。そのうえ、ローマ人がやってきて、わたしたちの土地も人民も奪《うば》ってしまうであろう」。

彼らのうちのひとりで、その年の大祭司であったカヤパが、彼らに言った、「あなたがたは、何もわかっていないし、ひとりの人が人民に代って（人民のために）死んで、全国民が滅《ほろ》びないようになるのがわたしたちにとって得だということを、考えてもいない」。

> このことは彼が自分から言ったのではない。彼はこの年の大祭司であったので、預言をして、イエスが国民のために、ただ国民のためだけではなく、また散在している神の子らを一つに集めるために、死ぬことになっていると、言ったのである。
>
> （一一章四三～五二節）

ここに、「その年の大祭司であったカヤパが……」（一一章四九節）とあります。

このカヤパは、紀元一八年から三六年まで、十八年間ほど大祭司を務めておりました。ですから、「その年の」というよりも、「その年も」カヤパが大祭司であった、という意味です。

ここに、「その年」とか「この年」とかありますが、どちらも同じギリシア語が使われており、イエス・キリストが十字架《じゅうじか》にかけられた年を指しています。

その年は、ただの年ではない、非常に大事な意味をもっていると聖書は考えているんです。その年に、キリストの死と復活、そして弟子《でし》たちに聖霊が臨《のぞ》んだペンテコステ*の出来事があり、そこから人類に新しい次元が開かれた。すなわち、聖霊に満たされた新しい人間が続出する、不思議な歴史が始まったからです。

キリスト教の神学では、現実の歴史を無視《むし》して教理論《きょうりろん》を展開《てんかい》してゆきますが、聖書の信仰は、イスラエルの歴史を背景《はいけい》に論証を進めています。ですから、欧米人《おうべいじん》の頭ででっち上げられた教理、神学を信じることなどは、決して正統な信仰ではないんです。

歴史の中に神の御手《みて》を見る

西洋のキリスト教は、ギリシア思想の影響《えいきょう》を多く受けています。元来、ギリシア人は観念的な人種ですから、概念的《がいねんてき》思弁をするのに長じています。それがやがて哲学《てつがく》といったものにまで発達してきました。

それに対して、聖書の民《たみ》であるユダヤ人は歴史を問題にします。

ヨハネ伝の筆者は、歴史の決定的瞬間《しゅんかん》である年を忘《わす》れません。「その年」とあるのは、そのためです。こういう言葉がわざわざ使われているのは、「時」の概念を重視して聖書を読むことが非常に大事だからです。マルコ伝一章でも、「時は満ちた、神の国は近づいた」(一章一五節)と、イエス・キリストの伝道の第一声を書きだしています。

聖書は、人間の問題に対して、歴史を通して神が直《じか》に答えている書です。神が、書物の上だけでなく、歴史の上にも筆を執《と》ってそのご計画を書き記し、諸国民《しょこくみん》の中に「聖なる摂理《せつり》の歴史」が進行しつつある、という立場に立って宗教を考えているんです。

ですから聖書は、それぞれの時代を通して、神の歴史の方向に向かって戦う者、すなわち聖なる歴史の担《にな》い手《て》となる者たちに読まれるべき書物です。否《いな》、神の歴史のために共闘《きょうとう》する者たちにのみ、真の理解と保証を与《あた》えてくれる書です。ここで私たちも、キリストの聖なる歴史を体当たりで書くことをしなければなりません。

歴史といえば、何か大言壮語《たいげんそうご》するように聞こえるでしょう。政治の歴史、戦争の歴史、文化、文明の歴史……。だが、そんなものばかりが歴史ではありません。お互《たが》いの短い生涯《しょうがい》でも、一つの小さな歴史です。生活の歴史です。

この原始《げんし》福音《ふくいん》運動を考えてみましても、私が神の召命《しょうめい》を受けた阿蘇《あそ》の地獄《じごく》高原、また伝道を始めた熊本の辛島町《からしまちょう》八十八番地、否、少年時代に初めてキリストにお出会いした熊本バプテスト教会の外庭から始まって、今や全日本の各地にこの福音が及《およ》びました。やがて世界にも及ぶでしょう。

もし、この辛島町のあばら家の二階座敷《ざしき》から歴史が始まるということになると、どうでしょう。歴史の足音を身近に感じませんか?

私たちは、この「歴史」という時間の砂原に足跡《あしあと》を残そうではありませんか!

小さくとも神の英雄《えいゆう》らしく生きて、時の砂上に足跡を残すところに人生の意味があるんです。その足跡には、愛の血がしたたるでしょう。もちろん、一人では歴史になりません。皆《みな》で書き上げるんです。全国の幕屋《まくや》の民《たみ》――*バアルに膝《ひざ》をかがめぬ七千人の歴史です。

血と涙《なみだ》と喜びと戦いとを通して学ぶ書

歴史というものは、時間における出来事について、ある特殊《とくしゅ》な見方をいうのですから、どのようなものでも歴史となります。わが家の三代続いた物語を書けば、それはスモール・ヒストリー(小さな歴史)ながら、わが家の歴史です。

聖書は、社会的、歴史的な生活を通して描《えが》かれています。そして社会は個人個人を含《ふく》むものなので、一人ひとりの血と涙と喜びと戦い、それらを通して学ぶのが聖書なんです。

ですから、「その時」が問題になるんです。宗教に歴史なんかいらない、神学だけでよいと思いがちですが、そうはゆきません。聖書は、時の流れの中で、人間に起きた出来事を通して学ぶものだからです。これを知らない者は、自分の頭だけで考えた独りよがりの観念的な信仰になる。それでは、現実の生活に対して何の力にもなりません。

私たち一人ひとりが神の歴史の担《にな》い手《て》であると思うならば、「神様、どうか私たちを用いて歴史を書かせてください！」という祈りが湧《わ》きます。

今の西洋流のキリスト教は極《きわ》めて個人的ですから、そこには歴史というものがない。だが、私たちは皆《みな》で「神の歴史を綴《つづ》ろう」と思うと、考え方が違《ちが》ってきます。また、伝道的になります。ここに聖書の読み方の大事なポイントがあります。

頭で読むのではなくて、体で読むんです。私たちの現実の生活、環境《かんきょう》の中で読んでゆくんです。そのときに、聖書がほんとうに身についてきます。それを無視《むし》して、独りぼっちで教会に行って儀式《ぎしき》に与《あずか》ったり、考え事をしたりするのが信仰ではありません。そこに歴史はありません。

ヨハネ伝が「その年の大祭司であったカヤパが言った」とわざわざ言うのは、歴史的にエポック・メーキング(画期的)な出来事を意識するからです。

オットー・ピーパー教授の応援《おうえん》

前講でお話ししましたように、世界的な聖書学者として知られるオットー・ピーパー教授が、原始福音運動に共鳴されて、その応援に来日されることになりました。

ピーパー教授は、組織神学というものに疑問《ぎもん》を抱《いだ》き、「聖書的現実主義《ビブリカル・リアリズム》」という立場に立って、新約聖書の時代そのままの現実感をありありと認識《にんしき》すべきことを、聖書研究の目標としています。

私は戦後、独立伝道を志し、それまでやっていた事業も捨《す》てて新しい門出《かどで》を決意しました。その頃《ころ》、『The《ザ》 Christian《クリスチャン》 Century《センチュリー》』という雑誌《ざっし》で、この先生の論文《ろんぶん》を読みました。先生は、「私は教義学を捨てても、まず聖書のみを学ばねばならぬ」ということを述べておられ、私と同じ聖書観をもつ人であることを知って、どれほど自分の信念を固めることに役立ったかしれません。老先生が日本の幕屋運動に深い関心を寄せられたのも、私たちと同一の聖書的信仰に立っているからです。

ピーパー教授は「キリストは『見よ、わたしはすべてのものを新たにする』(黙示録《もくしろく》二一

を受けて、聖霊の注ぎを受けつつある今日、聖霊の注ぎを

章五節）と言われるが、欧米《おうべい》キリスト教文明が急速に崩壊《ほうかい》しつつある今日、聖霊の注ぎをもつ集団から新しい文明の先導役が出てくると思う。日本に興《おこ》った原始福音運動こそ、それではないか」と言われました。

ピーパー先生は、単なる神学者ではありません。エキュメニカル（教会一致《いっち》）運動や国際的な政治・社会問題についても進んで活動し、第二次世界大戦の頃《ころ》はドイツにいて激《はげ》しくナチスを非難《ひなん》し、ヒットラーの政治に抵抗《ていこう》したために、国を追われて命からがらイギリスに亡命《ぼうめい》しました。やがて、アメリカのプリンストン神学校に教授として迎《むか》えられました。今や、アメリカでも指折り数えられる聖書学者です。

千人の心で歴史をつむぐ

ピーパー教授のような方を、ただ私たちの幕屋だけで招待するのでは失礼になるので、先日、東京へ行って、キリスト新聞社の編集長や東京神学大学の学長などにお会いしてきました。神学大学の学長は、私たち幕屋の小さな群れがピーパー教授をお招きするというのを聞いて、びっくり仰天《ぎょうてん》されました。

数年来、私たちは日本のキリスト教界から、多くの誤解《ごかい》や罵詈讒謗《ばりざんぼう》を受けてきました。しかし、私たちの小さな歴史が、国際的舞台《ぶたい》にいよいよ描《えが》かれはじめるんです。千数百人の幕屋の男女が、日本の宗教の霊山である高野山に集まって、オットー・ピーパー教授を迎《むか》えて聖会を開く。これこそは、歴史的聖会として、後世に伝えられるエポック・メーキングな出来事です。

ピーパー教授と手島郁郎（1963年・高野山聖会）

　ここに、歴史を体当たりで書く、Holy History《ホーリーヒストリー》（聖なる歴史）を私たちの手で書く、ということが始まるんです。神の聖なる歴史を、皆《みな》で書こうではありませんか！

　ところで、東京でお会いした方々が言われるのに、先日もある有名な神学者を海外から日本に招《しょう》聘《へい》するために、キリスト新聞社が音頭《おんど》を取って各キリスト教会に呼《よ》びかけたけれども、十分な資金が集まらなかった。それがキリスト教界の実情だという。

私たち幕屋の一群は、この世的には貧しく卑《いや》しい者たちばかりです。しかし、一人の力は弱いけれども、千人の力が一つになるから、いつでも私たちは強い。高野山で、千人でピーパー先生をお迎《むか》えしたいんです。ここに、この聖会の歴史的意義があります。

どうぞ全国から集まってください。聖霊という一つの磁力《じりょく》が働いて召集《しょうしゅう》されたエクレシアこそ、私たちの幕屋です。原始福音千人の兵卒で神の歴史を創《つく》ると思えば、「ここに歴史あり」ということが、皆様《みなさま》もご理解になれると思います。

「一千の大和心《やまとごころ》を縒《よ》り合《あ》わせ、ただ一筋《ひとすじ》の大綱《おおづな》にせよ」と、天の声が聞こえてくるようではありませんか！　後《おく》れても後れても、この戦いには後れられません。

あなうれし　数にも入《い》らざる賤《しず》の身も　神かぞえたもう　時の満つれば

キリストの　御旗《みはた》の下《もと》にぞ死なむ我　高野《こうや》の紅葉《もみじ》　血煙《ちけぶ》りて見ゆ

信仰を　失いはてては悩《なや》む世を　揺《ゆ》り改《あらた》めん　天地《あめつち》の業《わざ》

霊的宗教に対する反発

ヨハネ伝に戻《もど》ります。一一章四七節に、「祭司長たちとパリサイ人たちとは、議会を召集《しょう》《しゅう》して……」とあります。この「議会」というのは、サンヘドリン*と呼《よ》ばれたユダヤの宗教議会のことです。今でいうと、宗教省と最高裁判所《さいばんしょ》と国会を兼《か》ねたようなものです。

わずか一人のナザレの田舎《いなか》大工であるイエスについて、このような議会を開かねばならないというのは、いかにも大げさです。最高の要路《ようろ》の人たちが皆《みな》そこに集まって、「えらいことになった」と言う。

そして、イスラエルの歴史の誇《ほこ》りであり、宗教の華《はな》ともいうべきイエス・キリストが現れたことに対して、イエスを殺すような話し合いをする。それは、イエスの出現が、また死んだラザロを蘇《よみがえ》らせるほどの霊的な力ある宗教が、こういう偉《えら》い人たちには恐《おそ》ろしいんですね。イエス・キリストは、ナザレの大工です。無視《むし》したらいいんです。しかし、無視できないのはなぜでしょう。霊的な反発というものがあるからです。

皆さん方も、いろいろな人から非難《ひなん》の声を受けることがあるでしょう。聖霊に満たされて、こんなに喜んでいるのだから、「良かったですね」と言ってくれそうなものなのに、牧師などは妬《ねた》んでケチをつける。

今から十年前、私が熊本で伝道を始めてまだ数年の頃《ころ》のことです。

東大総長まで務めたことのある無教会の偉《えら》い先生が、私を目《め》の敵《かたき》にしました。そして、「九州に手島というのがおるが、アレと交わったり、アレの本を読んだりする者とは絶交する」などと言いました。私のような九州の田舎者《いなかもの》を、著名《ちょめい》な先生が目の敵にする必要はないはずです。けれども、無視できないんですね。これが、宗教家に特有の病気です。というより、霊的反発です。

神の摂理《せつり》を読む信仰

一一章五〇節を読むと、時の大祭司カヤパは、「ひとりの人が人民に代って(人民のために)死んで、全国民が滅《ほろ》びないようになるのがわたしたちにとって得だ」と言ったとあります。愛国という名に隠《かく》れて、一人くらい殺してもいいじゃないか、というんです。

このように、イエス・キリストを殺そうという陰謀《いんぼう》が着々と進みつつある時に、それに対して、聖書は何と言っているか。これが大事です。

五一節に、「このことは彼が自分から言ったのではない」とあります。すなわち、大祭司は無意識で言っている。その背後《はいご》に神がおられて、その神が大祭司に言わせているのだ、というんです。イエスが殺されようとしていることも、「ただ国民のためだけでなく、また散在している神の子ら(イスラエルの民《たみ》)を一つに集めるために、死ぬことになっている」と言って、善意《ぜんい》に解釈《かいしゃく》しています。

すなわち、ヨハネ伝の筆者は、このような殺人の陰謀《いんぼう》の中にも、神の御手《みて》を、神の摂理《せつり》を読もうとしている。ここに聖書的な見方があります。これが信仰の心です。

私たちの人生においても、聞くだけでもたまらない嫌《いや》なことが起きることがあります。だが、どんな出来事が起こっても、ヨハネ伝が記すような迫害《はくがい》や殺人という出来事の中にも、神様は深い慮《おもんぱか》りをもっておられる、ということを知らなければなりません。

マイナスの中にプラスを見る

罪のないイエスを殺そうという発言を、大祭司という最高の宗教家がした。表面だけを見たら、それだけでも宗教の名に値《あたい》しません。しかし聖書は、このことの中にも神の御手《みて》が働いていると言う。それは、どういうことか。

当時のイスラエルでは、毎年、過越《すぎこし》の祭りになると、民《たみ》の罪の贖《あがな》いのために大祭司が神《しん》殿《でん》で犠牲《ぎせい》の小羊の血を祭壇《さいだん》に注いでおりました。その小羊と同じように、エルサレムに上ってきたイエスを犠牲にしようというんです。

もし、イエスが何か悪いことをしたというならば、死刑《しけい》になってもしかたがありません。けれども、イエスには何の罪もなかった。それなのに、なぜ犠牲の小羊として殺されなければならなかったか。これこそ、キリストが贖いの小羊となって死んでゆかれ、その流された血汐《ちしお》によって人類が救われるためなのだ、ということをヨハネ伝は言わんとしているんです。

聖書は、見える出来事はマイナスでも、そのマイナスの中に、次にはプラスになるということを見ている。たとえ、悲観的な出来事が私たちの目の前にあっても、その背後《はいご》に神の御旨《みむね》を読んでゆくのが信仰の心です。神は愛ですから、そのことを通しても最善《さいぜん》が始まってまいります。信仰は、マイナスの出来事の中に、プラスを見つける心なんです。

聖書は、イエスがキリスト（救世主）であり、贖《あがな》い主《ぬし》である、神の愛の現れであるということについて、至《いた》るところで訴《うった》えています。このように、イエスを殺そうという陰謀《いんぼう》が行なわれつつあるという痛《いた》ましい出来事からも、なお「神はそのひとり子を賜《たま》わったほどに、この世を愛して下さった」（ヨハネ伝三章一六節）という、神の愛を読《よ》み込《こ》もうとする。これが、聖書の読み方というものです。

聖書の選《え》り好《ごの》みをしない

今のキリスト教は、信仰をただ部分的に、十字架《じゅうじか》なら十字架、復活なら復活、再臨《さいりん》なら再臨という一つのことに絞《しぼ》って、「十字架、十字架」「ご再臨、ご再臨」などと言います。それに対してオットー・ピーパー教授は、「今のキリスト教は、聖書のある部分にとらわれて、全体を見失っている。そして、自分に都合の悪いこと、自分が体験できないことについては、『ここはおかしい、ここは古代の信仰だ』などと言って、取り去ってしまう。それは、自分の信仰を基準にして聖書を切《き》り刻《きざ》んでゆくもので、正しい聖書の学び方ではない」ということを強調しています。

新約聖書は、登場人物のそれぞれが、キリストに触《ふ》れて体験したことを書いているんですから、そのまま読まねばならないのに、「ここは読めない」と言って、わからない箇所《かしょ》を省いて読もうとする人が多いです。

私は若《わか》い頃《ころ》、ある無教会の先生の講義を何度か聴《き》きました。その先生が言うんです、「聖書の学び方は、鯛《たい》の煮《に》つけを食べるようなものだ。最初は、うまい所から食べたらよい。そうして、骨《ほね》とか頭などの食べられない部分は残したらよい。もちろん骨や頭の所は吸《す》い物《もの》などにすると、なかなか味があるから、まあしゃぶるぐらいまではしてもよいが、残さねばならないものは残したほうがよい。同様に聖書も、読めない箇所、信じられない箇所まで信じようとするから無理がある。それは、魚の骨を無理に食べようとして、骨が喉《のど》に刺《さ》さって苦しむようなものだ」と。

当時の私は、なるほど上手な読み方だなあと感心しました。これは何も無教会だけでない、現代の多くのクリスチャンの読み方です。彼らは、「この聖書の記事は、自分には歯が立たないから」といって残す。そして、それをつまらないもののように思う。

ところがピーパー先生は、「それは、人間が自分本位に読もうとするもので、聖書に教えられようとする人の態度ではない。聖書の言葉は意味が深く、わからない箇所《かしょ》がある。だが、わからないからといって、真理でないかというと、そうではない。私たちは、わからなければこそ、わかるまで学ばなければならない。それを体験しなければならない。批判《はん》せずに、学ぶ者として聖書に近づくことだ」と言っております。

「耳を掩《おお》うて鐘《かね》を盗《ぬす》む」

支那《シナ》のことわざに、「耳を掩うて鐘を盗む」という言葉があります。

ある男が、鐘楼《しょうろう》に吊《つ》るされている音色の良い鐘を盗んだ。盗んだのはいいが、鐘が大きすぎて背負《せお》って走れない。そこで思いあまって槌《つち》で壊《こわ》そうとしたら、ガーンと大きな音がした。男は、誰《だれ》かがその音を聞いて駆《か》けつけてくるんじゃないかと思い、「鳴らないでくれ!」と、あわてて自分の両耳を手で掩った。だが、いくら自分の耳を掩っても、鐘の音は自分に聞こえないだけで、他《ほか》には聞こえる。そんな小細工は、ただ自分を欺《あざむ》くだけだということです。

聖書のある部分だけ選《え》り好《この》みするのは、自分に都合の悪い所は目隠《めかく》しし、聞きたくない時には耳を掩《おお》うのと同じです。自分の耳だけ掩っても、鐘《かね》は鳴っているんです。ただ自分の耳をふさいでいる人に聞こえないだけです。私たちは、聖書が全巻《ぜんかん》を通して何を訴《うった》えているかに、もっと耳を傾《かたむ》け、真正面から学ぼうとしなければなりません。

明るく向上心に富む本来の心

神様が全宇宙《ぜんうちゅう》をしろしめし、私たちの人生を見ておられるのですから、私たちの心の深いところで神を見上げている信仰さえあれば、私たちがどんな逆境に陥《おちい》りましても、状況《じょうきょう》は必ず好転してまいります。マイナスの中にプラスが現れてきます。

アドラー*という精神医学者は、「人間には二つの心がある。まず一つは、人間の本当の心というか、生まれながらの心は、進歩的な、明るい、どこまでも向上してやまないものだ」ということを言っております。

それは子供《こども》を見たらよくわかる。子供はいろいろな夢をもっています。「自分は将来《しょうらい》何になるんだ、かにになるんだ」と言って、それに憧《あこが》れて生きています。そして一歩一歩、その実現に向かおうとしている。これが人間の本来の心です。

ところが、成長するに従《したが》って、いろいろやっては失敗してひどい目に遭《あ》う。それが何度も何度もひどい目に遭ううちに、「そんなことをやったら、大変なことになるよ。破滅《はめつ》するよ」という否定的《ひていてき》な声が聞こえてきて、だんだん引《ひ》っ込《こ》み思案《じあん》になってしまう。これが、もう一つの心です。そして、実際にそういう出来事が起こると、いよいよ自分には破滅しかないように思う。けれども、そのようなマイナス思考は後天的なものであって、生まれながらの人間の心は、どこまでもプラスに向かって伸《の》びてゆこうとするものです。

信仰とは、幼《おさ》な子《ご》の心に立ち帰ることです。神様が愛をもって私たちを包んでくださっているのだから、私たちの内なる心が開けてきたら、幼な子のようになって、今までの失敗などはケロッと忘《わす》れて、プラスに向かって進むことができます。

聖書は、このようにマイナスの出来事の中にも、神のプラスを見、神様は何か意味があってこういうことをされているのだという信仰に立って、歴史を見ようとしています。

信仰は実践的《じっせんてき》な真理

ここで、サンヘドリンの最高議会で判決が下り、イエス・キリストが殺されることになりました。嫌《いや》なことです。けれども、信仰は外側の出来事を見ることではありません。私たちは何があっても、自分をこの地上に造り出したもうた神の御心《みこころ》は何だろう、と思って神を見上げますと、人と違《ちが》う答えが出てきます。

そして、いつも神様が愛して守ってくださると思ったら、消極的にならずに、どんなときにも自信をもって歩いてゆけます。そうやって、私たちの小さな人生の歴史を歩いてみて、信仰がわかるんです。それを、歩くことはしないで、神学書だけ読んで信仰がわかると思う者には、本当の信仰はわかりません。このことは、老いも若《わか》きも、男も女も、皆《みな》、歩かねばなりません。そして、実際に歩いてみてわかるのが信仰です。

本当の信仰は、危《あぶ》ないところを突破《とっぱ》してみて、マイナスの中にプラスを見つけ、「ああ、神様はご愛でした！」と言って、だんだん練習を積んで習熟《しゅうじゅく》してゆきます。そうしたらもう、その人には大人《たいじん》の風格があるというか、「ああ、頼《たの》もしいなあ」と言われるような人間ができ上がってまいります。

このように、イエスを殺せという決議をした宗教会議の背後《はいご》にも、なお神の御手を見失わないのが、当時の初代教会の信者でした。ここに、聖書の大事な読み方があります。

不思議なしるしを示したもう神

ユダヤの宗教議会でイエスを殺す相談がなされて以来、イエス様は公然とはユダヤ教徒の間を歩くことができなくなった。それで、

「荒野《あらの》に近い地方のエフライムという町に行かれ、そこに弟子《でし》たちと一緒《いっしょ》に滞在《たいざい》しておられた」(一一章五四節)とあります。エフライムは、エルサレムの北方にありまして、その付近は荒野です。キリストと弟子たちはそこに行って、しばらくの時を過ごされました。

やがて、その荒野からやって来たイエス・キリストは、燔祭《はんさい》の小羊として十字架《じゅうじか》にかかって死なれた。贖《あがな》いのための犠牲《ぎせい》となられたのでした。このように、イエス・キリストは旧約聖書の預言が成就《じょうじゅ》するために生涯《しょうがい》を歩まれた、ということを見落とさなかったのが聖書であります。

一一章四七節で、祭司長たちやパリサイ人たちは「この人が多くのしるしを行っているのに、お互《たが》いは何をしているのだ」と言いました。

神は目に見えません。けれども、見えないからといって存在《そんざい》しないのではありません。

しるけきしるしが現れたというのは、隠《かく》れたるに在《いま》す神様がいろいろな事件、不思議な救いを通して、ご自分を示されたということです。それを「しるし」というんです。これは、神が霊であって、今も生きておられる証拠《しょうこ》です。

どうぞ私たちも、聖書を歴史として読むというときに、自分の小さな歴史を通してでも信仰を読《よ》み込《こ》まなければなりません。

（一九六三年十月十三日　熊本）

＊ペンテコステ…第四六講の注（五三頁《ページ》）を参照。
＊バアル…フェニキアを中心に、古代シリア、パレスチナ地方で崇拝《すうはい》された偶像神《ぐうぞうしん》。旧約聖書に登場するエリヤは、主なる神の預言者として、このバアル崇拝と戦った。神は、バアルに膝《ひざ》をかがめぬ七千人を残し、この霊的少数者をして神の歴史の担《にな》い手《て》とされる、と列王紀上にある。
＊エクレシア…「（神に）呼《よ》ばれた者たちの集団」を意味するギリシア語。
＊サンヘドリン…ローマ時代に、エルサレムに設けられたユダヤ人の最高自治機関（最高法院）。
＊アルフレッド・アドラー…一八七〇～一九三七年。オーストリアの精神医学者、心理学者。

【付記】オットー・ピーパー教授、その後

第五八、五九講で語られていますように、オットー・ピーパー教授の来日は、原始福音運動にとってエポック・メーキング(画期的)な出来事でした。高野山聖会に参加したピーパー教授は、「私はまさに二千年前の、新約聖書の一頁《ページ》を見るようにも感動した」と言われて、帰国後、ご自分の友人たちに次々と原始福音運動を紹介《しょうかい》されました。

そのことによって翌年《よくねん》(一九六四年)、アメリカからジェームズ・ブラウン博士ら四人の牧師の三河湾《みかわわん》聖会への参加につながります。さらに、一九六五年にワシントンで開かれた*フルゴスペルの会合への手島郁郎の出席、デモス・シャカリアン*やオーラル・ロバーツとの出会いにつながってゆきました。

高野山聖会の一年後、ピーパー教授から次のような来信がありました。

*

親愛なる手島先生。

あなたと、原始福音運動の人々と共に過ごした、あの恵《めぐ》まれた忘《わす》れられない日々から、もうち

ょうど一年が経《た》ちました。最初、あなたからご厚意《こうい》のこもるお招きの手紙を頂《いただ》きました時、私は「これは神の御意《みこころ》である、私はこの招きを受け入れねばならぬ」と感じました。

けれども、その旅を通して、神がどんなに豊かな賜物《たまもの》を私に与《あた》えようとしておられたかということには、まだ気づきもせず、思いも及《およ》んでおりませんでした。原始福音運動のグループに出会い、幾《いく》つもの幕屋の集会に出席し、そしてあのように温かく、熱愛のこもった皆《みな》さんとの交わりに迎《むか》え入《い》れられたことは、私にとってなんと素晴《すば》らしい経験だったことでしょう！

この原始福音運動の指導者たちの中に、私は器量の傑出《けっしゅつ》した人物を数多く発見しました。「ああ、日本のプロテスタント・キリスト教全体が、いつかはついに、この傑出した人たちの叡智《えいち》と、霊的な洞察力《どうさつりょく》と、そしてその信仰の実力とから、大きな恩恵《おんけい》をこうむる日が来ますように！」と私はただ祈るばかりです。

しかしながら、とりわけ私が主に感謝することは、あなたに出会ったということです。我々の同世代の人々の中に、聖霊の御働《おんはたら》きを力強い現実となすべく選ばれた、ごく少数の人々の一人であるあなたに親しく知り合う特権《とっけん》を、神が私に下さったことです。あなたの友情は、私の人生における最も貴重《きちょう》な財産となりました。

あなたのことを思《おも》い浮《う》かべるたびに、いつも私の心に満ちてくるこの喜びと感謝とを、どう言い表したらよいか、私はほとんど言葉を知りません。妻も私と同じ気持ちです。なぜなら、神があなたを通して、日本にいかに大いなることをなしてこられたかを知ってからは、妻と私の人生は全く新しい次元に入ったからです。

あの高野山の大秦《だいしん》景教流行中国碑《ひ》の前で、あなたと二人で写った写真を、私は何枚《なんまい》も焼き増しして、世界じゅうにいる私の友人たちに送りました。彼らは皆《みな》、私がこのような素晴《すば》らしい友人をもったことを大層《たいそう》うらやましがり、次々とお祝いの言葉を寄せてきております。(中略)

あなたとご家族の方々が健康であられますように。また、神が原始福音運動の上に注がれました、かくも豊かな御祝福《おんしゅくふく》が、あなたとすべての我々の教友たちの上に、いよいよ注がれつづけますように、心から祈っています。心からの愛を込《こ》めて。

一九六四年十一月十四日

オットー・A・ピーパー

＊

＊フルゴスペル…Full Gospel Business Men's Fellowship International　アメリカの実業家であるデモス・シャカリアン(一九一三～一九九三年)によって一九五二年に創立《そうりつ》された、平信徒が中心の超教派《ちょうきょうは》クリスチャン団体。世界各地に支部がある。フルゴスペルとは、聖霊のバプテ

スマをはじめ、神癒《しんゆ》、奇跡《きせき》などの全福音を信じること。デモス・シャカリアンのフルゴスペルは、カリスマ運動の推進力《すいしんりょく》の一つとなった。

＊カリスマ運動…神の賜物《たまもの》としての聖霊体験を基礎《きそ》とする霊的刷新《さっしん》運動。異言《いげん》や癒《い》やしの奇跡など、聖霊の働きを強調する。アメリカのカリスマ運動は、一九四七、八年頃《ころ》から始まり、一九六〇年代に急激《きゅうげき》に拡大《かくだい》して世界の各地に広まった。この運動の初期からの理解者がピーパー教授であった。

＊オーラル・ロバーツ…一九一八～二〇〇九年。アメリカで最も著名《ちょめい》なカリスマ的伝道者の一人。テレビ伝道の先駆者《せんくしゃ》。オクラホマ州タルサにオーラル・ロバーツ大学を設立。

▼オットー・ピーパー教授と原始福音運動については、左記をご参照ください。

『生命の光』一六〇号（一九六三年）「日本を去るに際しての原始福音運動へのメッセージ」

『生命の光』一六七号（一九六四年）「原始福音運動を重視《じゅうし》せよ」

『生命の光』一七六号（一九六五年）「心の旅路」

また、ピーパー教授の著書《ちょしょ》『聖書釈義《しゃくぎ》の問題(What the Bible Means to Me)』(手島郁郎訳《やく》)が一九六三年に出版されています。

〔第六〇講　聖句　ヨハネ伝一二章一～一一節〕

1過越《すぎこし》の祭りの六日まえに、イエスはベタニヤに行かれた。そこは、イエスが死
人の中からよみがえらせたラザロのいた所である。2イエスのためにそこで夕食の
用意がされ、マルタは給仕をしていた。イエスと一緒《いっしょ》に食卓《しょくたく》についていた者のう
ちに、ラザロも加わっていた。
3その時、マリヤは高価で純粋《じゅんすい》なナルドの香油《こうゆ》一斤《きん》を持ってきて、イエスの足
にぬり、自分の髪《かみ》の毛でそれをふいた。すると、香油のかおりが家にいっぱいにな
った。4弟子《でし》のひとりで、イエスを裏切《うらぎ》ろうとしていたイスカリオテのユダが言っ
た、5「なぜこの香油を三百デナリに売って、貧しい人たちに、施《ほどこ》さなかったのか」。
6彼がこう言ったのは、貧しい人たちに対する思いやりがあったからではなく、自
分が盗人《ぬすびと》であり、財布を預かっていて、その中身をごまかしていたからであった。
7イエスは言われた、「この女のするままにさせておきなさい。わたしの葬《ほうむ》りの
日のために、それをとっておいたのだから。8貧しい人たちはいつもあなたがたと

共にいるが、わたしはいつも共にいるわけではない」。
9大ぜいのユダヤ人たちが、そこにイエスのおられるのを知って、押《お》しよせてき
た。それはイエスに会うためだけではなく、イエスが死人のなかから、よみがえら
せたラザロを見るためでもあった。10そこで祭司長たちは、ラザロも殺そうと相談
した。11それは、ラザロのことで、多くのユダヤ人が彼らを離《はな》れ去《さ》って、イエスを
信じるに至《いた》ったからである。

第六〇講

白熱した心で生きる

ヨハネ伝一二章一〜一一節

ヨハネ伝一二章の初めに、イエス・キリストが十字架《じゅうじか》にかかられる過越《すぎこし》の祭りの六日前、ベタニヤに行かれたことが書かれています。

ベタニヤは、エルサレムのすぐ近くにある小さな村です。その村のある家で、イエスのために夕食が用意されました。マルコ伝を読むと、そこは「らい病人シモンの家」(一四章三節)であった、と書いてあります。

らい病であったシモンは、イエスに触《ふ》れて癒《い》やされた感謝のゆえに、夕食の準備をしてイエスを迎《むか》えたのでしょう。また、そこに同席していましたラザロは、マルタとマリヤ姉《し》妹《まい》の弟で、かつて死んで四日も墓の中にいたのに、イエスによって生き返った者です。

私たちは「宗教を信じる」と言いますが、宗教にもいろいろあります。イエスの宗教を信じるということは、死人は蘇《よみがえ》り、らい病もたちまちに清められるような力がキリストにあると信じることです。それについて、何が大事なのかを学んでまいります。

愛は打算を超《こ》えて

過越《すぎこし》の祭りの六日まえに、イエスはベタニヤに行かれた。そこは、イエスが死人の中からよみがえらせたラザロのいた所である。イエスのためにそこで夕食の用意がされ、マルタは給仕をしていた。イエスと一緒《いっしょ》に食卓《しょくたく》についていた者のうちに、ラザロも加わっていた(ラザロはその一人であった)。

その時、マリヤは高価で純粋《じゅんすい》なナルドの香油《こうゆ》一斤《きん》を持ってきて、イエスの足にぬり、自分の髪《かみ》の毛でそれをふいた。すると、香油のかおりが家にいっぱいになった。弟子《でし》のひとりで、イエスを裏切《うらぎ》ろうとしていたイスカリオテのユダが言った、「なぜこの香油を三百デナリに売って、貧しい人たちに、施《ほどこ》さなかったのか」。彼がこう言ったのは、貧しい人たちに対する思いやり(関心、心配)があったからではなく、自分が盗人《ぬすびと》であり、財布を預かっていて、その中身をごまかして（盗んで）いたからであった。

イエスは言われた、「この女のするままにさせておきなさい（放《ほう》っておきなさい、許せ）。わたしの葬《ほうむ》りの日のために、それをとっておいたのだから。貧しい人たちはいつもあなたがたと共にいるが、わたしはいつも共にいるわけではない」。（一二章一〜八節）

十字架《じゅうじか》を前に、いよいよ最後の時を過ごそうとするイエス・キリスト。

その時、マルタの妹マリヤは純粋《じゅんすい》で高価なナルド*の香油《こうゆ》を持ってきて、イエスのおそばに近づきました。そして、イエスの足にその香油を塗《ぬ》りました。頭に塗るべき香油を足に塗った。今（一九六四年当時）の価《あたい》にすれば、数十万円もするような物、それも「純粋な」というのですから、混《ま》ぜ物《もの》をしていない香油を、惜《お》しげもなく捧《ささ》げました。

その場に、後にイエスを裏切《うらぎ》るイスカリオテのユダがおり、「なんという浪費《ろうひ》をするのか、三百デナリに売れるのに」と言ってマリヤをとがめた、とあります。当時、一デナリというのは、労働者の一日分の賃金《ちんぎん》です。ですから三百デナリは、およそ一年分の賃金に相当します。マリヤは、そのような高価な香油をイエスの足に塗り、自分の髪《かみ》の毛でぬぐ

イエスの足に香油を塗るマリヤ（プッサン画）

いました。

　その時、イエスは「この女のするままにさせておきなさい。わたしの葬《ほうむ》りの日のために、それをとっておいたのだから」（一二章七節）と言われた。

　イエスが死ぬということを、マリヤだけがいち早く敏感《びんかん》に感じていました。弟子《でし》たちは感じなかった。いや、感じてはいたでしょう、イエスを捕《と》らえようとする噂《うわさ》はあったのですから。けれども、それが現実のことになるとは思わなかったんですね。

　マリヤは、現実が来る前に葬りの用意をしていました。このように目ざとく先手を打つことを信仰というんです。

　それにしても、なぜマリヤはイエスの死を察知して、葬りの用意をすることができたのか。それは、イエス・キリストを白熱するように愛し、信ずる心があったからです。

愛は打算しません。マリヤはここで、高価な物を惜《お》しげもなくイエスに捧《ささ》げた。

イエス・キリストは、このことを殊《こと》のほかお喜びになりました。

「キリスト」とは、ヘブライ語で「מָשִׁיחַ《マシアハ》 救世主」といいますが、それは「油注がれた者」という意味です。油注ぎの儀式《ぎしき》は祭司が行なう儀式です。しかしそれまで、イエスは油を注がれたことはありませんでした。

けれどもここで、無名の田舎《いなか》の女マリヤによって油注がれ、名実共に「キリスト――油注がれた者」となりました。それはまた、十字架《じゅうじか》上に死のうとされていたイエスの、葬《ほうむ》りの用意ともなりました。

愛の知恵《ちえ》、信仰の知恵

マリヤは、「(イエスの)葬りの日のために、それをとっておいた」(一二章七節)とありますから、彼女はかねてからイエスが十字架にかかって死なれるだろうと予感し、そのために香油《こうゆ》を保存《ほぞん》していたということがわかります。ついにその時が来て、すべてを捧《ささ》げ尽《つ》くして、彼女はどんなに満足だったでしょう。物質は、どうせ費《つい》えるものです。費やすべきところに費やしてこそ、その物質はほんとうに意味を全うします。ただ保存《ほぞん》しておいたのでは、やがて蒸発《じょうはつ》するだけです。

愛はなんと目ざとく、聡明《そうめい》なものでしょう。

こうしてマリヤは、最も尊《とうと》いことをやってのけました。

これは愛の知恵《ちえ》、信仰の知恵であって、人から教えられてできることではありません。マルコ伝に、「よく聞きなさい。全世界のどこででも、福音《ふくいん》が宣《の》べ伝《つた》えられる所では、この女のした事も記念として語られるであろう」(一四章九節)とあるように、マリヤは最大の栄誉《えいよ》を担《にな》いました。

もっと心燃やされて生きたい

マリヤは、キリストへの感謝でいっぱいでした。キリストから信仰を学んだだけでない、愛《いと》しい弟のラザロが死んだけれども、イエスは心を激《はげ》しく情動させ、涙《なみだ》を流して祈り、生き返らせてくださった。それを思うと感謝でたまりませんでした。

実に、イエス・キリストが、またマルタ、マリヤ、ラザロが生きていた世界は、冷えきった教条主義的な信仰ではなく、生命が燃え上がるような白熱した信仰の場でした。そういうところに奇跡《きせき》が起きるんです。

ところがイスカリオテのユダの冷たい心には、そのような白熱した感情がありませんから、すぐ打算的になる。「それを売ったら三百人分もの日当になる。それを貧しい者に施《ほどこ》したら、慈善《じぜん》事業になるじゃないか」などと思う。しかしイエスの宗教は、そんなものではありませんでした。

私たちは、もっと心を熱く燃やされて生きたい。そうでなければ、奇跡は起きない。また未来を予感することもありません。物質面、現象面に対しても、人間の心の力がいかに変化を与えるか。これは、人間の心の偉大《いだい》さです。人間が心の力を発揮《はっき》すると、奇跡を引き起こす力にもなるということです。私は、奇跡を崇拝《すうはい》するのではありません。人間が神から与《あた》えられた信仰は、「信じる者にはすべてのことができる！」ということなんです。私たちは、そのような力強い宗教を求めているんです！

力あるキリストの宗教

大ぜいのユダヤ人たちが、そこにイエスのおられるのを知って、押《お》しよせてきた。それはイエスに会うためだけではなく、イエスが死人のなかから、よみがえらせたラザロを見るためでもあった。そこで祭司長たちは、ラザロも殺そうと相談した。それは、ラザロのことで、多くのユダヤ人が彼らを離《はな》れ去《さ》って、イエスを信じるに至《いた》ったからである。

（一二章九〜一一節）

どうして当時の宗教家たちが、しかも最高の宗教家である祭司長たちが、イエスを、またラザロをも殺そうとしたのでしょうか。

らい病であったが、イエス・キリストに触《ふ》れて癒《い》やされたシモン。また、死んで四日も墓の中にいたのに、イエスによって生き返ったラザロ。このような不思議な力をもつ宗教が発生したということは、当時の宗教家たちにとって脅威《きょうい》であったということです。

彼らは、自分たちの信じている宗教に対する考え方が、イエス・キリストの力ある宗教によって台なしになると思ったんです。事実、続々と多くの人々がイエスに従《したが》いつつありました。それで、ラザロのような生き証人がいたら困《こま》るので、ラザロまでもイエスと一緒《いっしょ》に殺そうとしました。

ここに、イエスが十字架《じゅうじか》にかからねばならない理由がありました。

そして、十字架にかかってもなお、イエスが証《あか》ししようとされたのは、このような力ある宗教でした。

信じる者にはすべてのことができる

マルコ伝九章には、イエスがてんかんに苦しむ子供《こども》を癒《い》やされる場面があります。

その子の父親は、「できますれば、わたしどもをあわれんでお助けください」とイエスに言いました。するとイエスは、「もしできれば、と言うのか。信ずる者には、どんな事でもできる」と言われた。その子の父親が、「信じます。不信仰なわたしを、お助けください」と叫《さけ》びましたら、たちまち不思議な救いが行なわれました(九章二二〜二四節)。

すなわち、イエスにおいて「信じる」ということは、神の力に触《ふ》れる経験、神の力を引き出す経験なんです。神の力が作用するならば、現在の行《ゆ》き詰《づ》まった状況《じょうきょう》も不思議な祝福に展開《てんかい》せざるをえない。このことを、私たちはどんなときにも忘《わす》れてはなりません。使徒パウロは、福音とは「すべて信じる者に、救いを得させる神の力である」(ロマ書一章一六節)と定義し、また「神の国は言葉ではなく、力である」(コリント前書四章二〇節)と言いました。

そのように、信じるという心の作用は、神の恵《めぐ》みの力を引き出すことを内容としています。すなわち、「信じる者には、どんなこともできる!」というのが、イエスの宗教です。そのような信仰が人々の心に目覚めさえすれば、たちまちにキリストは不思議な御業《みわざ》をなさいます。

ですから信仰とは、「日々、天の聖なる光を見させてください!」「日々、奇跡《きせき》を見させてください!」という祈りが湧《わ》いてくることなんです。「奇跡を求める信仰は良くない」と言う人もいるかもしれませんが、人の批評《ひひょう》はどうでもよい。私は聖書を読む時、そのような思いが湧いてくる。そして、そのような力強い宗教を、人々は求めているのではなかろうかと思うんです。

人々の求めに応《こた》える宗教を

これだけ多くの人間が日本にいるのに、どうしてキリストの宗教は少数の人の心しかつかむことができないのか？　その問いに対して、「いや、本当の宗教を信じる者は少数なのだ」などと言っていてよいのか。

昔、イエス・キリストがパレスチナの地を歩まれた時、多くの人々がキリストを求め、キリストに信じ、そして従《したが》いました。私たちはここで、静かに考え直さなければならないと思います。

宗教に力がないというよりも、現在、多くの人々の要求に応えることを知らないために、宗教が人々の心をつかまないのではないか。今、キリスト教が伝えようとしているものと、多くの人が要求し、求めているものとの間に、どうも違《ちが》いがある。宗教が人間の役に立っていないんだ。これではいけない！　いけないならば、どうしたらよいか。

もし宗教が、人々が心の深いところで求めているものを与《あた》えるならば、喜んで多くの人が宗教に生きるようになるでしょう。キリストは、「わたしがきたのは、羊に命を得させ、豊かに得させるためである」(ヨハネ伝一〇章一〇節)と言われました。けれども、今のキリスト教は生命のひとかけらも与《あた》えてはくれません。

私たちは同じ人間ですから、心の深いところで共通に求めているものがあります。キリストは、「求めよ、そうすれば、与えられるであろう。捜《さが》せ、そうすれば、見いだすであろう。門をたたけ、そうすれば、あけてもらえるであろう」(マタイ伝七章七節)と言われました。また、人々がイエスの許《もと》にやって来ると、すぐ「あなたは何を求めるか、何を願うか」と問われ、その人の願いを確かめられると、「願いのごとく、あなたに成れ!」と言われるのが常でした。

このように、イエス・キリストの宗教は、皆《みな》を生かしてやまない、皆の願い求めているものを達成せしめてやまないものだった。宗教は、人間の願いに応《こた》えるものなんです。信仰とは、大きな願いに生きることなんです。しかし、今のキリスト教はそうでない。教理を信じている。自分の願いが生かされるために信じるのではなく、自分と関係のないことを信じている。彼らは何事も「十字架《じゅうじか》、十字架」と言ってあきらめ、自分の願いも妨《さまた》げられている。それでは、幸福になるよりも不幸になってしまいます。

信仰は、神についての説明を信じることではありません。

たとえば、書斎《しょさい》の中で「太陽」についての本を読んで、知識として知ることよりも、実際に太陽の恵《めぐ》みに与《あずか》って生かされていることが大事です。そのように、私たちが日々大いなるものに生かされる喜びと、生きがいを見出《みいだ》すことが信仰なんです。

教条の奴隷《どれい》となるな

今や、時代はずいぶん変わってきています。

それと同じように、宗教に対する人間の受け入れ方も変わってこなければ駄目《だめ》です。

いちばん悪いことは、「私たちの教派《きょうは》では、こうなんです。キリスト教の伝統的な考え方は、こうなんです」と言って、結論《けつろん》を押《お》しつけることです。そのようなものを信じても、生きる力が湧《わ》いてくるものではありません。

たとえばマルクス主義者は、教条主義的に共通の結論を信じています。「世界は、資本主義の社会が行《ゆ》き詰《づ》まって、社会主義、共産主義の社会に変わってゆくに決まっている。これは歴史の必然である」といったことを信じて、それ以上考えたり、追求しようとはしません。昔の人が考えてくれたことの結論《けつろん》を、ただ信じている。信仰も、このように教条をただ信じているだけなら、そこに救いはありません。

だが、一つの教条を信じることが信仰だと思われていた時代に、イエス・キリストが現れ、神の国は言葉ではなく、奇跡《きせき》を引き起こすほどの力であることを示された時、人々は驚《おどろ》きました。そんなことがあるだろうかと思いました。

しかし事実、らい病だったシモンが癒《い》やされて宴会《えんかい》の席を設けている。また、死んだはずのラザロが生き返って、そこにいるのを見て、人々は信じざるをえなかった。それまで、伝統的に伝えられた教条を信じることを信仰だと思っていた人々の考え方が、根底からひっくり返されてしまいました。そのように、時代が変わったら、宗教も変わるんです。私たちは、形骸化《けいがいか》したものをひっくり返し、ひっくり返しして、本当のものを受け取ることが大事です。

今、宗教が力を、また魅力《みりょく》を失っているのは、教条主義ともいうべき一つの教理を信じているからです。それが絶対であって、批判《ひはん》なしにそのまま鵜呑《うの》みに信じる。それを信仰というのならば、力などは伴《ともな》いません。

どうして私は、「日ごとに奇跡《きせき》を見させたまえ」という祈りを祈るのか。これは、「信じる者には、すべてのことができる」という信仰からくるんです。

イエス・キリストは、「信仰とは、神の力を引き出し、神の力の作用を受けて変化することである」とお考えでありました。また、それを体験しておられました。私たちの体験もそこにあります。もし宗教の力で、ガラッと状況《じょうきょう》が変わるのならば、私たちに希望があります。しかし、自分とは関係のない教条を信奉《しんぽう》することが宗教であるなら、人間はドグマ(教義)の奴隷《どれい》でしかありません。

私たち人間は、動物の域《いき》からここまで進化してきました。もっともっと未来に向かって進化、進歩しなければなりません。現状に我慢《がまん》はできない、もっと広くて大きい、輝《かがや》かしい状況に入りたい。こういう向上一路してやまない願いがあるなら、そこから本当の聖書の宗教が始まってゆきます。

大宇宙《だいうちゅう》は連動装置になっている

今日は新年二回目の集会ですから、この一年のために私はなお申し上げたい。

果たして、あなたは願《がん》をかけて生きているか？

神はあなたに志を立てさせ、神の霊的な力を注《そそ》ぎ込《こ》んで、何かをさせようとしておられる。それを知らずに、ただ機械的に、目的もなしに、行き当たりばったりで生きるならば、それは人生の浪費《ろうひ》です。

私たちにとって大事なことは、何のために生きるか、何を目標にして生きるか、目標をはっきりさせ、それに向かって白熱的に追求して生きてゆくことです。

先ほども言いましたように、キリストは「求めよ、そうすれば、与《あた》えられるであろう。捜《さが》せ、そうすれば、見いだすであろう。門をたたけ、そうすれば、あけてもらえるであろう」と言われた。このことは、人間に熱い求め心さえあれば、大宇宙《だいうちゅう》にはそれを完成させよう、成就《じょうじゅ》させようとする作用がある、ということを意味します。

すなわち、大宇宙は有機的組織というか、連動装置であるということです。

たとえば、全自動のカメラのように、シャッターボタンを押《お》しさえするならば、ピントや光の具合などを調整する連動装置が働いて、誰《だれ》にでもきれいな写真が撮《と》れる。自分に「写したい」という願いさえあれば、ボタンを押すだけでよい。

同様に、人間の心に一つの願いがあると、宇宙《うちゅう》は連動装置のようになっていて、その願いがかなうように動くということです。イエス・キリストが感じておられた大宇宙は満ちみちており、共に感応し合う世界であって、人間に何か願いがあるところ、それを満たすものを神様がいっぱい用意しておられる世界なんです。このことがわからなければ、聖書の宗教の入門すらできません。

信仰者といいながら、病気になったり不幸なことがあったりすると、「これは自分の十《じゅう》字架《じか》だ」などと言って、あきらめてしまう人がいる。それでは、神様は助けることができない。人間が求めないうちは、進歩することも、向上することもありません。

キリストの宗教は、神の愛に信じて大きく願うことです。大願にかけて生きることです。大きな願《がん》をかけなければ血が沸《わ》きません。奮《ふる》い立《た》ちません。イエス・キリストの一生は、願生《がんしょう》の身でした。大きな使命をもってお生きになりました。

はっきりとした目標と激《はげ》しい意欲《いよく》

フランスのナポレオンが、ロシア・オーストリアの連合軍と戦った時のことでした。

ある戦場で、凍結《とうけつ》した湖の氷の上を敵軍が敗走しだした時、彼は「敵兵を全滅《ぜんめつ》させよ！」と命令しました。ところが、砲兵《ほうへい》たちが敵軍に向かって撃《う》っても、着弾《ちゃくだん》した弾《たま》は氷の上を滑《すべ》ってゆくばかり。するとナポレオンは、「大砲を上に向けて撃つんだ！」と命じた。そのとおりに上に向けて撃つと、真上から落ちてきた砲弾で分厚い氷も割《わ》れて、敵はおぼれて全滅した、という逸話《いつわ》があります。

このような知恵《ちえ》は、「戦いに勝つんだ！」という、はっきりとした目標と激《はげ》しい意欲《いよく》から生まれるんです。人間が白熱的になって物事にぶち当たると、どこからか不思議な知恵が与《あた》えられるものです。当たり前に大砲を撃ったって、分厚い氷を割るなんてできません。しかし、「できない」と言えば、それまでです。空《そら》に向けて撃つなら、引力の力で真っ逆さまに弾が落ちてきて氷を割ってくれる。かくしてナポレオンは、「私の辞書には、『不可能』という文字はない」と言いました。

ナポレオンは、「古代ローマ帝国《ていこく》の復活」という大きな幻《まぼろし》をもっていた。その幻のゆえに、もうわが身ありとも思わなかった。それで、たびたび危険《きけん》な目に遭《あ》いましたが、彼はそれを恐《おそ》れませんでした。彼は、恐れや利益に左右されず、目的のために生きた。ここにナポレオンが、宗教に似た一つの信念をもっていたことがわかります。このように、激《はげ》しい求め心とはっきりした目的があるところ、それに伴《ともな》う知恵《ちえ》もまた出てくるんです。

白熱した願いが奇跡《きせき》を起こす

前章(一一章)には、大祭司をはじめ、祭司長たちとパリサイ人《びと》たちが議会を召集《しょうしゅう》して、イエスを殺そうと相談をしたことが記してあります。ですからキリストは、エルサレムに上ったら十字架《じゅうじか》にかかることはわかっておられました。けれども、恐《おそ》れずにエルサレムに上られた。それは、イエスが神の大きな願いに生きる人だったからです。

「私には、どうして生きる張りがないんでしょうか」とか、「どうして勇気がないんでしょうか」と言う人がいる。それは、あなたが願《がん》をかけて生きていないからです。

今年の私たちの信仰標語は、「主の天使を友として生活し、勇気をもって戦い進め!」です。私は毎年、新年にはこうして「願をかけて生きる」ことの大切さを申し上げる。それがなければ、宗教はその人のものにならないからです。信仰の旨《うま》しさ、また神の力というものは、願をかけて生きている人でなければ成就《じょうじゅ》しません。

もし大きな願《がん》をかけて、「神様、このことをなさせたまえ」と祈って生きているなら、少しくらいのケガや不利益は覚悟《かくご》の上です。やがて宇宙《うちゅう》の連動装置がガーッと働いて、その人の願いを成就《じょうじゅ》するんです。

しかし、「私は願をかけ、それについての設計図も描《か》いたけれども、どうしても動きださない」と嘆《なげ》く人がいます。それは、模型《もけい》の機関車でも電池が切れたら動かないように、その人に信仰のエネルギーが足りないんです。少しでもその願いが動きだすために必要なのは、人間の熱意というか、熱願です。それが物事を動かし、行《ゆ》き詰《づ》まった状況《じょうきょう》を展開《てんかい》させる力をもつんです。そのことがわかれば、ますます神の生命を求め、祈ろうという気持ちになるでしょう。

「どうして幕屋《まくや》の人々の間では、あのような不思議な奇跡《きせき》が次々に起こるのですか?」とよく聞かれるが、それは熱っぽい信仰があるかどうかの問題です。そのような信仰のあるところ、奇跡も伴《ともな》ってまいります。

熱意、それは私たちの大きな資本です。

人生、熱情をもって生きることほど幸福なことはない。白熱した信仰、白熱した感情で生きるときに、我を忘《わす》れます。恐《おそ》ろしさも忘れます。また、利害に惑《まど》わされたりしません。大きな願いが燃えているからです。

私たちに白熱する意志があったら、驚《おどろ》くべき業《わざ》をなすことができる。後でそれを、人は奇跡《きせき》といいます。大事なことは、熱い信心をもって何かをするということです。このことをやりだしたら、一人ひとりが自分の尊《とうと》さを知ります。私たちはお互《たが》い、何もない人間です。しかし、なぜこんなに不思議なことが日々起こるのか。それは、私たちが神に愛され、神に用いられているからです。

どうか、私たち皆《みな》が、白熱した気持ちで生きたい。それが奇跡を起こすんです。白熱した気持ちであるときに、我慢《がまん》しません。恐れません。有り余るような神の世界から豊富な力を引き出すことができる。これは、私の知っている奇跡論《きせきろん》です。

冷たい鉄というものは、そのままではどうにもなりません。しかし、熱く熱したら軟《やわ》らかくなって、どんな形にでも変化します。それと同じように、あなたの信仰が白熱さえしたら、状況《じょうきょう》はガラッと変わるんです。どうぞ、熱い祈りを神に上げたい。熱く心燃やされて、私たちは毎日生きたい。

マリヤのように、一年分の生活費に相当する物を一瞬《いっしゅん》に捧《ささ》げて生きるときに、不思議なことが起きます。そのような勇気を与《あた》えるものが宗教なんです。神が共にあって助ける。それをありありと感じさえすれば、何でもできます。何も恐《おそ》れません。

どうぞ神と共に歩き、天の万軍《ばんぐん》の天使たちと共に歩いて、祝福に満ちた不思議な一年を、これからスタートしたいと思います。

（一九六四年一月十二日　大阪）

＊ナルドの香油《こうゆ》…ヒマラヤ産の植物ナルドの根から採られる香料。一斤《きん》（一リトラ）は、約三二八グラム。

第六一講

歓喜と熱情の宗教

ヨハネ伝一二章一二～一九節

イエス・キリストは、ご生涯《しょうがい》の最後に、十字架《じゅうじか》を目指して宗教の都エルサレムに入城《にゅうじょう》されました。そのイエスを、多くの人々が熱狂的《ねっきょうてき》に迎《むか》えました。

イエスは、ナザレの田舎《いなか》大工にしかすぎません。エルサレムの神殿《しんでん》を建築するような特別な建築家でも何でもなかった。しかし、そのような者を熱烈《ねつれつ》に皆《みな》が歓迎《かんげい》したということは、イエス・キリストには人々の心を燃やす何かがあったということです。

これは、私たちがぜひとも心得ねばならない人生の一つの奥義《おくぎ》、秘密《ひみつ》です。

これをものにしている人は、ただでは済《す》みません。偉大《いだい》な生涯《しょうがい》を送ることができます。その秘密を、ヨハネ伝一二章から学びたいと思います。

その翌日《よくじつ》、祭りにきていた大ぜいの群衆《ぐんしゅう》は、イエスがエルサレムにこられると聞いて、しゅろの枝を手にとり、迎《むか》えに出て行った。そして叫《さけ》んだ、

「ホサナ、
主の御名《みな》によってきたる者に祝福あれ、
イスラエルの王に」。

イエスは、ろばの子を見つけて、その上に乗られた。それは

「シオンの娘《むすめ》よ、恐《おそ》れるな。
見よ、あなたの王がろばの子に乗っておいでになる」

と書いてあるとおりであった。

弟子《でし》たちは初めにはこのことを悟《さと》らなかったが、イエスが栄光を受けられた時に、このことがイエスについて書かれてあり、またそのとおりに、人々がイエスに対してしたのだということを、思い起した。また、イエスがラザロを墓から呼《よ》び出《だ》して、死人の中からよみがえらせたとき、イエスと一緒《いっしょ》にいた群衆が、そのあかしをした。群衆がイエスを迎えに出たのは、イエスがこのようなしるしを行われたことを、聞いて

いたからである。そこで、パリサイ人《びと》たちは互《たが》いに言った、「(よく観《み》よ)何をしてもむだだった。(見よ)世をあげて(この世は、世の人は)彼のあとを追って行ったではないか」。

(一二章一二～一九節)

一切《いっさい》を捧《ささ》げしめる力

イエスが最後の都入りをなさいました。その時、大勢の群衆《ぐんしゅう》が歓呼《かんこ》して迎《むか》えた。ルカ伝やマルコ伝などを併《あわ》せて読みますと、これはただの群衆というよりも、弟子《でし》たちやイエスを信じている人たちが迎えに出た、ということがわかります。それにつられて、大勢の群衆も一緒《いっしょ》になって迎えたのでしょう。彼らは棕櫚《しゅろ》の枝を振《ふ》り、自分たちの上着を道に敷《し》いてまで、熱狂的《ねっきょうてき》にイエスを迎えました。

イエスの宗教に対して、現在のキリスト教が誤解《ごかい》していることの一つは、この点です。今の日本のキリスト教には、このように人々の熱情を沸《わ》かすものがありません。教会に行っても、型どおりの礼拝《れいはい》、気休めのお説教、それをただ聞いて帰るしかない宗教。そんな所に、燃えるような生命とみなぎる力が沸き立つものか!

イエス・キリストは三十三歳《さい》、わずか三年の伝道。しかし、世界的な宗教を打ち立てられた。そこには何か秘密《ひみつ》があります。

イエスとその周囲には、内側から爆発《ばくはつ》するように込《こ》み上《あ》げてくるものがあったんです。これが、本当の宗教なんです。このような力は、神学からは生まれない。今のキリスト教は、聖書を誤解《ごかい》しています。

偉大《いだい》な人間は、皆《みな》の願い求めているものを与《あた》えてくれる。だから、多くの人がウワーッとついて行きます。イエス・キリストは、ガリラヤで伝道された時でも、荒野《あらの》の奥《おく》でさえ五千人の群衆《ぐんしゅう》に囲まれました。やがて日は暮《く》れて、皆に供《きょう》するパンに困《こま》るくらいでした。それほど人気がありました。

また、この都入りの前夜、ベタニヤのマリヤは三百デナリもする価高《あたいたか》きナルドの香油《こうゆ》をイエスに注ぎ、葬《ほうむ》りの用意としました。これは、マリヤの信仰が良かったことにもよるでしょうが、一切《いっさい》を捧《ささ》げしめる力がイエスにあったということです。そして、捧げる者も捧げられる者も、共に喜んだ。このように、キリストの宗教は、人々の胸《むね》に熱い火を燃やすことができるものでした。

人々を熱狂《ねっきょう》させるもの

日本でいちばん高い山は富士山です。富士山はなぜ高いかというなら、それは火山のマグマの力が高くしたんです。浅間山《あさまやま》や他の高い山々も、かつては火山でした。火山であるがゆえに、非常に高くなった。すなわち、地球の内部から込《こ》み上《あ》げてくる熱い熱いものが高めたんです。

イエス・キリストという名もない宗教家が、どうして少しの間に全世界の人々の魂を焦《こ》がすようになったのだろうか。それは、イエス自身が天来の火に燃えていたからです。

今でも同様です。皆《みな》が燃えたがっているんです。その燃えたがっている人々を燃やしさえすれば、皆が宗教に生きる喜びと生きがいを感じるんです。

イエスのエルサレム入城《にゅうじょう》を、多くの人々が迎《むか》えた。「これは群集心理に駆《か》られて、ワーワーと歓迎《かんげい》したんだ」と注解する人もいます。けれども、考えてもみてください。地位や名誉《めいよ》がある人なら別ですが、名もないナザレの田舎《いなか》大工を、ただ群集心理だけで人は担《かつ》ぐだろうか。何か偉大《いだい》なものをもっていなかったなら、人は担ぎませんよ。皆の心を動かす何かがあったんです！　私たちも、それを得たいんです！　それを得ることができれば、人生がどんなに冷たい逆境の中にあっても、熱く生きることができます。

それは私たちにとって、大事な宗教的資本ともいうべきものです。偉大《いだい》な生涯《しょうがい》を送った人は皆《みな》、ただ自分が救われるだけでない、他をも救ってやまない、溢《あふ》れるようなエネルギーを蓄《たくわ》えています。私たちも、そのような旺盛《おうせい》な生命を神の泉《いずみ》から汲《く》み、もたなければなりません。

イエスの都入り（ドゥッチョ画）

宗教は、ある人が考えるように、独りぼっちで静かに神と共に生きるというようなことではありません。もし、ほんとうに神と共に生きたならば、「神を知りたい、神の生命に満たされたい」と願っている多くの人たちを満たすことができるものです。

私たちは、なぜここに集まって聖書を読むのか。なぜキリストの御名《みな》を呼《よ》ぶのか。それは、聖書を通してキリストのご生涯《しょうがい》を学ぶたびに、お互《たが》いの胸《むね》がときめくからです。胸がときめくときに、生きる希望と力と熱情を覚えるんです。それを与《あた》えてくれないならば、宗教は災《わざわ》いです。

私たちは、「宗教によって生きなければならない」となぜ言うのか。それは、本当の宗教は、生きる希望と熱情を与えてくれるからです。

だから多くの人々が、「イエス様、イエス様」と言って慕《した》いました。今のキリスト教は、その時の惰性《だせい》で続いているだけです。私たちはもう一度、福音書《ふくいんしょ》に書いてあるように、胸をときめかせて、皆《みな》が生き生きとして、キリストに従《したが》いたい。

魂を震《ふる》わせる賛歌

イエス・キリストは、エルサレムに行ったら殺される、とわかっておられました。それにもかかわらず、先頭切って歩いてゆかれた。なぜでしょう。

イエスの内には、神の聖霊が炎《ほのお》のように燃《も》え滾《たぎ》っていたからです。聖霊の火が燃えるときに、小さく縮《ちぢ》こまって生きない。堂々と行進しはじめるんです。私たちも、神に祈り、キリストの生命が注がれるならば、燃えはじめるんです！　魂が燃えだすと勇気が出るんです！　この勇気をもっているかいないかで、その人の人生はガラッと変わります。今の宗教に足りないのは、この勇気です。

このように霊に燃えたイエスを、人々は歌を歌って迎《むか》えました。

「ホサナ（どうか、救ってください！）、
主の御名《みな》によってきたる者に祝福あれ、
イスラエルの王に」。　（一二章一三節）

と、歌いつつ迎えた。すなわち、本当の宗教は万民《ばんみん》の胸《むね》を揺《ゆ》るがし、歌を歌わせるものだということです。賛美歌に次のような歌があります。

わが喜びわがのぞみ　わがいのちのきみ
昼たたえ夜うたいて　なお足らぬを思う

昼賛《たた》え、夜歌ってもなお足りないと思うほどに、人々は賛え歌ってイエスを迎《むか》えた。イエス・キリストの福音は、このように万人《ばんにん》の共感を呼《よ》び、リズミカルに皆《みな》の心を一斉《いっせい》に動かすことができるものでした。

福音書を読んでみますと、イエス・キリストは、今の神学者や牧師がするような説教はしておられません。マタイ伝にある「山上の垂訓《すいくん》」を読んでも、ほとんどが詩です。ですから詩のように、歌のように、皆の胸《むね》を震《ふる》わせたのがイエスの説かれた宗教だったんです。私たちもそれに唱和して、宇宙的《うちゅうてき》なリズムに乗って歌いたいんです。そうやって歌うときに、宗教についての理屈《りくつ》などは吹っ飛《と》びます。

ここでは、「ホサナ、主の御名《みな》によってきたる者に祝福あれ」と歌っている。「ホサナ」というのは、「どうか、救ってください！」という意味です。また、「きたる者」というのは、皆が長い間待ち望んだ救世主・キリストのことです。

来たるべき者が来さえすれば、時代の状況《じょうきょう》はガラッと変わる。だから「来たるべき者よ、来たれ！　来たるべき者よ、来たれ！」というのが、長い間のイスラエル人《びと》の祈りでした。

私たちも、それに出会いたいんです！　来たるべき者が来てくれないから、行《ゆ》き詰《づ》まります。来たるべき者が来さえすれば、私たちは救われて喜ぶことができる！　聖書は、こういう熱い期待をもった雰囲気《ふんいき》の中で読まなければ駄目《だめ》です。

喜んで主の御用《ごよう》に差し出す

ここに、「(キリストは)ろばの子に乗っておいでになる」(一二章一五節)と書いてあります。このろばが、どこから来たのかについての記事は、他の福音書に書いてあります。キリストがエルサレムに近いベテパゲという所に来られた時、弟子《でし》たちに命じて、「向こうの村へ行きなさい。するとすぐ、ろばがつながれていて、子ろばがそばにいるのを見るであろう。それを解いてわたしのところに引いてきなさい。もしだれかが、あなたがたに何か言ったなら、主がお入り用なのです、と言いなさい。そう言えば、すぐ渡《わた》してくれるであろう」(マタイ伝二一章二、三節)と言われました。弟子たちが行ってみると、言われたとおり、ろばがつながれていたので引いてきた、とあります。

「主の御用だ」と言ったら、持ち主はすぐにろばを渡してくれた。

これは、なぜでしょう。聖書学者は、「あらかじめ契約《けいやく》してあって、そこにイエスは弟子を遣《つか》わしたのだ」とか、「イエスは千里眼で、誰《だれ》が渡《わた》すのか知っていたのだろう」とか、「その村にも信者がいたのだろう」というように、いろいろと推測《すいそく》して解釈《かいしゃく》します。そうかもしれません。

けれども、私はそう思いません。イエス・キリストが燃えて生きておられるときに、自分のろばをさっと差し出すほどに魂を燃やしだした人々がいたんです。

私たちの間でも、一緒《いっしょ》になって心燃えて生きている人に、「あなたに、これをお願いします」と頼《たの》むと、「はい！」と言って喜んでしてくれる。そういう雰囲気《ふんいき》ができると、皆《みな》が進んでやってくれる。誰かが強制したのではない。魂が信仰復興《リバイバル》して燃えているときは、不思議なくらい人々が信仰に入ります。皆、大きな力に動かされたいと願っているからです。「喜んでしますよ！」と言わしめるような力が働くことが宗教なんです。これは聖書学者が知らない宗教経験です。

生命の燃焼《ねんしょう》が人を動かす

もしあなたに、このイエス・キリストに滾《たぎ》っていたような神の熱情が与《あた》えられたら、家庭においても仕事においても、なすことがすべてうまくゆきます。また人が協力してくれます。「私はどうやったらセールスマンとして成功するでしょうか?」などと言う人がいますが、仕事に対して熱情と確信さえもっておりましたら、誰《だれ》でも動きますよ。自分自身があやふやだから、すべてのことがあやふやになるんです。

イエス・キリストの宗教は、このように生命が燃え上がるところにあります。もしあなたが今、燃えているならば、あなたはほんとうに幸福です。くすぶっているなら不幸ですね。燃えきれないところに悩《なや》みがあります。

NHKの局長をしている俳句《はいく》の好きな人が、「俳句はいじくって作ったものは駄目《だめ》だ。本当のものは生命の燃焼《ねんしょう》だ」と言っておりました。私は含蓄《がんちく》のある言葉だと思います。なまじっかな、燃えきらないものはつまらない。私たちの生命は赤々と燃えたがっている。燃えるときに幸せなんです。ユダヤ教ではこれをヒトラハブート(灼熱《しゃくねつ》の歓喜《かんき》)といいます。魂が燃え上がって、胸《むね》の中に神秘《しんぴ》な火花が散るようになるときに、人々に大きな感化を与《あた》えることができる。

ある人が、「伝道者になりたい」と言います。「うん、それは結構だ。しかし君は、伝道者になろうと思うならば、熱い魂の人間にならなければ成功しない。君のように冷たい、かじかんだ心で、『神様、神様』と言っても駄目《だめ》だ。自分が燃えておらずに、どうして人を燃やすことができるか。大事なことは燃え上がることだ」と言ったことです。

閉《と》ざされた心と開かれた心

ある人が、「幕屋《まくや》の人たちは熱く燃えて、抱《だ》き合《あ》ったりする。あれは不謹慎《ふきんしん》だ。宗教はもっと静かなものだ」と言います。

けれども、キリストの宗教は、そんな静かなものじゃないんです。荒野《あらの》の奥《おく》にでも五千人の人が集まるような、人々を引きつけてやまないものなんです。伝道者になろうと思う者は、この心がない限り駄目です。テクニックじゃない、どの人をつかまえても熱く燃やしてやまぬ心が大事です。

これをベルクソン*は、「閉ざされた心と開かれた心」と言いました。

自分の心を閉ざしている人がある。それに対して、自分から心を開いて思いを伝え、他の人の心も自分の中に入れるような、愛と希望と信じ合う心の人がある。このように開かれた心の人と、閉《と》ざされた心の人とでは、大きな違《ちが》いがある。

もし、伝道したいという者なら、開かれた心でなければ、人の心を開くなどということはできるものではありません。

これは伝道だけではありません。開かれた心、熱い魂があれば、家族を温めることができるし、職場においても違ってきます。あの人は人気がある、と言われるような人は、他に対して深い同情心があるし、他の人の身になって考える心の熱さがあります。

「神を信じなさい」と人に言うよりも、キリストと共に歩いて、燃え上がるような雰囲《ふんい》気《き》を皆《みな》さんがもっておられれば、放《ほう》っておいても人々が信仰に入ってきます。それを「伝道します」などと言って、宗教の教理や哲学《てつがく》を教《おし》え込《こ》むことが伝道だと思うならば、大間違いです。

大阪のこの集会も、少しおとなしすぎる。入り口に人が来たら、顔を見ただけでも迎《むか》える人からワーッと喜びが伝わるようでないならば、私はイエスの宗教でないと思う。

先ほど、長崎の集会の話をされたが、長崎幕屋には燃え上がるような愛があるという。私たちはもう一度、これを回復しなければならない。ただ会うだけで、燃え上がる愛の雰囲気が沸き起こる。その時に、過去の自分に何があっても、そんな過去は灰になってしまい、今は炎《ほのお》となって燃えているお互《たが》いを見ることが大事です。

霊的熱情に生きる者

この燃え上がるような熱情、これは旧新約聖書を一貫《いっかん》するものです。エルサレムの神殿《しんでん》で、イエス・キリストが商売をする者たちを追い出して宮潔《みやきよ》めをなさった時、「あなたの家を思う熱心がわたしを食いつくす」(詩篇《しへん》六九篇九節)という言葉どおりでした。

またイザヤ書には、「主は勇士のように出て行き、いくさ人のように熱心を起す」(四二章一三節)とか、「主は熱心を外套《がいとう》として身を包まれた」(五九章一七節)などと書いてあります。この燃え上がるような熱心、それに身を包んでいる姿《すがた》、これが神の姿、キリストのお姿です。

聖霊を注がれて、この宗教的な霊的熱情を燃やしている者が、次から次に人を燃やすのが聖書の宗教なんです。一人のモーセが、燃える柴《しば》の中に語られる神に出会った。そのような火の経験をしたモーセは、イスラエルの民《たみ》の心を燃やしました。私たちも、そうでなければなりません。

キリストが加持《かじ》したもう

「イエスは、ろばの子を見つけて、その上に乗られた」(一二章一四節)とあります。なぜろばに乗って都入りをされたのか。これは、ゼカリヤ書にある預言の成就《じょうじゅ》でした。

「シオンの娘《むすめ》よ、大いに喜べ、
エルサレムの娘よ、呼《よ》ばわれ。
見よ、あなたの王はあなたに来る。
彼は義なる者であって救いを得させ、
柔和《にゅうわ》であって、ろばに乗る。
すなわち、ろばの子である子ろばに乗る」。(九章九節　私訳《しやく》)

当時、戦争する時には馬に乗りました。小さいろばでは頼《たよ》りになりません。けれども神は、イスラエルの民《たみ》が馬や戦車や武器に寄《よ》り頼《たの》むのを喜ばれない。神に寄り頼む魂を喜びたもう、というのが聖書の考え方です。神に寄り頼む者は、たとえ柔和《にゅうわ》で小さなろばに乗っても勝つ。何ゆえか？　神の力が彼に伴《ともな》っているからです。

イエス・キリストは、そのような気持ちをもってエルサレムに上ってこられた。「加持《かじ》する」という言葉があります。これは「加持祈禱《かじきとう》」などと言って、弘法《こうぼう》大師が使いはじめた言葉です。神の力が加えられ、それを信心によって受け取る、という意味です。ろばは弱いけれども、キリストに加持されるときに尊《とうと》いろばになる。

同様に、私たちは小さなろばのような者かもしれません。けれども、キリストが乗りたもうならば、すなわち宇宙的《うちゅうてき》な神の霊、キリストに加持されだしたら、栄《は》えある生涯《しょうがい》を送ることができます。神の霊が驚《おどろ》くほどに働くからです。

ナザレの大工の子にすぎなかったイエス。しかし、全世界のどの帝王《ていおう》といえどもイエスほどに崇《あが》められ、賛美されているお方はありません。これはどこからくるか。宗教はそれを教えます。私たちも、神の霊がお互《たが》いに加持しだしたなら、ただでは済《す》みません。大事なことは、この神の霊をものにすることです。

夢がその人を作る

イギリスの劇作家《げきさっか》シェークスピア＊の有名な言葉に、「私たち人間は、夢と同じ材料で作られている」というものがあります。

人は物事の外側を見ます。しかし、目に見える世界は、私たちが心に描《えが》く夢、イメージが作ったものです。夢がなかったら、外側の事物も生まれてこない。同様に、人間もその人が夢みている姿《すがた》、イメージのごとくなってゆきます。

ですから、その人がどんな夢をもつかによって、やがてその夢がその人に実現する。それで、「私たち人間は、夢と同じ材料で作られている」というんです。これは実に偉大《いだい》な言葉です。多くの人はその意味を理解しませんが、時としてインスピレーションのように私の心に響《ひび》きます。

人間の尊《とうと》さは外側にありません。その人のもっている心に、夢にあります。

イエス・キリストはナザレの大工でした。それが外側の社会的地位でした。

しかし、イエスの尊さは外側にはありませんでした。イエスが、なぜ多くの人々から迎《むか》えられたのか。それは、神と同質の夢、神のような心をもっておられたからです。これは、お互《たが》いが聖書を学びながら、自分のものにしなければならないことです。

多くの人は夢の尊《とうと》さを知りません。このことは、私たち実社会に生きる者にも必要なことです。この厳《きび》しい世間においても、あなたを偉大《いだい》にするものは夢です。夢は外側にありません。心の内側にあります。現在の自分の姿《すがた》を見ると、粗末《そまつ》ですし、運命が開けそうにない。そして、それに泣きます。だが大事なことは、私たちを作るものは夢であって、その人のもっている心の本質、霊的な本質がその人を決める、ということです。

改革《かいかく》、熱情、自由、進歩、前進！

何ゆえにイエス・キリストは、次々と死人を生かしたり、らい病人を清めたりする奇跡《きせき》を行なうことができたのでしょうか。人々はそれに驚《おどろ》きました。だが、もし私たちが「日ごとに奇跡を見させたまえ」という夢を描《えが》き、祈りはじめたら、そのとおりに実現するものなんです。この真理を多くの人は知りません。

奇跡を引き起こすような時の精神的状況《じょうきょう》は、この聖書の箇所《かしょ》で読みましたように、燃《も》え滾《たぎ》っております。私たちは、このように自分を燃やし、自分を高め、沸騰《ふっとう》させるものを欲《ほっ》します。なぜイエスは、ラザロを死人の中から蘇《よみがえ》らせることができたのか。それは、ある意味では精神力の沸騰です。キリストのもっておられた精神エネルギーと、キリストを慕《した》ってやまないマルタ、マリヤの熱い雰囲気《ふんいき》がついに奇跡《きせき》を引き起こしたんです。熱い信仰のないところ、奇跡は起きません。

だから大事なことは、信仰を温め、信仰に自由を与《あた》え、思い切って現状を打破する決心を、希望を、勇気を与えることです。これなくして奇跡は起きません。

多くの人が、現状に甘《あま》んじ、ただ伝統を保ちつづけることを宗教だと思っているときに、イエス・キリストの宗教は改革《かいかく》でした。熱情でした。思い切って現状を打破することでした。そこに、自由を得る喜びがあります。宗教的解放の喜びがあります。また、進歩があり、前進があります。

私たちは今年、前進したい！　戦い進みたい！　それには、どうしたらいいか。

聖なる神の光が燃えはじめなければ、どうにもなりません。聖なる光が胸《むね》を焦《こ》がし、聖なる霊が注《そそ》ぎ込《こ》まれなければ、日ごとに奇跡を拝《はい》するということはありません。「今日も奇跡《きせき》を見させたまえ、不思議を見させたまえ」という夢を、私はもつ。夢がその人を作るんです。このような夢は、燃える魂でなければ湧《わ》いてこないんです。必要なのは、私たちを燃やす生命の光です。

エラン・ヴィタール（生命の飛躍《ひやく》）

私たちは聖書をただ読んで、読み過ごしたくありません。読みながら、私たちも聖書の人物そのままになりきってキリストをお迎《むか》えしたい。「ホサナ、ホサナ！」と、棕櫚《しゅろ》の枝を持って熱烈《ねつれつ》に迎えたい。私たちの心に迎えたい。キリストが、私たちをろばとして乗られるときに、多くの人がウワーッといって歓迎《かんげい》します。今まで冷たい男、嫌《いや》な男と嫌われていたのに、どうしてこんなに熱く迎えられるのだろうかと思うようなことが始まる。この秘密《ひみつ》を会得《えとく》しなければ駄目《だめ》です。

私たちは、心が燃え上がるときに、嬉《うれ》しくて自分を忘《わす》れます。どうして自分は我《が》が強いのだろうかと嘆《なげ》く人も、燃え上がって何かに熱中しているときは、自我も何もない、無我夢中で生きています。しかし、冷たい心になりますと、氷のように鋭《するど》い気持ちで人を批判《ひはん》するものです。

もし自分に何かが足りないというなら、それは熱情的な喜びです。

宗教は、熱情的な喜びなんです。今のお寺や教会が言っていることと違《ちが》うんです。

イエス・キリストが多くの人に与《あた》えようとされたものは、この燃え上がるような喜びでした。これがイエスの死後、大宗教を作らせた秘密《ひみつ》です。

ベルクソンは、これを「エラン・ヴィタール(生命の飛躍《ひやく》)」と呼《よ》びました。

「エラン」というのは「飛躍、躍進、躍動」、「ヴィタール」とは「生命」のことです。

私たちは自分で突破《とっぱ》したい、脱皮《だっぴ》したいと思っても、込《こ》み上《あ》げるような霊的衝動《しょうどう》が内側からウワーッと爆発《ばくはつ》してこなければ、突破し、躍進することはできません。これは恩《おん》寵《ちょう》の力です。キリストの生命が内から込み上げてくるときに躍進できるんです。

このように、キリストの火花を躍動させて生きている者が出ると、皆《みな》が寄ってくる。「あの人のところに行こう、あの人に聞こう、あの人に相談してみよう」と言って、知《ち》恵《え》を求めてきます。温かい、熱い、希望の人と、そうでない人とは何が違うのかというなら、その生命の躍動があるかないかです。私たちは自分を改造するために、ぜひそれが必要だということを、強く思わなければいけません。

これを宗教的に言うならば、愛の躍動《やくどう》です。

キリストの愛の生命が注がれたら、もうジッとしておられませんよ。母親が子供《こども》のことを思うとたまらなくなるような、また恋人《こいびと》を思うと胸《むね》がときめいてしかたがないような、愛のエラン（躍動）がある。これをものにしなければ駄目《だめ》です。これをものにして、人々に愛のエランを与《あた》えることをしだしたら、「この上着も脱《ぬ》ぎましょう、これも使ってください」と言って、皆《みな》の心が燃やされ、協力を惜《お》しまなくなる。また、そのような人は自分が恵《めぐ》まれるだけでない、多くの人を潤《うるお》してやまない人になります。

私の一つの夢

今、私に一つの夢があります。それは、皆さんが伝道してくださることです。

私は、伝道者が伝道するだけが伝道だとは思わないですね。また、伝道者だからといって、できるものではありません。伝道は、神の霊が燃え上がった者がするのであって、人間の力でするものじゃありません。まず燃え上がるということが大事です。

先日、中野静先生がわが家に来なさった。「何です？」と聞くと、「嬉《うれ》しい！　宝塚《たからづか》の集会が嬉しかった！」と、わざわざ赤ちゃんをおんぶして来られました。私は聞いていて、こっちの心が燃え上がるようでした。静先生は、肺病《はいびょう》のひどい体で、大きな赤ちゃんをおぶって伝道に行かれるが、「心が燃やされていると何でもない」と言われる。その熱いお気持ちが、こっちにまで伝染《でんせん》してきました。静先生を見ていると、尊《とうと》くてなりません。

こういうお一人おひとりのことを思って、今度、私は自動車を買おうと思いました。それを提供《ていきょう》しますから、皆《みな》さんで関西各地の伝道に使っていただきたいと思うんです。頼《たの》むから、皆でしようじゃありませんか。これは、私の伝道に対する夢なんです。

神の熱誠《ねっせい》

イエス・キリストの姿《すがた》を見るときに、人々の胸《むね》の中にウワーッと沸《わ》き立《た》たせずにおかないものがありました。「エホバ(主)の熱心がこれをなす」(イザヤ書九章七節)という言葉がありますが、キリストが熱して生きられたときに、周囲の冷たい心の人々も燃やされ、神を賛美せずにおられなかった。自分の心が燃え上がったら、体の細胞《さいぼう》の一つひとつまでがときめき、病気も癒《い》やされる。これがイエス・キリストの宗教です。

このような、火のように燃やしてくれるものを皆《みな》が欲《ほっ》している。万人《ばんにん》が、熱く喜ぶことを欲している。皆《みな》さん方が、ただ聖書を読むだけじゃない、「そうだ、自分も火だるまのように熱く燃えてやろう！」と思いだされると、この熱さは次から次へと伝染《でんせん》します。熱い愛は伝染するんです！

このような熱情を英語で「enthusiasm《エンシュージアズム》」といいますけれども、「熱誠《ねっせい》」という意味です。イエス・キリストがもっておられたのは、神の熱誠、熱情でした。

私たちは、ぜひともこの神の熱情が滾《たぎ》る信仰を現代の世に回復して、伝道なり、仕事なり、家庭なりをやってゆかねばならないと思います。

祈ります。深い呼吸《こきゅう》をなさって、精神を集中して……。

人間には宗教心というものがあるのであって、心が研《と》ぎ澄《す》まされて集中してきますと、わからないはずのものが、だんだんわかってきます。見えだしてくるんです。やがては、見えだすだけじゃない、胸《むね》の中に赤々と火が燃えはじめたら、それがあなたにすべてを教えます。もう、いろいろなことはいらない。

深い呼吸《こきゅう》をなさって……深い呼吸をして……深い呼吸をして……。

キリストと一つになるくらいに燃え上がらないと駄目《だめ》です。緊張《きんちょう》したら駄目です。すっかりほどいて、神の大きなご愛に満たされ、浸《ひた》されてください。


（一九六四年一月十九日　大阪）

＊アンリ・ベルクソン…第四六講の注（五三頁《ページ》）を参照。
＊ウィリアム・シェークスピア…一五六四〜一六一六年。イギリスに生まれる。世界演劇史《えんげきし》を通じて最大の劇作家、詩人。エリザベス朝ルネサンス文学の代表者。

補講I

コペルニクス的転回

ただ父の懐《ふところ》の中にいる独り子なる神だけが、神をあらわしたのである。

（ヨハネ伝一章一八節　私訳《しやく》）

科学革命《かくめい》は、コペルニクス*が一五四三年に出版した、「地球は太陽の周りを運動している」という一冊《さつ》の本『天球の回転について』から始まったといわれます。

コペルニクス以前は、地球を中心にして、太陽も月も星も地球の周りを回っていると、天動説が信じられていました。しかし、コペルニクスは科学者として、どのように法則を組み合わせてみても、天動説では天体の運行を理解することができませんでした。

そこでコペルニクスは、太陽系《たいようけい》の惑星《わくせい》の軌道《きどう》は、惑星の一つである地球からでなく、あの燃ゆる太陽から眺《なが》めてみれば、簡単《かんたん》にわかるのではないかと考えました。

彼は、想像の翼《つばさ》を駆《か》って飛躍《ひやく》し、地球から空高く飛び上がって、すさまじくも、あの太陽の懐《ふところ》に自分が立って、地球を眺めてみると仮定しました。その結果、「太陽の方から眺めてみた時、地球は初めてその正体を見せる」「太陽は、星たちの家族を支配している」と彼は知りました。

この想像力による太陽への飛躍が科学の革命《かくめい》を起こし、近代天文学を開きました。

神の懐で考え祈る人に

信仰も同じです。多くの人々は、自分を全うすることが大事だと言います。自己《じこ》完成も大事でしょう。しかし、自分の置かれている立場にとらわれているなら、*コペルニクス的転回は不可能です。自己中心で物を考えると、複雑《ふくざつ》で、矛盾《むじゅん》して、いつまでも判断に窮《きゅう》して苦しむのです。

思い切って自分の立場を離《はな》れ、太陽という根源的《こんげんてき》世界から考察してみると、一目瞭然《いちもくりょうぜん》、大真理を発見できます。神のロゴス(言《ことば》)の受肉は、神の懐《ふところ》に飛《と》び込《こ》んで考え祈る人に始まります。自分の立場で考えると、現状維持《げんじょういじ》が安易ですが、神の立場に立って考えると、私たちは一躍雄飛《いちやくゆうひ》せざるをえません。

一直線に太陽なる神の懐に飛び込み、創造者《そうぞうしゃ》なる神の心で考え、事物を見れば、明々白々です。違《ちが》った答えが貴君《きくん》を待っています。

(一九六六年九月四日 『週刊幕屋』三六号より)

＊ニコラウス・コペルニクス…一四七三～一五四三年。ポーランドの天文学者、聖職者。

＊コペルニクス的転回…従来《じゅうらい》の考え方が、ガラリと正反対に変わること。天動説から地動説に転回したコペルニクスに譬《たと》えて使われるようになった。

補講Ⅱ

実現の如来《にょらい》なるキリスト

――宗教史におけるヨハネ伝――

「わたしは世の光である。わたしに従《したが》って来る者は、やみのうちを歩くことがなく、命の光をもつであろう」。（ヨハネ伝八章一二節）

暗きを照らす太陽の光があるように、「生命の光」という霊光《れいこう》があります。この光に照らされなければ、霊魂は生きられません。この光によらなければ、霊的生命も伸《の》びない。この光は永遠の光であり、「聖なる光《オロット・ハコデッシュ》」とも称《しょう》せられる神の光です。この聖なる光の持ち主であるキリストに触《ふ》れ、キリストの光を仰《あお》ぎつつ、光の子らしく歩むことがヨハネ伝が説く信仰の生活です。キリストこそは、無明の心の闇《やみ》を照破《しょうは》する世の光です。

闇の信仰と光の信仰

それで、信仰といいましても、二つのタイプがあるのを見ます。

一つは、闇の中で信じている信仰と、もう一つは光の中で生きている信仰です。

闇の中では、信じていると言いながら、信じるということに精いっぱいであって、わからず惑《まど》い、傷《きず》つき、悩《なや》み嘆《なげ》き、歩を進めると至《いた》るところに躓《つまず》きます。どうしてかというと、闇の中ではよく見えないからです。光を失うと、何だかはっきりわからない。それで、「わからないからこそ、信じなければならない」といった信じ方――これ、世の闇の中で信じる者の姿《すがた》です。

しかし、ヨハネ伝が説く信仰は、神の光の中で助けられて、一切《いっさい》のことを確実な足取りで実践《じっせん》して生《い》き抜《ぬ》くことをいいます。キリストが世の光となってくださるから、闇の中を歩くことがない。そして、信じたごとくに一切が成るものです。

それで、真っ暗な闇の中で「不合理なるがゆえに、われ信ず」とか、「信じたら、やがてわかるでしょう」というような闇の信仰と、ヨハネ伝で主イエスの言いたもう光の信仰とは、まるで違《ちが》うということを知って区別せねばなりません。

ヨハネ伝において「信ずる」とは、生命の光を得て、光の国に移し入れられることです。ヨハネ的な贖《あがな》いとは、暗黒の牢獄《ろうごく》に奴隷《どれい》であった罪人《つみびと》たちが、光明の国に奪還《だっかん》されて、解放の自由を喜ぶ生活に入ることであります(ヨハネ第一書一章五～七節参照)。

信仰は、光の中で信じるところに毅然《きぜん》として明白に歩いて証《あか》しできるのであって、今のキリスト教で言うような、「信仰によって救われるが、行為《こうい》によっては救われない」とかいった、信仰と行為が二つに葛藤《かっとう》するものではない。信じておれば、自《おの》ずから行為になるのが光にある歩きぶりで、本当の信仰です。

確信をもって信じておる者は、確実な足取りをもって光の中を歩む。もし心理的感覚とか、あるいは神学上の認識論《にんしきろん》の問題として、あるいはある教派《きょうは》の教理として、「信じます、信じます……」と言っているのを信仰だと思うならば、とんでもない。

それは暗黒の信仰で、暗黒の権威《けんい》――悪魔《あくま》にごまかされている信仰状態です。

まことに、「暗やみから驚くべきみ光に招き入れて下さったかたのみわざを語り伝える」

（ペテロ第一書二章九節）ところに、伝道の意義があるんです。

南《な》無《む》不《ふ》可《か》思《し》議《ぎ》光《こう》

このような「生命の光」を唱道するペテロやヨハネの信仰が、信仰を教理のこととする西洋流のキリスト教徒に、どうも理解できないのは、いわば当然かもしれません。ヨハネの光明主義を、最も伝統的に尊重《そんちょう》して信奉《しんぽう》しているのは東方教会でして、わけても、このヨハネ的な「光の宗教」を高く掲《かか》げたのが、古代の景教*でした。

もっと古い源流《げんりゅう》を求めるならば、旧約宗教の確立者モーセ（紀元前十三世紀）が、ホレブの山で聖なる光に撃《う》たれたことに始まります。またペルシアのゾロアスター*は、旧約宗教に強い刺《し》激《げき》と光を与《あた》えました（紀元前六世紀）。ちょうどその頃《ころ》、ユダヤ民族はバビロンに捕《ほ》囚中《しゅうちゅう》でありまして、第二イザヤなどの預言者たちが大影響《だいえいきょう》を受けました。この伝統がユダヤ教に入ってきて、「聖なる光《オロット・ハコデッシュ》」の霊的な宗教思想として強調され、ついにヨハネ的信仰に発展《はってん》したものと私は思います。

この光の宗教は、いわば東洋人になじみの深い思想であります。

生命の光は、切実な神秘《しんぴ》体験に由来するもので、教理では説明できません。とにかく、魔訶不可思議《まかふかしぎ》な光に私たちが導かれゆく経験があります。

浄土《じょうど》真宗《しんしゅう》の開祖である親鸞上人《しんらんしょうにん》も、「帰命無量寿如来《きみょうむりょうじゅにょらい》、南無《なむ》不可思議光」と言って、南無阿弥陀仏《なむあみだぶつ》を説きました。「帰命」とは、自分の命をかけて神仏に帰り全託《ぜんたく》するということ、「無量寿」は永遠の生命のことです。また「*南無」とは、帰命とか帰依《きえ》する、合一する、信頼《しんらい》する、の意味です。不可思議な光に南無することが信仰なのだ、ということですね。

*阿弥陀仏は、サンスクリット(梵語《ぼんご》)でAmitābha《アミターバ》といいますが、それは「無量光、無限の光明をもつ者」の意で、「永遠の光」を意味します。すなわち親鸞は、「永遠の生命なる如来に帰命せよ、不可思議な光に合一せよ」と単純《たんじゅん》に宗教の極意《ごくい》を説きました。

彼が不可思議な光を、すなわち永遠の生命であると意味して、同似《どうじ》の思想を強調したのも、その源流《げんりゅう》がヨハネ伝の思想と同じく、シリア(またはアーリアン――セム系《けい》)的宗教の系統から発しているからです。また法華経《ほけきょう》の思想が、ヨハネ伝によく似ているのも、ペルシア教やユダヤ教の仏教版だからです。

*如来《にょらい》——永遠に来たるべき者

さらに「如来」とは、梵語《ぼんご》の tathāgata《タターガタ》で、「如去《にょこ》、常住、多陀阿伽陀《ただあかだ》」とも訳《やく》される語です。訳語はいろいろに違《ちが》いこそすれ、魔訶不可思議《まかふかしぎ》な、光の神が如来する。「永遠の光は去って去らず、来たって来たらず、永遠に願生《がんしょう》する」との意味が阿弥陀《あみだ》如来です。

元来、大乗仏教というものは、釈迦《しゃか》の入滅《にゅうめつ》後、もう七百年も経過した紀元二〜四世紀に、ペルシア教、キリスト景教などの影響《えいきょう》を受けて大成した宗教であり、北西パキスタンからアフガニスタン方面に栄えたガンダーラ国(大月氏国《だいげっしこく》)の王様の保護下に布教されたものでした。

その現存《げんぞん》する古いガンダーラ仏像が、ギリシア人の顔をして、ギリシア風の彫刻《ちょうこく》であるのを見ても、この新宗教の起源《きげん》が判明します。

この大乗仏教を創始《そうし》し発展《はってん》せしめた人々に、*龍樹《りゅうじゅ》とか、*提婆《だいば》、*無著《むじゃく》などの優《すぐ》れた宗教家がインドでは次々と出ました。大乗仏教は、後にシルクロードを通って支那《シナ》に入り、やがて日本に伝来してまいります。

そして日本では、天台宗、真言宗、浄土宗《じょうどしゅう》、法華宗《ほっけしゅう》、禅宗《ぜんしゅう》などの各宗派《かくしゅうは》として土着しましたが、これらは釈迦の説いた小乗仏教とは異《こと》なるものです。

この間の宗教史的消息がよくわかると、大乗仏教の如来《にょらい》思想で培《つちか》われた日本人には、ヨハネ伝の信仰思想は、全く親しみやすい書となります。そこに、私がヨハネ伝を西洋流の論理的《ろんりてき》な神学の角度から読まず、東洋人の心で読んでゆこうとするゆえんがあります。また、そうでなければ、このヨハネ伝はわからないということを、ヒシと感ずる次第《しだい》です。

宗教の出合いと覚醒《かくせい》

ヨハネ伝の主題の一つは、Quo Vadis, Domine?《クオヴァディスドミネ》(ラテン語で「主よ、どこに行かれるのですか?」の意)、「去処如何《きょしょいかん》」の解決を求めるにあります。これは、大乗仏教でも最大の問題なのです。

そもそも釈迦の仏教は、インド教の一種で「小乗仏教」といわれます。これは、哲学的《てつがくてき》色彩《しきさい》の強い悟《さと》りを求める、戒律的《かいりつてき》な多神教の一つでした。前述しましたように、この小乗仏教がシリア文明圏《ぶんめいけん》の唯一神《ゆいいっしん》信仰に接触《せっしょく》し、その強い影響《えいきょう》を受けて、新しく変貌《へんぼう》して生まれたのが大乗仏教なのです。

宗教は、他宗教から刺激《しげき》されて、負けじと覚醒《かくせい》いたすものでして、五百年ほど前にも多神教のインド教の中にあって、シク教のごとき唯一神《ゆいいっしん》の信仰が生まれたりしています。

大乗仏教では一仏のみを認《みと》め、その名を大日如来《だいにちにょらい》、阿弥陀如来《あみだにょらい》、あるいは無量寿如来《むりょうじゅにょらい》と呼《よ》んだりしています。それらはいずれも同じく単一神の人格――「如来(tathāgata《タターガタ》)」に対する違《ちが》った信仰の表現でしかありません。

私は時々、ゾロアスターが書いたとされる詩篇《しへん》を読んだりして、ペルシアの宗教が、どれほどユダヤ教――旧約思想に大影響《だいえいきょう》を与《あた》えているかに驚《おどろ》きます。

この宗教思想が大乗仏教として開花したように、ユダヤ教にもバビロン捕囚中《ほしゅうちゅう》に大変な感化を及《およ》ぼしまして、旧約聖書におけるイザヤ、エゼキエル、ダニエル、ゼカリヤ、マラキなどの書を見てもわかるように、宗教的開眼をなさしめていること、宗教史的に考察すると、よくわかります。

殊《こと》さらに、その大霊統を伝えるものが、新約聖書ではヨハネ的特色です。

それで、「如来」――去って去らず、来たって来たらず、永遠に現在する者を発見することこそ、ヨハネ的な東方キリスト教の特色であり、「如来《にょらい》」はこの神観の衣《ころも》を替《か》えたものにすぎません。けれども、この如来は、龍樹の考えでは架空《かくう》の観念にほかなりませんが、私たちには生ける実在なのです。

私たちは、聖書に「『きたるべきかた』はあなたなのですか」（マタイ伝一一章三節）とか、「あなたがこの世にきたるべきキリスト、神の御子《みこ》であると信じております」（ヨハネ伝一一章二七節）と記された「来たるべき者（ギリシア語で「ο ερχομενος《ホエルコメノス》」）」を、主イエスとの出会いに見出《みいだ》しました。主イエスこそ、現実のミロク*であり、大乗仏教の如来思想の起《き》源《げん》なのでした。

キリストが、弟子《でし》たちといよいよ地上で離別《りべつ》する前日に、

「わたしは去る。しかし去らない。わたしはあなたがたと共にいる。決して孤児《こじ》とはしない。あなたがたのところに来る。あなたがたはわたしを見るだろう」（ヨハネ伝一四章）と言われて、弟子たちと共に食事をなされた。それが聖餐式《せいさんしき》（コミュニオン＝交わり）と呼《よ》ばれて、今も教会で催《もよお》され、記念されています。それは永遠にキリストと共に生活して交わりたい、との宗教的願望の表現であります。

全宗教の光としてのキリスト

キリスト景教に影響《えいきょう》されて、龍樹や無著などが小乗仏教をば大乗仏教として完成したように、私たち原始《げんし》福音《ふくいん》の叫《さけ》びはキリスト教会の内外だけにとどまらず、仏教その他の諸《しょ》宗教《しゅうきょう》にも生命の光を与《あた》えて、それぞれを完成させる役割《やくわり》を果たさねばなりません。

無《む》量寿経《りょうじゅきょう》の中に、「かの如来仏《にょらいぶつ》は、来たって来たる所なく、去って去る所なし、生なく滅《めつ》なく、過・現・未来にあらず、ただ願《がん》にむくい、生を度《すく》うため、現に西方《さいほう》に在《ましま》す」とあります。

この西方浄土《さいほうじょうど》の思想とは、アフガニスタンや西インドから、もっと西方にある宗教的理想の国――ユダヤを指しているわけで、キリストを来たるべき者「如来」として憧《あこが》れたのも、景教の信仰に刺激《しげき》されて由来していたからです。

「去処如何《きょしょいかん》?(クオ・ヴァディス?)」とは、宗教小説の題材ではなく、ヨハネ伝を一貫《いっかん》する大問題なのです。

ヨハネ伝一章三八、三九節に、二人の弟子《でし》たちが、

「ラビ（師）よ、どこに留《とど》まられるのですか？」と問うと、イエスは、「来い！　そうすれば見る」と言われるので、彼らはついて行って共に留まった、と書いてあります。そのような書き出しから最後まで、「往《ゆ》く」「来る」「去る」「留まり住む」などの文字が、ヨハネ伝には毎頁《ページ》のように出ています。

この「来る」とか「去る」とか申すのは、必ずしも場所的移動の概念《がいねん》ではなく、宗教的な意味です。空間を超《こ》え、時間を超え、生死を超えても、来たらずして来たる常住の実在者があることをわからねばなりません。

ヨハネ伝の初めに、

「すべての人を照らす真《まこと》の光があって、世に来たりつつあった。彼は世にいた。そして、世は彼によってできたのであるが、世は彼を知らずにいた。彼は自分のところに来たのに、自分の民《たみ》は彼を受け入れなかった。しかし、彼を受け入れた者、すなわち彼の名に信じている人々には、彼は神の子となる権威《けんい》を与《あた》えた」（ヨハネ伝一章九～一二節　私訳《しやく》）とありますが、イエス・キリストこそ「来たるべき者」――実際に現《あらわ》れ出《い》でられた、実現の如来《にょらい》（tathāgata《タターガタ》）でした（マタイ伝一一章三節、ヨハネ伝六章一四節）。

この「来たるべき者」との出会いは、啓示《けいじ》的《てき》な経験として、信ずる者たちに近づき来臨《らいりん》される。キリストの来臨(παρουσία《パルーシア》)は、明日のことではなく、永遠に今日の問題です。

(一九六四年三月三日　熊本)

▼本稿《ほんこう》は、『生命の光』一六四号(一九六四年)に掲載《けいさい》された講話から、宗教史におけるヨハネ伝を中心に再編集しました。

＊景教…「光《ひか》り輝《かがや》く教え」の意。ネストリウス派《は》キリスト教の中国での呼称《こしょう》。大秦景教《だいしんけいきょう》ともいわれる。唐代《とうだい》(六三五年)に中国に伝わった。

＊ゾロアスター(ツァラトゥストラ)…生没年不詳《せいぼつねんふしょう》。古代ペルシアの宗教家。ゾロアスター教の開祖。彼の宗教は二元論《にげんろん》に立ち、この世は光明神と暗黒神との闘争《とうそう》の場であり、究極には光明神である善神《ぜんしん》が勝利すると説く。

＊南無《なむ》…梵語《ぼんご》namas《ナマス》の音写。仏や菩薩《ぼさつ》にすべてを任せる気持ちを表す語。

＊阿弥陀仏《あみだぶつ》…阿弥陀は、梵語Amitā《アミター》(無量、無限)の音写。Amitābha《アミターバ》(無量光)、Amitāyus《アミターユス》(無量寿)の両方の意味があるとされる。大乗仏教の経典《きょうてん》で最も多く説かれる仏。

＊如来《にょらい》…中国や日本の仏教では、「そのように(tathā《タター》)、(生けるものを救うために)来たりし人(āgata《アーガタ》)」と解し、救済者《きゅうさいしゃ》的性格を付与《ふよ》して tathāgata《タターガタ》を「如来」と訳《やく》した。
＊龍樹…一五〇(?)〜二五〇(?)年。インドの大乗仏教を確立した僧《そう》。彼以後のすべての仏教思想に最大の影響《えいきょう》を与《あた》え、中国・日本の大乗仏教諸宗《しょしゅう》のすべてから祖として尊敬《そんけい》されている。
＊提婆…二、三世紀頃《ごろ》のインドの僧。龍樹について仏教を学ぶ。
＊無著…四、五世紀頃のインドの僧。ペシャワルの人。ガンダーラはペシャワル地方の古名。
＊ミロク(弥勒《みろく》)…釈迦《しゃか》の説法を受けることができなかった、すべての人を救うために現れる未来仏。仏教におけるメシア的存在《そんざい》。

編者あとがき

本書は、手島郁郎先生によるヨハネ伝講話の第四巻《かん》です。先生は、その生涯《しょうがい》においても何度もヨハネ伝の連続講話をしていますが、その最後の連続講話は、残念ながら先生の召天《しょうてん》(一九七三年十二月)により、八章三二節で終わってしまいました。この八章までの講話は、第一～三巻に収《おさ》められています。八章以降《いこう》の講話については、十年ほどさかのぼった連続講話からの編集になります。

手島先生は一九四八年、敗戦直後の熊本で伝道の戦いを始めましたが、一九六二年十月に大阪に拠点《きょてん》を移し、しばらくの間、日曜集会は大阪で、週日は熊本に戻《もど》って集会を開いていました。したがって、当時続けられていたヨハネ伝講話は、熊本と大阪の両方で行なわれました。本書では、その中から、八～一二章の講話を収録《しゅうろく》しました。期間は、一九六三年一月～一九六四年一月までの一年間で、先生が五十二、三歳《さい》の時のものです。

さらに補講《ほこう》として、手島先生の熊本・大阪時代に、ヨハネ伝を元に語られた講話から二編を加えました。これらは、『週刊幕屋《まくや》』と『生命の光』に発表された原稿《げんこう》の再編集です。

×

この第四巻《かん》の講話が語られた時期は、原始福音《げんしふくいん》運動が日本各地に拡《ひろ》がり、海外との触《ふ》れ合《あ》いや聖書の民《たみ》イスラエルとの交わりも始まりつつあった頃《ころ》でした。そんな新時代を切《き》り拓《ひら》きつつあった手島先生の講話は、大きな夢と希望に満ち、熱気に溢《あふ》れています。

先生は伝道の初期から、聖書そのままに力強く、聖霊の生命みなぎる原始福音を伝道されましたが、日本のキリスト教界では受け入れられず、むしろ中傷《ちゅうしょう》・迫害《はくがい》がひどくありました。

ところが一九六三年になると、ユダヤ人宗教哲学者《てつがくしゃ》マルティン・ブーバー教授や世界的聖書学者オットー・ピーパー教授など、次々と先生の信仰に共鳴し、励《はげ》ます人々が現れてきました。先生は、「キリストだけを見上げてまっすぐに歩いていれば、キリストは必ず道を拓いてくださり、聖なる歴史は進んでゆくのだ」という確信に溢れ、火のように燃えて語られる講話が続き、編集しながら心が沸《わ》き立《た》つ思いでした。

また、先生は講話の中で、具体的な信仰の証《あかし》しや多くの譬《たと》え——歌舞伎《かぶき》や相撲《すもう》の話から偉人《いじん》の逸話《いつわ》、仏教や生物学の話など——を多彩《たさい》に語っています。本書ではそれらを省かず、できる限り載《の》せるようにしました。論《ろん》や理屈《りくつ》の理解ではなく、日本人の心に響《ひび》くような譬え話を用いて、目には見えない真《まこと》、実在の世界を何とか感じてもらいたい、悟《さと》ってほしい、というお気持ちで信仰を伝えているからです。

初代教会時代、キリストの宗教は霊的生命力に溢《あふ》れていました。それが、すっかり概念化《がいねんか》・形《けい》骸化《がいか》して無力なものになってしまった現代において、手島先生がいかに全身全霊を傾《かたむ》けて生ける神キリストを伝える戦いをされたか。編集を終えて、そのことを痛感《つうかん》しました。

多くの人を現実に救い、世の光として成長してやまない宗教運動の秘密《ひみつ》は何なのか。本書を通して、その秘密を汲《く》み取《と》り、信仰の突破《とっぱ》が導かれることを祈ります。

本書は、手島郁郎先生の講話を、残された録音テープから編集したもので、文責はすべて編者にあります。編集に協力してくださった、奥田英雄、藤原豊樹、吉門牧雄、上野誓子、髙橋清里の諸兄姉に、心から感謝いたします。

二〇二四年四月

編集責任　伊藤正明

手島郁郎　てしま　いくろう

1910(明治43)年8月26日　生まれる。

1927(昭和2)年　17歳の頃、受洗する。

1948(昭和23)年5月　阿蘇山中にて見神、独立伝道に立つ。

1973(昭和48)年12月25日　召天する。

ヨハネ伝講話　第4巻　　定価2800円（本体2545円）

2024年5月10日　初版発行

講述者　手島郁郎

発　行　手島郁郎文庫

〒158-0087　東京都世田谷区玉堤1-13-7

電　話　03-6432-2050

F A X　03-6432-2051

郵便振替 01730-6-132614

印刷・製本　三秀舎

ISBN 978-4-89606-038-6